D1933021

Peter Lahnstein

Die unvollendete Revolution 1848–1849

Verlag W. Kohlhammer
Stuttgart Berlin Köln Mainz

Die unvollendete

Peter Lahnstein

Revolution 1848-1849

Badener und Württemberger in der Paulskirche

Kohlhammer

CIP-Kurztitelaufnahme der Deutschen Bibliothek

Lahnstein, Peter:
[Die unvollendete Revolution achtzehnhundert-
achtundvierzig bis achtzehnhundertneunundvierzig]
Die unvollendete Revolution 1848–1849:
Badener u. Württemberger in d. Paulskirche /
Peter Lahnstein. –
Stuttgart; Berlin; Köln; Mainz: Kohlhammer, 1982
ISBN 3-17-007236-6

Alle Rechte vorbehalten
© 1982 Verlag W. Kohlhammer GmbH
Stuttgart Berlin Köln Mainz
Verlagsort: Stuttgart
Umschlagentwurf: hace
Umschlagmotiv: „Sr. Majestät Friedrich Wilhelm IV.
König von Preußen verkündigt in den Straßen seiner
Hauptstadt die Einheit der deutschen Nation." Neuruppiner
Bilderbogen, 1848 (Bildarchiv Preußischer Kulturbesitz)
Gesamtherstellung:
W. Kohlhammer Druckerei GmbH + Co. Stuttgart
Printed in Germany

Inhalt

Deutschland nach dem Wiener Kongreß

Dieses Buch handelt vom ersten deutschen Parlament und besonders von dem Beitrag, den die Württemberger und die Badener dazu geleistet haben. Es ist aber notwendig, sich zuvor ein Bild von Deutschland und den deutschen Zuständen zu machen, wie sie in den vorhergegangenen Jahrzehnten, zwischen 1815 und 1848, gewesen sind.
Werfen wir einen Blick auf die Landkarte Mitteleuropas mit den Grenzen, die der Wiener Kongreß 1815 fixiert hatte und die ein halbes Jahrhundert lang ihre Gültigkeit bewahrten. Deutschland reicht von den holsteinischen, mecklenburgischen, pommerschen Ostseeküsten bis an die Adria bei Triest; vom Ardennerwald bis an die Beskiden. Das ist eine Landmasse, die sehr viel größer ist als die der drei Staatswesen rein deutscher Sprache und gemeinsamer Kultur, die heute existieren: Bundesrepublik Deutschland, DDR und Österreich. – Deutschland, das war staatsrechtlich damals der Deutsche Bund, ein sehr loser Verband souveräner Staaten. Von den zwei Großmächten zählten im Königreich Preußen drei Provinzen nicht zum Deutschen Bund, nämlich Ostpreußen, Westpreußen, Posen. Von der Donaumonarchie rechnete das Königreich Ungarn nebst dem Großfürstentum Siebenbürgen, mit Österreich fast nur durch die Person des Monarchen verbunden, nicht zu Deutschland; ebensowenig das weit im Osten gelegene österreichische Kronland Galizien sowie die Lombardei, Venetien und Dalmatien. Dagegen gehörte das Großherzogtum Luxemburg zum Deutschen Bund, dazu bis 1839 die belgische Provinz Luxemburg und nach 1839 die südholländische Provinz Limburg.
Diese politische Landkarte, die von 1815 bis 1866 gegolten hat, war das Ergebnis der Taten Napoleons zu Beginn des Jahrhunderts und der auf dem Wiener Kongreß beschlossenen Revision seiner Eroberungen und der Bestätigung der von ihm gestifteten Ordnung. Napoleon hatte die deutsche Landkarte zweifach verändert. Er hatte erst alles Land links des Rheins und dann die deutsche Nordseeküste mit einem breiten Hinterland seinem Kaiserreich Frankreich einverleibt. Und er hatte in weiten Gebieten rechts des Rheins, vor allem in ganz Süddeutschland, das Kunterbunt der

»Teutschland« nach dem Wiener Kongreß.

alten Landkarte ausgelöscht, die Vielfalt kleiner Fürstentümer, freier Städte, Bistümer, reichsfreier Abteien und ritterschaftlicher Reichsstände beseitigt und Staaten mittlerer Größe daraus schneiden lassen. Im Norden schuf er unter Beiseitekehren alles Altüberlieferten das Königreich Westfalen (zu dem aber nur Fetzen des eigentlichen Westfalen gehörten) und setzte seinen Bruder Jérôme als König darüber. Die deutschen Staaten, die zwischen den gewaltsam vorgeschobenen Grenzen Frankreichs auf der einen Seite und den zurückgestutzten Territorien Preußens und Österreichs auf der anderen Seite lagen, wurden unter dem Protektorat Napoleons im Rheinbund zusammengefaßt.

Die Befreiungskriege haben die französischen Annektionen samt dem Königreich Westfalen zunichte gemacht. Die Deutschen von Trier bis Travemünde als französische Untertanen, die Hansestädte als »bonnes villes de l'Empire«, ein Franzosenkönig in Kassel – das waren Undinge, die wie ein Spuk verschwinden mußten, als das Kriegsglück sich von den siegverwöhnten Franzosen abwandte und den Russen und den Preußen lächelte; daß die kurze französische Ära am Rhein und in den Hansestädten in Gesetzgebung und Verwaltung alte Zöpfe beseitigt und vernünftigen Fortschritt gebracht hat, sei am Rande vermerkt. Der Wiener Kongreß hat die aus dem Zerfall des alten Reichs nach dem Willen Napoleons geschaffene Neuordnung kaum angetastet; die Königreiche Bayern und Württemberg, das Großherzogtum Baden wurden legitimiert, im wesentlichen auch Hessen-Darmstadt und Nassau. Die kleinen thüringischen Fürstentümer hatten alle Stürme der Zeit überdauert.

Sachsen, dessen König dem Franzosenkaiser länger die Treue gehalten hatte als jeder andere Rheinbundfürst, wurde zugunsten Preußens beträchtlich gerupft und gestutzt.

West- und Nordwestdeutschland waren auf dem Wiener Kongreß völlig neu zu ordnen. Das Königreich Hannover, das Napoleon ganz von der Karte gelöscht hatte – ein Reflex seines Krieges gegen England – wurde wiederhergestellt, desgleichen Braunschweig. Vor allem, und das ist eines

DIE NORD SEE
DIE OSTSEE
General Charte
von
TEUTSCHLAND
nach den besten Quellen bearbeitet
und den neuesten politischen Veraenderungen
begraenzt
von
C.F. WEILAND.
Weimar.
im Verlage des Geograph. Instituts
1815.
Zeichen und Schrift Erklaerung
Farben Erklaerung
Kaiserl. Oesterreichische Besitzungen
Königl. Preußische
Dänische
Königreich Baiern
Hanover
Würtemberg
Sachsen
Großherzogthum Baden
Hessen Darmstadt
Mecklenburg
Oldenburg
Weimar
Luxemburg
Kurfürstenthum Hessen
Herzogthum Braunschweig
Nassau
Hohenzollern
Herzogl. Saechsische Laender
Anhaltische
Fürstenthum Waldeck
Länder der Fürsten von Schwarzburg
Reuße
Lippe
Freye Staedte
Maasstab

der wichtigsten Ergebnisse der Wiener Friedensregelung, wurde Preußens Herrschaft am Rhein begründet. Die Gründe dafür sind ziemlich zufälliger Natur. Keine der anderen beteiligten Mächte war sonderlich daran interessiert, Preußen in Deutschland stark zu machen; aber es geschah. Der eigentliche Anlaß war der endgültige Verzicht Preußens auf seinen Anteil aus der dritten polnischen Teilung, den es – Warschau gehörte dazu – für kurze Zeit besessen hatte, zugunsten Rußlands. Dafür war es im Westen zu entschädigen, und das ergab zwei bedeutende Provinzen, die Rheinprovinz und Westfalen. Vordem hatte es nur einigen Streubesitz zwischen Wesel und Minden gehabt; jetzt waren Münster und Dortmund, Elberfeld, Köln und Koblenz, Aachen und Trier und Saarlouis preußische Städte und Waffenplätze. Preußen dehnte sich nun von der Maas bis an die Memel, war allerdings durch Streifen hannöverschen und kurhessischen Gebiets in einen östlichen und einen westlichen Teil geschieden – ein Schönheitsfehler, der erst nach einundfünfzig Jahren, dann aber gründlich, bereinigt werden sollte. Aber schon das Preußen, wie es sich in den auf dem Wiener Kongreß ausgehandelten Grenzen konsolidierte, war eine Großmacht, ohne die in Deutschland wenig und gegen deren Willen ernstlich nichts mehr auszurichten war.

Weit weniger bedeutend waren die territorialen Regelungen für die andere Großmacht, Österreich. Bayern hatte herauszugeben, was ihm Napoleon im Süden zugeschanzt hatte: das Innviertel, das Erzbistum Salzburg, das jetzt erst österreichisch wurde, und den Hauptteil Tirols; da hatte man in Paris eine merkwürdige Grenze gezogen: Nordtirol zu Bayern geschlagen, dazu südlich von Reschen und Brenner die Landschaften um Meran und Brixen; Bozen und Trient jedoch waren dem kurzlebigen Königreich Italien zugeteilt worden. Auf dem Wiener Kongreß griff Österreich nun wieder nach Italien hinein; Mailand, Verona und jetzt auch Venedig kamen unter seine Herrschaft. Ferner wurde rückgegliedert, was man in Paris dem Staatsgebilde Illyrien gegeben hatte, Landstriche von Lienz bis tief in die Adria.

Österreich-Ungarn war die andere und ältere

Großmacht in Mitteleuropa, und als Kaiserreich Österreich in Deutschland. Zum Deutschen Bund gehörte ein Länderkomplex, der sich vom Erzgebirge und Riesengebirge im Norden bis an den Gardasee und nach Triest im Süden erstreckte. Darin lebten neben den Deutschen eine kleine italienische und eine größere slowenische Volksgruppe und, in Böhmen und in Mähren, das ganze Volk der Tschechen. Nun waren diese, zwar im zunehmenden Maß sich ihres Volkstums bewußt, wozu sowohl die Sprachwissenschaft als auch die Turnerbewegung ihr Teil beitrugen, noch ziemlich loyale Untertanen des Kaisers. Der hohe Adel fühlte sich mit dem Kaiserhaus eng verbunden; aber auch für die kleinen Leute, für die dritten und vierten Bauernsöhne wie für ehrgeizige Schuhmacher und Schneider war Wien die große Stadt, wo sie ihr Glück zu machen suchten – mehr als Prag. Beamtenschaft und Militär waren machtvolle integrierende Faktoren. So war die schwarzgelbe Herrschaft in Böhmen, Mähren, Österreich-Schlesien noch nicht ernstlich in Frage gestellt. Aber mit Deutschland wollten die Tschechen nichts zu tun haben. Um so heftiger flammte das Nationalgefühl der in diesen Kronländern vor allem im Norden kompakt siedelnden Deutschen. Doch die Nationalitätenprobleme in den zum Deutschen Bund zählenden Ländern Österreichs waren nur eine kleine Auslese aus dem, was die Gesamtmonarchie zu verkraften hatte; und zwar, bei dem immer wacher werdenden Nationalbewußtsein auch kleiner Völker, unter wachsenden Schwierigkeiten. – Auch Preußen war kein rein deutscher Staat, es hatte in seinen Ostprovinzen beträchtliche polnische Bevölkerungsteile, die aber nur in einer Provinz, nämlich Posen, eindeutig in der Mehrheit waren; das Polenproblem war für Preußen von zweitrangiger Bedeutung.

Alle anderen deutschen Staaten stellten machtpolitisch wenig dar, mochten auch vier davon – Hannover, Sachsen, Bayern, Württemberg – den hochtrabenden Titel Königreich führen. Selbst das vergleichsweise große Bayern, mit der Pfalz links des Rheins sowohl Frankreich wie Preußen benachbart, war nicht in der Lage, eine eigene Politik zu betreiben. Zwar wurde ein bayrischer Prinz

König des von türkischer Herrschaft befreiten Griechenlands – aber das war nur eine farbige Episode. Realer erschienen die Ansprüche, die Bayern auf Mannheim und Heidelberg erhob – der in München regierende Zweig des Hauses Wittelsbach kam aus der alten Kurpfalz – und auf eine Landbrücke zwischen dem links- und dem rechtsrheinischen Bayern. Das hätte Bayern in der Tat zu einer beachtlichen dritten Macht in Deutschland gemacht. Aber das wollte Preußen nicht, und zudem erfreute sich Baden der mächtigen Hilfe des mit dem Karlsruher Hof verschwägerten russischen Kaisers. So ist es auch hier zu keiner Änderung der in Wien gezogenen Grenzen gekommen. Der Trias, wie man das weder zu Preußen noch zu Österreich gehörige »Dritte Deutschland« bisweilen nannte, blieb ein Konglomerat ziemlich einflußloser Mittel- und Kleinstaaten, in denen es sich mehr oder weniger behaglich lebte. Als letzter Rest der einst im römisch-deutschen Reich so zahlreichen Stadtrepubliken bestanden die drei Hansestädte und Frankfurt.

Man muß sich vor Augen halten, daß alle diese kleinen, meist recht sympathisch erscheinenden Staatswesen mitsamt den kleinsten – die Fürstentümer Hohenzollern, die Reußischen Lande älterer und jüngerer Linie, Lippe-Detmold und Schaumburg-Lippe – souverän waren nicht nur auf dem Papier, sondern daß diese Souveränität mit Paßvisitation und Zollkontrolle auch jedem Reisenden handgreiflich und höchst ärgerlich demonstriert wurde. Das Unpraktische, das Ridiküle, das ganz und gar Unzeitgemäße dieser Zustände haben eine kräftige Bewegung zum Abbau dieser Schranken hervorgerufen, die nach und nach zu Ergebnissen führte – darüber wird noch ein Wort zu sagen sein.

Unser letzter Blick auf die politische Landkarte gilt dem Norden. Im ganzen muß man dem Wiener Kongreß zubilligen, daß er eine stabile Friedensordnung geschaffen hat (ihr gänzlicher Zerfall ist erst hundert Jahre später erfolgt); das heißt auch, daß die Grenzziehungen von damals keine nach Gewalt rufenden Änderungswünsche provoziert haben. Nur im Norden blieb ein Problem ungelöst, das langsam zu schwären begann und später hitzig fiebern sollte. Von alters her waren die Herzogtümer Schleswig und Holstein mit der Krone Dänemarks verbunden; der Dänenkönig war ihr Herzog. Holstein, von jeher zum Reich gehörig, zählte zum Deutschen Bund; das Herzogtum Schleswig, das zu gut zwei Dritteln von Deutschen bewohnt war, nicht. Als man in Kopenhagen vernehmliche Überlegungen anzustellen begann, wie Schleswig fester in den dänischen Staat eingebunden werden könne, wurden die Schleswiger unruhig und ganz Deutschland mit ihnen. In der Mitte des Jahrhunderts, bis zum entscheidenden Krieg von 1864, war die »nationale Frage« der Deutschen die schleswig-holsteinische geworden, und das »Schleswig-Holstein, meerumschlungen« war von Oldenburg bis in die Steiermark etwas wie eine Nationalhymne.

Betrachten wir jetzt jenes Deutschland ohne die trennenden Grenzen, als ein Ganzes. Es liegt zwischen drei Meeren, der Nordsee, der Ostsee und der Adria. Der Anteil an der Nordsee ist bescheiden (fast symbolisch befindet sich Helgoland in englischer Hand), er reicht von der Insel Borkum bis zur Eidermündung; Hamburg und Bremen sind die großen Häfen. Die deutsche Ostseeküste beginnt bei Eckernförde und zieht sich über Stolpmünde hinaus bis nach Leba; von dort bis Memel ist sie dann noch preußisch, gehört aber nicht mehr zum Bundesgebiet; die wichtigsten deutschen Ostseehäfen sind Lübeck und Stettin. An der Adria gehört der bedeutende Hafen Triest zum Deutschen Bund; nach Südwesten und Südosten sind noch weite Küstenstrecken unter österreichischer Herrschaft. Die Alpen östlich der Schweizer Grenzen gehören fast ganz zu Deutschland (der Rest zu den österreichischen Provinzen Lombardei und Venetien). Vom Stromgebiet des Rheins ist ungefähr das gleiche Gebiet deutsch wie heute. Deutsch sind die Stromgebiete von Weser und Elbe. Die Oder fließt von der Quelle in Mähren bis zur Mündung durch Bundesgebiet, doch kommt ihr wichtigster östlicher Zufluß, die Warthe, aus Posen und dem russischen Kongreßpolen. Die Donau ist ein deutscher Strom bis kurz vor Preßburg und wird nach unterhalb Belgrad auf eine lange Strecke die Südgrenze der Doppelmon-

Das Wartburgfest, am 18. Oktober 1817 aus Anlaß der Wiederkehr des Tages der Völkerschlacht von Leipzig von Studenten und Turnern feierlich begangen, wirkte trotz aller Biederkeit wie ein Fanal und machte die Wächter der bestehenden Ordnung nervös.

archie bilden. – Diese simple Aufzählung klingt uns heute reichlich vollmundig und, nach dem unheilschweren Intermezzo von Hitlers Großdeutschem Reich, geradezu peinlich. Historisch objektiv betrachtet besteht kein Grund, sich zu genieren. Das war das Deutschland, dem die Hoffnungen und Anstrengungen unserer demokratischen Vorväter in der Paulskirche galten.

Ist es ein reiches Land gewesen? Ganz Deutschland, wenige Landstriche ausgenommen, ganz Kontinentaleuropa, war noch im wesentlichen Agrarland, die Frage nach dem Reichtum ist guteils eine Frage nach der Bodenqualität. Gutes Ackerland fand man auf weiten Strecken in Niederösterreich und Böhmen, in Niederbayern, Niederschlesien, der Magdeburger Börde und den Landstrichen vor dem Harz – um nur die wichtigsten zu nennen. Ganz obenan in der landwirtschaftlichen Produktion stand das Brotgetreide, mit ständig wachsendem Anteil des Weizens, danach das Futtergetreide und, langsam sich ausbreitend, Futterpflanzen wie Klee und Luzerne. Die Kartoffel, die ihren Siegeszug von Südwesten her angetreten hat – das Denkmal für Francis Drake, als den Bringer der Kartoffel, steht im Badischen – sollte erst in der zweiten Hälfte des Jahrhunderts ihre volle, in Norddeutschland geradezu überragende Bedeutung erhalten. Wichtig waren Handelsgewächse wie Leinsaat und Krapp; die gewerbliche Verwendung der Zichorie wurde entdeckt und die Bereitung von Zucker aus Rüben erfunden. Die Düngung, bisher meist durch Stall- und Weidemist, wurde nach und nach durch die Verwendung von Kalk und Gips erweitert.

Überaus verbreitet war der Weinbau. Südlich einer, grob vereinfacht, von Köln nach Meißen verlaufenden Linie wurde er massenhaft betrieben, wo immer Boden und Klima es irgend zuließen. Württemberg galt noch als wichtiges Weinland. Korn und Wein waren die Hauptprodukte der Agrikultur, in Poesie und Statistik. Doch hat während des ganzen 19. Jahrhunderts die Weinanbaufläche ständig abgenommen, da man einsah, daß es die Mühe nicht lohnte, unter ungünstigen Verhältnissen dem Boden und dem Wettergott einen sauren Tropfen abzuringen. In Thüringen,

Sachsen, Schlesien schwand der Weinbau rapid. – Obst und Gemüse wurden überall im Einzugsbereich der städtischen Märkte angebaut. Wien und Frankfurt, Dresden und Hamburg und selbst Berlin lagen in einem grünen Kranz von Obsthainen, Gärten und gartenmäßig bebauten Feldern, wo vom Frühling bis zum Herbst ein Segen gedieh, von dessen Vielfalt, vielleicht auch Güte, wir heute manches verloren haben.

Ziemlich gleichwertig stand neben dem Ackerbau die Viehzucht. Eine besondere Rolle spielte die Pferdezucht, die einem riesigen Bedarf im Verkehrswesen und im Heerwesen entsprechen mußte, und die darüber hinaus von zahlreichen Großgrundbesitzern, auch von den regierenden Häusern, als eine Leidenschaft gepflegt wurde. Man muß sich vor Augen halten, daß nahezu der gesamte Landverkehr über kurze wie über sehr weite Strecken mit Pferden bewältigt werden mußte. Die ersten Eisenbahnen, die nach und nach gebaut wurden, fielen dagegen noch nicht sehr ins Gewicht; wenn sie tatsächlich zur Einschränkung und streckenweise zum Wegfall der Postpferdehaltung führten, so wurde das durch die Bevölkerungszunahme und eine langsame Vermehrung des Wohlstandes noch mehr als wettgemacht. – Die Rinderzucht war überall bedeutend und den natürlichen Gegebenheiten angepaßt, dem Hochgebirge wie den Nordseemarschen. Der Weidegang war noch die Regel, der Kuhhirt ein Beruf, der nirgends fehlte. Noch gab es viele Städte, in denen die Bürger Kühe und Schweine hielten, die morgens nach Hornsignalen von den Hirten zum Ausziehen gesammelt wurden – das Rindvieh auf die Weide, die Schweine in den Wald – und abends in die Stadt zurückgeführt. Eine beträchtliche Rolle spielte der Fernhandel mit Schlachtvieh, das langsam über weite Strecken getrieben wurde, begleitet von berittenen Händlern und Metzgern mit ihren Hunden (Bullenbeißer, Schweinehunde). Allgemein verbreitet war die Schafzucht, als Gemeinde-, Genossenschafts- oder Gutsschäferei betrieben oder durch Wanderschäfer. Die Schäfer bildeten einen stolzen Berufsstand, selbstbewußt und vom Schimmer des Seltsamen umgeben.

Nach dieser flüchtigen Skizze von Ackerbau und

Der lange Weg zur deutschen Einheit in der Karikatur.

Wann wird Deutschland einig sein?! 69

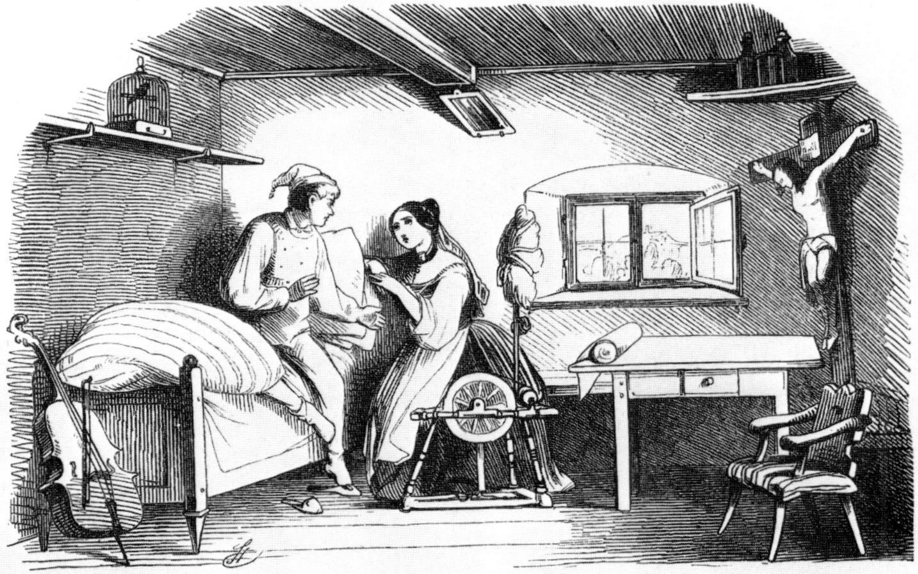

„Weib! jetzt halt ichs nimmer aus — hab' ich gemeint Deutschland sei schon eins, und derweil geht das Durcheinander erst recht an. Weißt was, ich leg mich nieder und schlafe bis Deutschland einig ist, dann weckst mich auf!!" —

„Liebs Männle — wach auf — wach auf! — jetzt scheint mirs, könnte Deutschland einig werden, wenn nit wieder was dazwischen kommt."

Viehzucht sei die Frage gestellt, ob das Land seine Menschen ernähren konnte. Die Antwort lautet: das hing von der Ernte ab. Getreide wurde auch importiert, und nach schlechten Inlandsernten wurde in Lübeck an russischem Roggen, in Bremen und Hamburg an nordamerikanischem und argentinischem Weizen hoch verdient. Zu dem großen Markt Wien waren die Pusztaherden, die Weizenebenen, die Weinfelder Ungarns günstig gelegen. Wo aber in einem größeren Bereich eine totale Mißernte eintrat, halfen weder die Importe noch bessere Ernten in anderen Bundesländern. Die ans Unmögliche grenzenden Schwierigkeiten, Massengüter über weite Strecken zu transportieren, die unseligen Zollschranken, das Fehlen einer zentralen Steuerung führten dazu, daß schwere Mißernten eine Wirkung hatten, die wir uns nicht mehr vorzustellen vermögen (obwohl in Teilen Afrikas und Asiens heute Vergleichbares vorkommt).

Als Beispiel sei die Hungersnot genannt, die über das südwestliche Deutschland nach dem Unglückserntejahr 1816 hereinbrach. Schon die vorhergegangenen Jahre waren schlecht gewesen, keine Vorräte vorhanden. Nun vernichteten wochenlange Regenstürme und Hagelschlag nahezu die gesamte Ernte. Arbeitslosigkeit und Teuerung waren die Begleiterscheinungen einer unerhörten Hungersnot. Man buk Brot aus abgekochtem Biermalz, Kleie und Mehlstaub, mit gemahlenem Stroh und Sägespänen vermischt. Aber selbst das gab es gegen Ende des Winters kaum noch. Die Menschen kauten Heu und aßen Queckenwurzeln, schlugen sich um das Fleisch krepierter Pferde vom Schindanger. Kinder rissen Hunden die Knochen aus dem Maul. Etwa ein Viertel der Bevölkerung zog im Lande umher, ihre Bettelrufe waren von Gebeten, Kirchenliedern und Flüchen begleitet. Die Auswanderung wuchs zur Lawine, meist rheinabwärts in die niederländischen Häfen und ab nach Amerika. – Als dann das Jahr 1817 eine normale Ernte brachte, gestaltete sich das Einfahren der ersten Erntewagen zu ergreifenden Gottesdiensten.

Sehr große Teile Deutschlands waren von Wäldern bedeckt. Urwald war es noch hie und da, in

Regionen des Hochgebirges, in besonders schwer zugänglichen Winkeln der Mittelgebirge, so im Böhmerwald. Im allgemeinen waren die Wälder beforstet, vor allem: sie waren ausgebeutet. Zwar waren die alten Gewerbe, die weithin waldverheerend gewirkt hatten – die Gewinnung von Holzasche und Teer, die Glashütten –, im Rückgang begriffen; aber die Glasmacherei florierte noch in manchen Gegenden, besonders in den böhmischen Randgebirgen. Vor allem war es der im 18. Jahrhundert ungeheuer in Schwung gekommene Holzhandel, der, zum Beispiel im Schwarzwald, zu einer förmlichen Waldausschlachtung geführt hatte; »Exploitation« sagte man dazu in Österreich. Wie der Holzdiebstahl durch organisierte Banden betrieben wurde, hat die Droste, sehr nahe an der westfälischen Wirklichkeit, in der Geschichte »Die Judenbuche« geschildert. Ein anderer Grund für den traurigen Zustand vieler Wälder war die maßlose Wildhege der feudalen, auf einen reichen Wildbestand für ihr Jagdvergnügen versessenen Herren. Aber auch die kleinen Leute trugen das Ihrige dazu bei, um den Wald zu ruinieren; sie übernutzten ihn für den Bedarf an Brennholz, Reisig, Stallstreu, als Weide für Schweine und Geißen, oft auch Kühe. Alle Stände, vom Edelmann bis zum Bettelmann, haben das Ihre getan, um den Wald zu verderben, der nur einen gewaltigen Verbündeten hatte, die Natur selbst in einem dem Walde günstigen Klima.

Es war also vor allem das Erbe böser Mißwirtschaft der Vergangenheit, was die Wälder in der Zeit, von der wir reden, verwüstet hatte. Die geschilderten Schädigungen hatten keineswegs aufgehört, aber die nach und nach herangebildete Forstwirtschaft hat ihr doch entgegengewirkt; übrigens hat der Übergang zu geordneter Waldwirtschaft die Nadelhölzer, Tanne, Fichte, Forche, stark begünstigt. Die Gefahr der Waldverwüstung wurde allmählich gebannt; doch blieben viele Waldbesitzer rücksichtslos, wenn es um rasche Geldbeschaffung zu Lasten des Waldes ging. – Damit genug der nüchternen Mitteilungen vom deutschen Wald. Es war trotz allem genug, um empfängliche Gemüter mit frommem Schauder oder mit herzlichem Vergnügen zu erfüllen.

Genug von Landwirtschaft und Forstwirtschaft überhaupt. Versuchen wir, ein Bild vom gewerblichen Leben anzudeuten. Das alte zünftige, allgegenwärtige Handwerk wird langsam vom Fabrikwesen ergänzt, zum Teil auch aufgesogen. Fabriken existierten schon im 18. Jahrhundert; das Wesensmerkmal der Fabrik gegenüber dem Handwerksbetrieb liegt in der Arbeitsteilung, und in diesem Sinne hat es bereits vor Beginn des Maschinenzeitalters Fabriken gegeben, zur Herstellung von Baumwollgeweben, Strümpfen, Papier, Tapeten, Gewehren, Spiegelglas, Porzellan und vielem anderem. Dieses alte Fabrikwesen wurde von Grund auf verändert durch die Erfindung und Verwendung der Dampfmaschine, die von England her das 19. Jahrhundert hindurch Europa und Nordamerika veränderte. Das Handwerk blieb in manchen Bereichen von dieser Entwicklung unangefochten, die alten Bräuche lebten noch, vor allem der wichtigste, das Gesellenwandern; für viele Zünfte erwuchs jedoch in den Fabriken eine starke Konkurrenz. Reisende Handwerksburschen konnten bald bei einem Meister, bald in einer Fabrik um Arbeit vorsprechen. In den Aufzeichnungen eines Weißgerbers liest man (1837): »Ist überhaupt in einer Fabrik . . . anders als in einem meisterischen Hause und kein Zusammenhalt nit unter den Gesellen. Läuft jeder seinen Weg . . . Eine zunftmäßige Aufführung ist überall unter den Kollegen nit zu finden und kein Umgang, wie unter ordentlichen Gesellen. Zudem gefällt mir das Arbeiten nit, dieweil jeder den langen Tag die gleiche Arbeit verrichten muß und dabei das Ganze aus den Augen verliert.«

Das Fabrikwesen war ein gewaltiges neues Element im Deutschland des Biedermeier und Vormärz. In einem Brief, den Achim von Arnim 1821 an Bettina geschrieben hat, lesen wir: »Von Elberfeld gings mit dem stärksten Schneien in einem Postwagen durch Barmen, Schwelm und Hagen, welche den Zauberkreis deutscher Fabrikarbeit bezeichnen, nach Dortmund . . .« Fürst Pückler plaudert 1827 in einem Brief aus London über die Dampfmaschine: »Höre, was das erwähnte Ungetüm alles leistet. Als erstes ist seine Nahrung die wohlfeilste, denn es frißt nichts als Holz und

Kohlen. Es wird nie müde und schläft nie. Es ist keinen Krankheiten unterworfen, wenn von Anfang an nur gut organisiert, und versagt nur dann die Arbeit, wenn es nach langer, langer Zeit vor Alter unbrauchbar wird. Es ist gleich tätig in allen Klimaten und unternimmt unverdrossen jede Art von Arbeit. Es ist hier ein Wasserpumper, dort ein Bergmann, hier ein Schiffer, dort ein Baumwollspinner, ein Weber, ein Schmied- und Hammerknecht oder ein Müller ... Dabei markiert es noch selbst jeden seiner taktmäßigen Schritte auf einem angehefteten Zifferblatte. Auch reguliert es selbst den Wärmegrad, den es zu seinem Wohlsein bedarf, ölt wunderbar seine innersten Gelenke, wenn diese es bedürfen ... sollte aber etwas in ihm in Unordnung geraten, dem es nicht selbst abhelfen kann, so warnt es sogleich durch lautes Klingeln seine Herrschaft vor Unglück. Endlich ist es so folgsam, obgleich seine Stärke der von hundert Pferden gleichkommt, daß ein Kind von vier Jahren mit dem Druck seines kleinen Fingers jeden Augenblick seine ungeheure Arbeit zu hemmen imstande ist.«

Die gebildete Welt sah in der Maschine das Vehikel des Fortschritts. Für die kleinen Leute war sie vielfach ein neuer böser Herr, der die Arbeit unmenschlicher machte, oder aber, noch schlimmer, eine ungeahnte übermächtige Konkurrenz, die ihnen ihr bißchen Brot vom Mund riß. Am bekanntesten geworden ist das Schicksal der schlesischen Leinweber, die sich in ihrer Verzweiflung dadurch zu helfen glaubten, daß sie die mechanischen Webstühle in Trümmer schlugen. In einer Schrift »Über Industrialismus und Armuth« von einem gewissen Svederus heißt es (1844): »Nur der Fabrikherr, sein Chemiker und Mechaniker werden des Bewußtseins des tatsächlichen Genusses froh. Die große Masse der Arbeiter gleich Galeerensklaven sind an die bis zum Tode immer wiederkehrende insipide Bewegungsmechanik gefesselt, von deren Verhältnis zum Ganzen sie nichts begreift.« Die Schrift ist durch Bettina von Arnim bekannt geworden, die sich bei König Friedrich Wilhelm IV. warmherzig für das Proletariat eingesetzt hat.

Nun wäre es falsch, Fortschritt und Fluch der

Maschine in der ganzen gewerblichen Welt von damals zu vermuten. In vielen Berufen wuchsen Werkstätten über den Kleinbetrieb hinaus, noch ohne daß dabei die Maschine eine Rolle spielte. Es sei an die in allen namhaften Städten betriebene Möbelherstellung erinnert, am bedeutendsten damals wohl in Wien, an die Herstellung von Musikinstrumenten, bei der manche Zweige, wie der Geigenbau, ganz im Handwerklichen geblieben sind, während etwa die Produktion von Klavieren in Werkstätten erfolgte, die ihres Umfangs halber Fabriken genannt wurden; ähnlich war es bei der Herstellung von Uhren und Waagen, während beim Spielzeug, »Nürnberger Tand«, die Heimarbeit eine große Rolle spielte (Heimarbeit war ja auch in der erwähnten Leinweberei die Regel, in den schlesischen Gebirgen so gut wie auf der Schwäbischen Alb). In der Eisenverarbeitung war der Kleinbetrieb noch weithin die Regel. Unzählig lagen die Mahl-, Walk-, Papier- und Sägmühlen über das Land verstreut. – Da gab es gute und schlechte Jahre, bescheidenen Aufstieg und bange Sorge; aber die Arbeit wurde im alten handwerklichen Geist getan; die Maschine, wo sie im Kleinen für brauchbar befunden wurde, war ein willkommener Helfer. In diesen Bereichen gab es Elend nur in Zeiten allgemeiner Krisen.

Der Bergbau wurde in jenem Halbjahrhundert in ganz Deutschland nirgends im Großen betrieben. Die alten Reviere im Harz, im Erzgebirge, im Schwarzwald und in Tirol, stellenweise schon am Ende des Mittelalters erschöpft, spielten keine sehr bedeutende Rolle mehr. Und der Kohlenbergbau, der gegen Ende des Jahrhunderts an der Ruhr und in Oberschlesien ganze Landstriche beherrschen sollte, hielt sich noch in bescheidenem Rahmen. Die Bergknappen waren ein geachteter Stand mit stolzer alter Tradition; kein revolutionäres Potential, sondern eher das Gegenteil.

Noch einmal die Dampfmaschine: auf Räder und Schienen gesetzt, ist sie vollends zum Symbol des Fortschritts im Zeitalter des Biedermeier geworden – die Eisenbahn. Am 27. September 1825 rollte in England, zwischen Stockton und Darlington, der erste Eisenbahnzug. Es hat dann zehn Jahre gedauert, bis die erste deutsche Eisenbahn fuhr, und zwar von Nürnberg nach Fürth, also in dem wegen seiner Rückständigkeit belächelten Königreich Bayern. Das war 1835. Zuvor hatte Friedrich List eine Schrift veröffentlicht »Über ein sächsisches Eisenbahnsystem als Grundlage eines allgemeinen deutschen Eisenbahnsystems«. List, von Reutlingen gebürtig, war mit dreißig Jahren in den württembergischen Landtag gewählt worden, ein Mann voller Ideen, in dem kühne Phantasie mit Tatsachensinn fruchtbar verbunden wirkte. Hitzig und ungestüm, hatte er es mit seinem räumlich und geistig engen Heimatstaat bald verdorben, mußte auf den Asperg und ging dann nach Amerika. Fünf Jahre später war er nach Deutschland zurückgekehrt, dessen politischer und wirtschaftlicher Zukunft sein ganzes Denken galt. Dieser realistische Visionär hat die Grundzüge eines deutschen Eisenbahnnetzes vorgezeichnet.

Die Londoner Rothschilds hatten den Anschluß an die Eisenbahn verpaßt. Das sollte der Familie auf dem Kontinent nicht noch einmal passieren. Salomon Rothschild in Wien machte sich erbötig, die »Nordbahn«, die die Kaiserstadt mit dem mährisch-schlesischen Industriebezirk und dann mit Prag verbinden sollte, zu finanzieren. Er wies in seinem Gesuch an den Kaiser hin auf die »hierdurch beabsichtigte Steigerung des öffentlichen Wohlstands, Wohlbehagens, Handelsaufschwunges, des Staats-Einkommens, Grundeigentums und der innigeren Verbindung so entfernter Provinzen«. Da Rothschild sich der besten Beziehungen zu Metternich erfreute, hatte sein Gesuch Erfolg.

Schon zehn Jahre nach der Eröffnung der Bahnlinie von Nürnberg nach Fürth waren beträchtliche Stücke des von List entworfenen »deutschen Eisenbahnsystems« Wirklichkeit. Von dem großen Handelsplatz Leipzig aus konnte man nach Dresden und Zwickau fahren, nach Berlin und Stettin, nach Magdeburg und Hannover. In Schlesien fuhr die Bahn von Liegnitz bis Kattowitz. Rheinische Städte hatten Anschluß an das erstaunlich entwickelte belgische Netz. Am Oberrhein fuhr man von Mannheim und Heidelberg bis Freiburg. In Österreich ging die »Nordbahn« bis Prerau und dann in einem großen Bogen bis Prag; nach Süden fuhren die Züge bereits über den Semmering und bis Graz. In den fünfziger Jahren konnte man dann, mit häufigem Umsteigen, von Königsberg und von Kiel bis Basel dampfen. – Friedrich List, zu Lebzeiten in seiner Bedeutung nie ganz erkannt, hat sich an einem Wintertag des Jahres 1846 eine Kugel in den Kopf geschossen. »Einen hübschen Posten haben die Deutschen wieder in ihr Schuldbuch bekommen« hat Friedrich Hebbel in sein Tagebuch notiert.

An Friedrich List haben wir auch zu denken, wenn wir von der Überwindung der innerdeutschen Zollschranken sprechen. Seiner Tatkraft war die Gründung des Deutschen Handels- und Gewerbevereins zu danken, der zu einem Motor der wirtschaftlichen Entwicklung und des großräumigen Planens wurde. Der Abbau jener Zollschranken ging voran, langsam zwar, aber doch erfolgreich, weil die Regierungen wenigstens nicht prinzipiell dagegen waren. Bayern und Württemberg haben 1828 einen Zollverein gegründet; im gleichen Jahr kam es zum preußisch-hessischen Zusammenschluß, der freilich auch ein Gegenzug gegen die süddeutschen Bemühungen war. Aber die Entwicklung war nun nicht mehr aufzuhalten, und bis 1835 hatte man den Deutschen Zollverein, der den größeren Teil Deutschlands (ohne Österreich!) umschloß. »Der Einigkeit Geist kehrt segnend ein in gespaltenen Gauen. Zölle sinken, und der Welt zum Beispiel öffnen weise Fürsten der freien Völker tauschenden Markt« – so Gustav Schwab in Worten gemessener Begeisterung, die keine Zensur reizen konnten.

Will man sich das geistige Leben im Deutschland des Vormärz vorstellen, so ist es eine Hilfe, wenn man sich an einigen Lebensdaten orientiert. Bis 1832 lebte noch in Weimar Goethe. Beethovens spätere Schaffensjahre reichen noch in diese Zeit, er ist 1827 gestorben; im gleichen Jahr starb, dreißigjährig, Schubert. Schumann hat von 1810 bis 1856 gelebt. Die meisten Romantiker haben einen guten Teil des Biedermeier erlebt. Clemens Brentano, Fouqué, Wilhelm Schlegel sind erst in den vierziger Jahren gestorben. Bettina v. Arnim, geb. Brentano, Eichendorff, Schelling, Justinus Kerner waren Zeugen der Jahre 1848, 1849. Hegel ist 1831 in Berlin gestorben. Schopenhauer, seit 1833 in Frankfurt wohnhaft, hatte sein grundlegendes Werk »Die Welt als Wille und Vorstellung« bereits 1819 vollendet; als er 1860 starb, hatte man eben zu begreifen begonnen, wer er war. Biedermeier, Vormärz war die Zeit Grillparzers und Heinrich Heines, des jungen Mörike, des jungen Gottfried Keller, des jungen Jakob Burckhardt, des jungen Fontane; auch des jungen Richard Wagner. Von den beiden Malern, an die man zuerst denkt, wenn man vom deutschen Biedermeier spricht, ist Ludwig Richter 1803 in Dresden, Carl Spitzweg 1808 in München geboren – beide Altersgenossen Mörikes.

Das sind große und sehr große Namen die Fülle, in Dichtung, Philosophie, Musik. Und doch wäre es verkehrt, daraus geradlinig Schlüsse auf das geistige Leben im Biedermeier zu ziehen, auf die musische Durchleuchtung des geselligen Lebens. Die Anspruchslosigkeit, das holde oder auch gar nicht holde, nämlich das dumpfe Bescheiden, die das deutsche Bürgertum von damals kennzeichnen, gelten weithin auch für die Ansprüche an Bildung, geistige Anregung, Kunst. Vom Leben in jener Universitätsstadt, in der sich Hegel, Schelling und Hölderlin, Mörike und Justinus Kerner gebildet haben, spricht eine Schilderung aus der Feder von Robert v. Mohl, einem Mann der Paulskirche, von dem noch die Rede sein wird, den wir einstweilen als einen scharfäugigen und nüchternen Chronisten kennenlernen.

»Von einer feineren Geselligkeit war in Tübingen auch bei den Professoren nicht die Rede. Das Leben war das echt schwäbischer Bürgerfamilien. Besuche untertags und in der Woche waren auch in solchen Häusern, an welche ein Student empfohlen war, nicht Sitte; etwa Sonntag mochte er vor Tisch einen steifen Zeremonialbesuch machen, doch auch nicht zu oft. Abends war alles hermetisch geschlossen, der Hausherr arbeitete oder ging an bestimmten Tagen in seine Schoppengesellschaft, die Frau war im Kinderzimmer im tiefsten Negligé, ein uneingeladener Gast hätte Erstaunen und größte Unruhe verursacht. Einmal etwa im Halbjahre erfolgte eine Einladung zu einem einfachen Abendessen; und bei außerordentlichen Gelegenheiten war ein Schmaus, für den acht Tage lang von der Frau selbst und ihren Dienstboten gebacken und gebraten wurde in unbegrenzter Quantität, aber wenig raffinierter Feinheit. Daß ein anderer Wein, als das gewöhnliche Landesgewächs, bei solchen Gelegenheiten jemals aufgetragen worden wäre, weiß ich mich nicht zu erinnern. Hausbälle waren vollständig unbekannt; Musik fast ebenso.« Von Heidelberg, zur selben Zeit, zeichnet Mohl ein weniger tristes Bild; er führt das auf die große Zahl der Fremden, vor allem wohlhabender Norddeutscher, zurück. »Die Stadt Göttingen, berühmt durch ihre Würste und Universität« kommt in Heines Harzreise nicht besser weg als das alte Tübingen bei Mohl. In preußischen Provinzstädten dürfte das Tisch- und Gesellschaftsleben, die häusliche Musikpflege eher geblüht haben.

Mit einiger Wahrscheinlichkeit läßt sich im geistigen und geselligen Leben Deutschlands ein gewisses Gefälle von Norden nach Süden konstatieren. Man war im Norden etwas weniger verhockt und selbstgenügsam. Zur geistigen Belebung in Berlin und Hamburg könnten die um 1800 blühenden Salons tief gebildeter und liebenswürdiger Jüdinnen einen wichtigen Beitrag geleistet haben. Von Heinrich von Kleist stammt die treffende Bemerkung: »In Gesellschaft komme ich selten. Die jüdischen würden mir die liebsten sein, wenn sie nicht so pretiös mit ihrer Bildung täten.« (In einem Brief aus Berlin an die Schwester, 1801.) Und als der junge Justinus Kerner 1809 in Hamburg, inbrünstig genießend, zum erstenmal der großen Welt begegnet, lautet es ganz ähnlich – »Es ist sonderbar, daß ich nun auch nirgends mehr hinkomme als in Judenhäuser« – ein Verkehr, der bei ihm uneingeschränkt staunende Freudigkeit weckt. Dieses nach Bildung begierige jüdische Element hat im Norden, jedenfalls in den beiden genannten Städten, seine anregende Wirkung ausgeübt; in Süddeutschland weit weniger. In Berlin war es sodann die der französischen Besetzung zum Trotz 1810 neu gegründete Universität, die

hervorragende Köpfe anzog und das geistige Leben der Stadt mächtig befruchtet hat.
Eine eigentümliche Entwicklung hat München genommen. Während nach wie vor ein selbstgenügsames, die Ruhe liebendes, einfachen sinnlichen Genüssen herzhaft zugeneigtes Bürgertum den Lebensrhythmus der Stadt bestimmt, erbaut der Ehrgeiz der Könige ein anderes München, das alsbald Künstler aus halb Europa an sich zieht. Um 1840 hat auch Gottfried Keller hier gelebt. Zauberhaft ist geschildert, wie der »Grüne Heinrich« an einem Sommerabend in der Stadt ankommt . . . »Da glühten im letzten Abendscheine griechische Giebelfelder und gotische Türme; Säulenreihen tauchten ihre geschmückten Häupter noch in den Rosenglanz, hell gegossene Erzbilder, funkelneu, schimmerten aus dem Helldunkel der Dämmerung, wie wenn sie noch das warme Tageslicht von sich gäben, indessen bemalte offene Hallen schon durch Laternenlicht erleuchtet waren und von geputzten Leuten begangen wurden . . . Aus Kirchen und mächtigen Schenkhäusern erscholl Musik, Geläute, Orgel- und Harfenspiel; aus mystisch verzierten Kapellentüren drangen Weihrauchwolken auf die Gasse; schöne und fratzenhafte Künstlergestalten gingen scharenweise vorüber, Studenten in verschnürten Röcken und silbergestickten Mützen kamen daher, gepanzerte Reiter mit glänzenden Stahlhelmen ritten gemächlich und stolz auf ihre Nachtwache, während Kurtisanen mit blanken Schultern nach erhellten Tanzsälen zogen, von denen Pauken und Trompeten herabtönten. Alte dicke Weiber verbeugten sich vor dünnen schwarzen Priestern, die zahlreich umhergingen; in offenen Hausfluren dagegen saßen wohlgenährte Bürger hinter gebratenen jungen Gänsen und mächtigen Krügen . . .«
Einen ähnlichen Zauber, wie ihn München auf den jungen Gottfried Keller ausgeübt hat, haben damals Dresden, Prag, Wien ausgestrahlt. Viele Städte boten noch ein fast mittelalterliches Bild – Nürnberg, Frankfurt, Köln, Münster, Lübeck, Danzig. Vielfach wurde das Alte und Uralte als ärgerlich und hinderlich empfunden. Aber nicht wenige hatten auch unter dem Einfluß der Romantik gelernt, das mittelalterliche Erbe nicht nur

ehrwürdig, sondern auch schön und erhaltenswert zu finden. Schon hatte Spitzweg begonnen, in bayrischen und Tiroler Kleinstädten malerische Winkel aufzuspüren. Das deutlichste Zeichen, von der ganzen Nation, ja von Europa begrüßt, war der Wiederbeginn des Bauens am Kölner Dom; dreihundert Jahre hatte der Bau gestockt, ragte der berühmte Kran unbewegt über dem halbfertigen Riesenbau; nun regten sich wieder Hunderte von Händen, um ihn zu vollenden.

Es war nicht zuletzt der romantisch angehauchte preußische Kronprinz und spätere König Friedrich Wilhelm IV., der sich für den Dombau am Rhein begeistert und ihn gefördert hat. Heine spottete, wie denn das ganze politisch engagierte »Junge Deutschland« den Romantikern ihre dem Mittelalter zugewandte Haltung, ihre Abneigung, sich den Fragen der Gegenwart zu stellen, zum Vorwurf gemacht hat. Das war zwar nicht völlig berechtigt – in Joseph Görres' »Rheinischem Merkur«, in der konservativen Staatsphilosophie eines Friedrich Julius Stahl war Romantisches in Politik umgesetzt – aber im Grund hatten jene zornigen jungen Leute mit ihrer Schelte recht. Das Träumerische, Schläfrige, das die geistige Stimmung im Deutschland des Vormärz weithin kennzeichnet, vorzüglich passend zu der polizeistaatlichen Devise »Ruhe ist die erste Bürgerpflicht«, ist auch in der romantischen Seelenstimmung vieler Gebildeter begründet. Freilich, die Gedanken konnten in alle Richtungen schweifen ... »Dem Reichen fällt alles zu, das mag wohl endlich den Untergang der Welt notwendig machen« liest man mit Verblüffung in einem Reisebrief Achim v. Arnims an Bettina – tief empfunden, unheimlich, aber eben doch nur zwischenhinein gesagt. Arnim war ein gewissenhafter, sparsamer Landwirt und Familienvater, aber ohne jede Neigung zum Engagement in rebus publicis. An Görres schreibt er einmal geradezu: »Es tut mir wahrlich leid, daß du dich von den Büchern zu den Menschen gewendet, du kannst froh sein, wenn du mit verlorener Zeit davonkommst.« Wahrhaftig – *Staat* war mit solchen tiefsinnigen, hochbegabten Menschen nicht zu machen.

Ludwig Uhland hat deutlich, vielleicht bewußt,

den Schritt aus der Romantik, aus der liebevollen Beschäftigung mit altdeutscher, alteuropäischer Poesie, aus dem eigenen dichterischen Schaffen hinaus und hinein in die politische Verantwortung vollzogen. »Geben Sie acht, der Politiker wird den Poeten aufzehren« bemerkt Goethe an einem Herbstabend 1823 besorgt zu Eckermann. Hier irrte er nicht. Und Heine, in seiner »Romantischen Schule«, 1835 in Paris geschrieben: »Aber eben weil er es mit der neuen Zeit so ehrlich meinte, konnte er das alte Lied von der alten Zeit nicht mehr mit der vorigen Begeisterung weitersingen . . .«

Was die romantische Strömung in der gebildeten Welt bewirkt hat, findet im breiten Bürgertum, in der Welt des kleinen Mannes, seine Entsprechung in einer Zeitstimmung, die mit dem Wort »Biedermeier« zufällig, aber recht passend bezeichnet ist.

Es ist, neben Spitzweg, vor allem Ludwig Richter, der uns den ein wenig trügerischen Zauber einer kautzigen, in ihrer Selbstgenügsamkeit dahinlebenden, dahinwerkelnden, bescheidentlich feiernden kleinen Welt aufgehoben hat. Wir wissen genug vom Alltag der kleinen Leute jener Zeit, von ihren Plackereien, von den Geißeln der Mißernten und der noch nicht gemeisterten Seuchen, von den gräßlichen Mordgeschichten in jenem Milieu, um Meister Richters Blätter nicht mit sehr gemischten Gefühlen, irritiertem Vergnügen zu betrachten. Dennoch bleibt irgendwo Raum, uns jener Zeit mit Sympathie und einem Hauch von Sehnsucht zu erinnern, weil wir ahnen, daß menschliches Glück etwas mit Genügsamkeit zu tun hat, im Sinn der Mörike-Strophe (die »Gebet« überschrieben ist): »Wollest mit Freuden und wollest mit Leiden mich nicht überschütten! Doch in der Mitten liegt holdes Bescheiden.«

Es wäre falsch, wenn man im Blick auf Richter und Spitzweg das Biedermeier nur in den Kleinstädten und auf dem Lande suchen wollte. Biedermeier war überall im deutschen Vormärz, auch in den vergleichsweise großen Städten. Aus dem Berlin der Jahre 1824 bis 1829 erinnert sich die Schauspielerin Karoline Bauer. »Man suchte und fand in der Geselligkeit Ersatz für das fehlende öffentliche Leben einer politischen Residenz. Und die damalige Kleinstadt Berlin gestaltete dies gesellige Leben zu einem intimen und familiären, wie in einem Provinzstädtchen. Man kannte alle Welt und kam mit aller Welt an allen Orten immer wieder zusammen. Und diese rege Geselligkeit wurde dadurch möglich, daß sie bescheidener auftrat ... Man machte gegenseitig keine kostspieligen Ansprüche auf üppige Bewirtung, luxuriös ausgestattete Salons, glänzende Toiletten. Man konnte unkritisiert immer wieder in denselben Gesellschaftskleidern erscheinen – und wir waren bei der Beleuchtung von einigen mageren Talglichtern, die fortwährend Ansprüche an die Lichtputzschere machten – an birkenen oder kienenen Tischen und bei einer Tasse Tee und den berühmten oder berüchtigten dünnen Berliner Butterbrödchen seelenvergnügt.«

Die vielleicht schönste Biedermeieridylle hat Mörike im »Alten Turmhahn« festgehalten. Ausgelitten ist, was auch in dem stillen Cleversulzbach dem Dichter so oft den Alltag verdüstert hat – Kränkeln, dumpfes Brüten, armselige Wirtschaft, Schulden, Amtsverdruß – geläutert zur anmutigsten Verklärung des einfachen Lebens in einem kleinen ländlichen Pfarrhaus. Ein anderes Cleversulzbacher Gedicht (An Wilhelm Hartlaub) schließt mit der schönen biedermeierlichen Szene

> »Da tritt dein Töchterlein mit Licht herein:
> Ein ländlich Mahl versammelt groß und klein,
> Vom nahen Kirchturm schallt das Nachtgeläut,
> Verklingend so des Tages Lieblichkeit.«

Es sei an dieser Stelle daran erinnert, daß von Mörikes Gedichten jahrelang nur wenige hundert Stück verkauft worden sind; außerhalb des heimatlichen Kreises von Jugendfreunden und Amtsbrüdern, Basen und Vettern, in dem man in etwa Bescheid wußte, ist der Dichter jahrzehntelang fast unbekannt geblieben. Ein anderes Beispiel: Franz Schubert 1797–1828, eines der großen musikalischen Genies, die der Welt geschenkt worden sind, ist bis zu seinem frühen Tode überhaupt nicht in seiner Größe erkannt worden.

Wir versagen es uns, die düsterste Seite jener Zeit, die häufigen Mordtaten, in dieser Skizze auszuführen. Anselm von Feuerbachs »Merkwürdige

Verbrechen in aktenmäßiger Darstellung« bringen anschauliche Beispiele dafür. Es sei aber daran erinnert, daß die zauberhaftesten Kindheits- und Jugenderinnerungen deutscher Sprache, die des 1802 geborenen Wilhelm von Kügelgen, jählings mit der Ermordung des Vaters enden. »Ich sprang herzu: da lag mein Vater mit dem Gesicht auf nackter Erde, erschlagen und entkleidet in einer Ackerfurche. Über mich aber und die Meinigen ›ging der Grimm des Höchsten, und seine Schrekken drückten uns, sie umgaben uns wie Wasser und umringten uns miteinander‹.«

»Gießen, den 8. August 1834. Ich gehe meinen Beschäftigungen wie gewöhnlich nach, vernommen bin ich nicht weiter geworden. Verdächtiges hat man nicht gefunden, nur die französischen Briefe scheinen noch nicht entziffert zu sein; der Herr Universitätsrichter muß sich wohl erst Unterricht im Französischen nehmen. Man hat mir sie noch nicht zurückgegeben ... Übrigens habe ich mich bereits an das Disziplinargericht gewendet und es um Schutz gegen die Willkür des Universitätsrichters gebeten. Ich bin auf die Antwort begierig ... Den Universitätsrichter habe ich mittels des höflichsten Spottes fast ums Leben gebracht. Wie ich zurückkam, mein Zimmer mir verboten und mein Pult versiegelt fand, lief ich zu ihm und sagte ihm ganz kaltblütig mit der größten Höflichkeit, in Anwesenheit mehrerer Personen: wie ich vernommen, habe er in meiner Abwesenheit mein Zimmer mit seinem Besuche beehrt; ich komme, um ihn um den Grund seines gütigen Besuches zu fragen etc. – Es ist schade, daß ich nicht nach dem Mittagessen gekommen, aber auch so barst er fast und mußte diese beißende Ironie mit der größten Höflichkeit beantworten. Das Gesetz sagt, nur in Fällen sehr dringenden Verdachts ... dürfe eine Haussuchung vorgenommen werden. Ihr seht, wie man das Gesetz auslegt ... Eine solche Gewalttat stillschweigend ertragen, hieße die Regierung zum Mitschuldigen machen; hieße aussprechen, daß es keine gesetzliche Garantie mehr gäbe; hieße erklären, daß das verletzte Recht keine Genugtuung mehr erhalte. Ich will unserer Regierung diese grobe Beleidigung nicht antun ...«

Fragt man, was die politische Atmosphäre des Vormärz am deutlichsten kennzeichnet, so kann die Antwort lauten: die Zensur. Dieser Brief des Studenten Georg Büchner an seine Familie ist ein anschauliches Zeugnis, zumal er sachlich, ohne Scheu und ohne Exaltation berichtet. Es wird darin auch deutlich, daß in der Regel, in diesem Fall im Großherzogtum Hessen, die Zensur nicht gehandhabt wurde wie in totalitären Staaten unseres Jahrhunderts, sondern als Instrument von Regierungen, die man mit einiger Nachsicht als rechtsstaatlich bezeichnen kann.

Von einer Variante dieser Praxis aus dem Staat, in dem Metternich unmittelbar das Sagen hatte, berichtet Grillparzer, der mit seinem patriotischen Bühnenstück »König Ottokars Glück und Ende« jahrelangen Verdruß gehabt hat. Als die Sache endlich ausgestanden war: »Ein paar Jahre später fuhr ich mit dem Hietzinger Gesellschaftswagen von Hietzing nach Wien. Ich kam neben einen Hofrat der Zensurhofstelle zu sitzen, der mir schon früher als Polizeidirektor in Venedig während meines dortigen Aufenthalts alle Freundlichkeiten erwiesen hatte und mir bis auf diesen Augenblick immer zugetan geblieben ist. Er begann das Gespräch mit der damals in Wien stereotypen Frage: warum ich denn gar so wenig schriebe? Ich erwiderte ihm: er als Beamter der Zensur müsse den Grund wohl am besten wissen. ›Ja‹, versetzte er, ›so seid ihr Herren! Ihr denkt euch immer die Zensur als gegen euch verschworen. Als Ihr Ottokar zwei Jahre liegen blieb, glaubten Sie wahrscheinlich ein erbitterter Feind verhindere die Aufführung. Wissen Sie, wer es zurückgehalten hat? Ich, der ich, weiß Gott, Ihr Feind nicht bin.‹ ›Aber, Herr Hofrat‹, versetzte ich, ›was haben Sie denn an dem Stücke Gefährliches gefunden?‹ ›Gar nichts‹, sagte er, ›aber ich dachte mir: man kann doch nicht wissen –‹.« Zensur auf altösterreichisch.

Den Ausgangspunkt für die Einführung der Zensur in den Staaten des deutschen Bundes bildeten die Karlsbader Entschlüsse, Metternichs Antwort auf die Studentenunruhen. Die Zensur war ein Instrument gegen Hochverrat und Umsturz. In der Praxis – die in den 41 Staaten recht unter-

„Meine Herren! — aufgepaßt! — ich glaube er beißt!"

schiedlich war – konnte sie beliebig zur Unterdrückung von allem dienen, was einem Monarchen, einem Minister, einem Polizeidirektor, einem Zensurbeamten irgendwie mißfiel oder schädlich dünkte. Das konnten wirkliche oder vermeintliche persönliche Anspielungen sein; Frivolitäten wurden scharf aufs Korn genommen, damit das Publikum auch in dieser Hinsicht nicht auf Abwege gebracht werde; und politische Bedenken jeder Art konnten zum Zuge kommen, weit über den eigentlichen Sinn der Demagogenabwehr hinaus; »König Ottokar« hat nicht nur lange bei der Zensur geruht, sondern ist auch einmal beschnüffelt worden und soll Bedenken erweckt haben, weil der Nationalstolz der Tschechen an dieser oder jener Stelle Anstoß nehmen könne . . .

Die bestimmende politische Figur des Vormärz war Clemens Fürst Metternich, der österreichische Staatskanzler, aus rheingauischem Geschlecht. Wie immer man ihn sehen mag, mit dem Groll der liberalen Urgroßväter, in klassenideologischer Feindschaft oder in einem milden, verklärenden Licht – Deutschland hat keinen zweiten Staatsmann hervorgebracht, der so sehr Weltkind und Europäer gewesen ist. Golo Mann schreibt von ihm »ein Diplomat von hervorragenden Talenten, ein vollendeter Menschenbehandler, Autorität und Elastizität, System und Kompromiß auf hochpersönliche, fast künstlerische Art verbindend. Er war kein Fanatiker, kein Despot, obgleich er Despoten auf ihren Thronen hielt, nicht grausam, obgleich grausame Taten in der Folge seiner Politik begangen wurden. Gebildet in allen Künsten des Aristokraten aus dem 18. Jahrhundert, schön von Gestalt, heiter und hell, lebensfreudig und vergnügungssüchtig, ein literarischer Feinschmecker . . .«. Schwächen und Flecken bedeutender Menschen werden von den Zeitgenossen schärfer gesehen. Grillparzer, der in seinen Grundauffassungen dem Staatskanzler nahestand, schreibt 1839: »Fürst Metternich war von Hause aus ein Mann von Ehre und Gefühl, entschlossen und mutig, der Verstand aber, in den diplomatischen Salons unter Weibern und Höflingen ausgebildet, mehr poliert, als gestählt, mit der Spitze

Sitzung des Parlaments in der Paulskirche – »1833 im neurömischen Stil vollendet« (Baedeker von 1858).

ritzend, statt mit der Schneide trennend und durch eine glückliche Auffassungsgabe verführt, das Resultat der Untersuchung vor der Operation des Untersuchens antizipierend.« Metternich war kein Reaktionär in dem Sinne, daß er die europäischen Dinge auf den Stand hätte zurückschrauben wollen, den sie vor der französischen Revolution und Napoleon gehabt hatten – dazu war er viel zu sehr Realist. Vielmehr hat der Wiener Kongreß, den er ziemlich beherrschte, die von Napoleon hinterlassene Ordnung zu großen Teilen akzeptiert und legalisiert. Diese ausgewogene Friedensordnung aber, mit dem Stützkorsett der »heiligen Allianz« (dem Bündnis der Herrscher Österreichs, Rußlands und Preußens) gegen alle Erschütterungen und Umwälzungen zu schützen, war die Leitlinie der Metternichschen Politik; »die Erhaltung des Bestehenden«.

Das konnte nicht wohl die Parole begeisterungsfähiger junger Menschen sein. Freiheit in einem geeinten deutschen Vaterland wurde nach den Befreiungskriegen die Parole der Studenten; oder sagen wir lieber, im Blick auf bierselige, trübselige Typen, wie sie in den dumpfen kleinen Universitäten nicht eben selten waren: der besten unter ihnen; zu denen sich denn freilich, wie es immer geht, die um der Aufregung willen Aufgeregten drängten. Das weithin sichtbare Zeichen ihres Strebens war das Wartburgfest im Oktober 1817. Es waren sechs- oder siebenhundert Studenten und einige Professoren, die da vom Eisenacher Marktplatz durch den Wald hinaufzogen auf die alte Burg. Oben hielt ein Student eine Rede, nach dem durch die sofortige polizeiliche Unterdrükkung berühmt gewordenen Bericht in der Zeitschrift Isis wie folgt:

Über den Zweck der Zusammenkunft der gebildeten Jünglinge aus allen Kreisen und Volksstämmen des deutschen Vaterlandes, über das verkehrte Leben früher, über den Aufschwung und die erfaßte Idee des deutschen Volkes jetzt, über verfehlte und getäuschte Hoffnungen, über die Bestimmung des Studierenden und die gerechten Erwartungen, welche das Vaterland an sie mache, über die Verwaistheit und gar Verfolgtheit der sich den Wissenschaften widmenden Jugend; endlich

Erinnerungsmedaille
zur
Parlamentseröffnung.

wie sie selbst bedacht sein müsse, unter sich Ordnung, Regel und Sitte, kurz Burschenbrauch einzuführen, ernstlich und gemeinschaftlich bedacht sein müsse auf die Mittel und Wege, ihrer Bestimmung mit Würde entgegenzugehen, die Blicke des erwachsenen Volkes, das leider nichts mehr zu erreichen vermag, getröstet und aufmunternd auf sie zu lenken, und ihm einst zu werden, was es will, daß sie soll –.

Das war keine deutsche Marseillaise, die da angestimmt wurde. Und was dann an Reden noch folgte, war nicht weniger treuherzig. »Darauf wurde zum Essen geblasen.« Am Nachmittag ein Gottesdienst in der Stadtkirche und Turnübungen auf dem Marktplatz, abends ein Fackelzug, zu dessen Beschluß, als ein harmloser Jux, ein Haarbeutel, ein Offizierskorsett, ein Korporalstock ins Feuer geschmissen wurden ... es war der Turnvater Jahn, der »fratzenhafte Kerl«, wie Treitschke ihn nennt, der dafür sorgte, daß der Jux am Ende doch nicht harmlos blieb: sein Einfall ist es gewesen, außer den besagten Requisiten auch Bücher zu verbrennen, Werke reaktionärer Historiker und auch etwas so fortschrittlich-gescheites wie den Code Civil. – Es sei noch erwähnt, daß viele Studenten vor ihrer Abreise das Abendmahl genommen haben.

Für sie war es ein erhebendes Fest gewesen, für die Hüter des Bestehenden ein warnendes Signal. Gentz, der weit nervöser reagiert als der kühlere Metternich: »Der Allgemeine deutsche Studentenbund ist, wie sich aus seinen Statuten ergibt, ausdrücklich und wesentlich auf der Einheit Deutschlands, und zwar nicht bloß einer idealen, oder wissenschaftlichen, oder literarischen, sondern einer leibhaftigen politischen Einheit gegründet. Er ist also im höchsten und furchtbarsten Sinn des Wortes revolutionär.« Und wo der verwöhnte Diplomat, dem Luxus ein leibliches Bedürfnis ist, diesen Studenten physisch nahekommt, wie einmal in Heidelberg, graust es ihn vor ihren bloßen Hälsen, den struppigen Bärten, der schmutzigen altdeutschen Tracht ...

Am 22. März 1819 stößt der Student Carl Sand dem Schriftsteller Kotzebue in dessen Wohnung in Mannheim wiederholt den Dolch in den Leib, bis der wimmernde alte Mann tot umfällt. Sand, ein konfuser Mensch und ein urteilsloser Schüler des närrischen Dozenten Follen, hatte sich in den Kopf gesetzt, um der allgemeinen guten Sache willen, sein Leben »auf dem Rabenstein« zu opfern, und um dorthin zu gelangen, wollte er an dem Verräter Kotzebue »Volksrache« üben. Kotzebue, ein Deutschrusse, war ein überaus fruchtbarer Schriftsteller, der die Bühnen mit durchaus spielbaren Stücken förmlich überschwemmte, von Gesinnung, soweit er eine hatte, ein Stockreaktionär, und als ein in Deutschland gut eingeführter, über weitläufige Beziehungen verfügender russischer Untertan Korrespondent, mehr oder weniger auch Vertrauensmann, der Regierung in St. Petersburg. Das war nicht unbekannt, so geheim nahm man es gar nicht. Ihn also hatte der unselige Sand als Opfer der Volksrache ausersehen, und da er sich ja selbst ans Richtschwert bringen wollte, war es kein Kunststück, außer der Selbstüberwindung, den alten Mann umzubringen.

Sand wollte ein Zeichen setzen, und das ist ihm vortrefflich gelungen. Mit seiner Tat hat er die Apparatur in Gang gesetzt, die in allen deutschen Staaten lange Zeit das geistige und politische Leben beschattet hat, in des Wortes mehrfacher Bedeutung. Bevor dazu noch etwas gesagt wird, einen letzten Blick auf den unglückseligen Sand. Ihm wird der Prozeß gemacht, und am 20. Mai 1820 ist er am Ziel seines wirren Wunsches – auf einer Wiese vor den Toren Mannheims wird er geköpft. Die Hinrichtungen waren öffentlich in der Biedermeierzeit und arteten fast immer zu Volksfesten niederster Sorte aus. Bei der Hinrichtung Sands war der Andrang der Schaulustigen ungeheuer. Als der Kopf gefallen war, drängten sich die Menschen vor, um in ihren Schnupftüchern Blutspuren heimzutragen oder rauften sich um ein Stück von dem zerschlagenen Richtstuhl – ein schauriger Reliquienkult.

Im Spätsommer, also einige Monate nach dem Mannheimer Mord, beschied Metternich, von Gentz gedrängt, Vertreter der deutschen Regierungen nach Teplitz und Karlsbad, um Maßnahmen zur Unterdrückung revolutionärer Umtriebe an den deutschen Hochschulen zu erörtern. Diese

Konsultationen führten am 20. September zu einem Beschluß der Bundesversammlung über die Einsetzung einer permanenten Untersuchungskommission. Diese sogenannten Karlsbader Beschlüsse sind zu einem Kennzeichen der Ära Metternich, des politischen Vormärz in Deutschland geworden. In der Tat haben sie das politische Klima an den Universitäten bestimmt und darüber hinaus polizeistaatliche Gesinnung bei den Regierungen und polizeistaatliche Praktiken in einer Reihe deutscher Staaten gefördert, und zwar gerade in den wichtigsten, Österreich und Preußen. Wilhelm von Humboldt hat sie »schändlich, unnational, das Volk aufregend« genannt, und das waren sie. Und es war die kurze Frühlingsstunde der deutschen Liberalen, als sie im März 1848 dahinschmolzen.

Heute, satt im Besitzstand bürgerlicher Grundrechte und eines weitgezogenen individuellen Freiheitsraums, vermögen wir den Zorn unserer liberalen Vorfahren zu verstehen, aber, wenn wir ehrlich sind, nicht aus Herzensgrund zu teilen. An dem gemessen, was Hitler einmal über das deutsche Volk gebracht hatte, und an dem, was in vielen Staaten unserer heutigen Welt Usus ist, kann man den Karlsbader Beschlüssen einen gewissen Grad von zivilisierter Mäßigung nicht absprechen. Hitler war auf dem Höhepunkt seiner Macht, als der junge Golo Mann in seiner Gentz-Biographie trauervoll schrieb: ». . . und wenn man sich heute in ihren Wortlaut vertieft, kann man nur mit Wehmut der Zeiten gedenken, in denen sie als das ungeheuerlichste Beispiel von Despotismus und Reaktion galten«.

Die Einsetzung von Curatoren an den Universitäten, die Entfernung anstößiger Professoren, tunlichst unter Versetzung auf andere Zivilstellen, die Zensur für alle Druckschriften unter 20 Bogen – all das konnte die Handhabe zu einem bornierten Polizeiregime bieten, und so war leider Gottes weithin die Wirkung; die Beschlüsse waren aber so formuliert, daß man mit ihnen leidlich leben konnte, wo der gute Wille kräftig genug war. Die Burschenschaften, als den nationalen Stoßtrupp an den Universitäten, hat allerdings der Bannstrahl des Verbots getroffen. Alsbald entstand das Lied

»Wir hatten gebauet ein stattliches Haus« mit der traurig-schönen Strophe

> Das Band ist zerschnitten,
> war schwarz, rot und gold,
> und Gott hat es gelitten,
> wer weiß, was er gewollt!

In Eckermanns Gesprächen mit Goethe findet sich eine Notiz vom Dezember 1822, als es an der Universität des Landes, in Jena, einen Studentenaufruhr gegeben hatte; es war eine Abteilung Artillerie hingeschickt worden, »um sie zu beruhigen«. Eckermann fährt fort: »Riemer (Freund des Hauses, u.a. Erzieher von Goethes Sohn August) las eine Sammlung von Liedern, die man ihnen verboten und die dadurch Anlaß oder Vorwand der Revolte gegeben. Alle diese Lieder erhielten beim Vorlesen entschiedenen Beifall, besonders wegen des Talents, das darin sichtbar; Goethe selbst fand sie gut . . .«
Es wurde wiederholt angedeutet, daß die Ausführung der Karlsbader Beschlüsse in den verschiedenen Staaten unterschiedlich gehandhabt wurde, in der Mehrzahl der Klein- und Mittelstaaten lässiger als in Preußen und Österreich. Hierbei ist zu bedenken, daß die deutschen Staaten sich seit 1818 nach und nach Verfassungen gaben, daß gewählte Parlamente die altständischen Landtage ablösten. Metternich wußte wohl, daß man diese weder verhindern noch wegwischen könne; er hat freilich über die Karlsbader Beschlüsse auf die Verfassungswirklichkeit eingewirkt; aber auch das gelang nicht überall gleichermaßen. Es mutet beinahe grotesk an, daß der junge König Wilhelm von Württemberg, obwohl keiner demokratischen Sympathien verdächtig, den russischen Kaiser, der sein Vetter und sein Schwager war, zur Hilfe rief, um die neue Verfassung Württembergs gegen die Karlsbader Beschlüsse abzuschirmen; was Kaiser Alexander auch tat, zum Ärger Metternichs. Dieser Kaiser, die mächtigste Figur in der Heiligen Allianz, war überhaupt ein Autokrat mit einem modischen demokratischen Spleen; nicht seinen Russen, wohl aber den unterworfenen Polen hat er eine Verfassung gegeben, die man als fortschrittlich gelten lassen mußte. – Einige deutsche

Landtage, besonders der württembergische und der badische, haben sich bei aller Beengtheit als Baumschulen der Demokratie erwiesen und einen wohltätigen Einfluß auf ganz Deutschland ausgeübt.
Der Polizeistaat, bedrohlich, aber doch nicht allmächtig, hat eine ganze Literatur von Spott erzeugt; vor allem war es das junge Deutschland, das ihn gezaust hat. Börne hat die folgende polizeiliche Bekanntmachung erfunden: »Unruhestifter haben das Gerücht verbreitet, es sei heiß in der Welt; aber das ist eine hämische Lüge, das Wetter war nie kühler und schöner gewesen. Man warnt jedermann vor unvorsichtigen Reden und müßigem Umherschweifen auf der Straße. Eltern sollen ihre Kinder, Lehrer ihre Schüler, Meister ihre Gesellen im Hause behalten. Man bleibe ruhig. Ruhe ist die erste Bürgerpflicht.«
Heinrich Heine in seinen »Zeitgedichten«:

Nicht mehr barfuß sollst du traben,
Deutsche Freiheit, durch die Sümpfe,
Endlich kommst du auf die Strümpfe,
Und auch Stiefeln sollst du haben!

Auf dem Haupte sollst du tragen
Eine warme Pudelmütze,
Daß sie dir die Ohren schütze
In den kalten Wintertagen.

Du bekommst sogar zu essen –
Eine große Zukunft naht dir!
Laß dich nur vom welschen Satyr
Nicht verlocken zu Exzessen!

Werde nur nicht dreist und dreister!
Setz' nicht den Respekt beiseiten
Vor den hohen Obrigkeiten
Und dem Herren Bürgermeister!

Um 1830 kommt Europa in Bewegung. Begeistert, tatenlustig sieht die junge Generation Kontinentaleuropas auf das Feuerwerk der Julirevolution in Paris. Blutige Barrikadenkämpfe, Flucht des Königs, das machte gewaltigen Effekt; Europa, hoffend oder schaudernd, sah eine neue große Revolution heraufziehen. Dazu ist es nicht gekommen; fähigen liberalen Politikern gelang es, die Bewegung zu steuern; auf den geflohenen

Karl X. folgte der »Bürgerkönig« Louis Philippe. Aber die Wirkung der Julirevolution auf Europa war nicht zu bremsen. Belgien riß sich von den Niederlanden los. In Italien rumorte es. Polen erhob sich gegen die russische Herrschaft. Als das verzweifelte Unternehmen mit Kanonen und Kosaken niedergeworfen war, ergoß sich ein Strom flüchtiger polnischer Aufständischer durch Deutschland in das gelobte Land Frankreich. Nicht in Preußen, wohl aber an Neckar und Rhein wurden diese Flüchtlinge mit einer mancherorts überschäumenden Herzlichkeit aufgenommen. Diese Polenbegeisterung, wie zuvor die gemütvolle Anteilnahme am Freiheitskampf der Griechen, hat, so naiv sie war, dem eigenen Nationalgefühl doch eine völkerbrüderliche Wendung gegeben, die sich gut mit romantischen Strömungen vertrug und in Herder ein Vorbild hatte; würdiger jedenfalls als der bornierte fremdenfresserische Patriotismus, der die Turner in ihren Anfängen kennzeichnete.

Die Unruhe, die Deutschland durchzitterte, fand ihren Ausdruck im »Hambacher Fest«, einer aus dem ganzen südwestlichen Deutschland besuchten Kundgebung auf dem Hambacher Schloß, unweit Neustadt an der Hardt, in der Pfalz. Es war ein patriotisches und demokratisches Volksfest unter schwarzrotgoldnen Fahnen. Der ganze Berg, so in einem Brief eines Teilnehmers »erschien in dem Dunst und dem Getöse einer fröhlichen, erregten, vieltausendköpfigen Menge von Männern, Frauen, Halbwüchsigen und Kindern eingehüllt. Während an einer Stelle einem Redner zugejubelt wurde, ergriff an einer anderen ein zweiter das Wort; wieder anderwärts wurden Lieder gesungen, deren Texte man ebenso wie allerlei Flugschriften verteilte.« Der Redner waren viele, und von gemütvoller vaterländischer Erbauung bis zu schrillen revolutionären Klängen gab es eine ganze Tonleiter. Eine dunkle Note brachten die Klagen aus dem kleinbäuerlichen Proletariat in dieses Fest. Der Hauptorganisator und lauteste Redner, ein gewisser Siebenpfeiffer (sinniger Name für einen Demagogen) endete seine Rede mit dem Ruf: Hoch lebe jedes Volk, das seine Ketten bricht und mit uns den Bund der Freiheit schwört! Vaterland

– Volkshoheit – Völkerbund hoch! – Übrigens ist das Fest ziemlich friedlich verlaufen. Die pfalzbayrische Regierung, die vorsorglich Militär zusammengezogen hatte, berichtete nach München: »Die gefürchteten Plündereien und Anarchien sind unterblieben, die Einwohner des Rheinkreises haben einen herrlichen Beweis ihrer Abneigung gegen Umsturz an den Tag gelegt«!
Der Zollverein und das aufkommende Fabrikwesen haben dem tätigen Kaufmann und Unternehmer und damit den liberalen Tendenzen im Bürgertum Auftrieb verliehen. Gleichzeitig verschärfte sich das Elend im zurückgebliebenen Kleinbauerntum, unter den Fabrikarbeitern, denen es vor den neuen Maschinen grauste, in den Armenvierteln und Armenwinkeln der allmählich wachsenden Städte. »Fußboden von Mauerziegel, eingebrochen, voll tiefer Gruben, Fenster mit Papier verklebt, Ofen mit vielen Rissen ... Türe mangelt, das Feuern ist unmöglich. Ist die Ofenröhre ganz, so ist der Rauch erstickend. Die Augen gehen Euch über, die Insassen weinen, vor Rauch? Nein, vor Hunger und Frost. – In Lumpen nur zum Teil gehüllt, wenig, oft gar nichts zum Schutz der Füße auf kaltem Ziegelstein, in kalten Stuben, wie sollen sie nicht frieren? – Die Lagerstätte etwas dumpfiges Stroh, ein Stück Leinwand zum Zudecken, das ist alles, worauf und worunter die Leute liegen, um sich zu erholen von schwerer Arbeit und Frost, – fragt nach ihrem Verdienst, nach monatlicher Unterstützung, Ihr werdet erstaunen, wie wenig der Mensch bedarf, um nicht zu verhungern.« Dieser Bericht der Breslauer Zeitung vom 18. November 1843 gehört zu dem Material, das Bettina von Arnim an den König von Preußen geschickt hat, um ihm die Augen für die soziale Not zu öffnen.
Friedrich Wilhelm IV. hatte 1840 den Thron bestiegen; ein phantasiebegabter, lebhafter Mann, ziemlich das Gegenteil seines trockenen, wortkargen Vaters. Schwungvoll waren die ersten Taten des neuen Königs: eine Amnestie für alle wegen politischer Delikte Eingekerkerten; eine Professur für den alten Arndt; Freistellung des alten Turnvater Jahn von polizeilicher Aufsicht; Berufung der in Hannover entlassenen Brüder Grimm auf

Lehrstühle in Berlin ... Aber in der zentralen Verfassungsfrage blieb der König starr, und er zeigte sich auch in der Auswahl seiner Berater reaktionär. Was half es da, daß er sich wortreich und interessiert zeigte? Die enttäuschten Hoffnungen bewirkten einen politischen Wettersturz. Das freiheitlich gesinnte Bürgertum stellte seine Forderungen lauter und ungeduldig. Die Armut, durch Mißernten verschärft, führte vor allem bei Kleinbauern und Kleinbürgern zu einer grassierenden Auswanderung nach Amerika. Die verzweifelten schlesischen Weber schreien ihr Elend zum Himmel. Als im Norden König Christian VIII. Schleswig ganz an Dänemark ziehen will, läuft eine Welle der nationalen Empörung durch Deutschland. Mehr und mehr stehen die Zeichen auf Sturm.

Revolutionsversuche

Reißt die Kreuze aus der Erden!
Alle sollen Schwerter werden,
Gott im Himmel wird's verzeihn.
Gen Tyrannen und Philister!
Auch das Schwert hat seine Priester,
und wir wollen Priester sein!

So hat Georg Herwegh gesungen. Seine Verse haben eine mächtige Wirkung getan, sie sprachen aus, was viele dumpf empfanden und nicht sagen, geschweige denn tun konnten. Der Dichter selbst war keineswegs ein Mann, der nur im stillen Kämmerlein auf dem Papier etwas riskierte; er ließ sich auf die gewagtesten Verbindungen ein, stand zum Beispiel mit dem russischen Revolutionär Michael Bakunin in Korrespondenz; bei den Kämpfen im Badischen, im Frühjahr 1848, war Herwegh dabei, auch bei der Flucht, was ihm in den »Fliegenden Blättern« berühmte Spottverse eingebracht hat – aber hätte er sich fangen lassen sollen?

Die ersten so verzweifelten wie armseligen Versuche zu gewaltsamen Aufständen sind der äußersten Not entsprungen. Die Bevölkerung in den schlesischen Gebirgen war weithin das Opfer der gut gemeinten, in der Praxis aber oft unheilvollen Bauernbefreiung, auf kärglichem eigenen Boden hungernd, unglaublich besteuert, daher verschuldet und zwingend auf einen zusätzlichen Erwerb angewiesen, um überhaupt leben zu können. Diesen Verdienst boten ihnen die Leinwandfabrikanten, die Heimarbeit vergaben; da die Fabrikanten die Notlage dieser Menschen zutreffend einschätzten und kein Mensch und keine Regierung sie hinderten, zahlten die meisten erbärmliche Löhne. Der herrische Ton von oben, die Schikanen der Angestellten, die die gelieferte Leinwand prüften, hie und da unmenschlicher Hohn und zu allem hin das aufkommende Maschinenwesen, das die Hausweberei überflüssig zu machen drohte – es mußte sehr viel zusammenkommen, bis diese armen, meist frommen Menschen sich gewaltsam erhoben. Das war anno 1844 in einigen Ortschaften, in Peterswaldau, Langenbielau. Militär schlug den Aufstand nieder. In Gerhart Hauptmanns Bühnenstück »Die Weber« ist der Jammer aufgehoben. – Bald darauf, 1846, Mißernte und Teuerung; ein Jahr darauf grassiert der Hungertyphus in Schlesien.

Der Revolteversuch der schlesischen Weber hatte gleichzeitig ein Gegenstück im benachbarten Böhmen, wo die Voraussetzungen ähnlich waren. Auch hier wurde der Aufstand blutig niedergeschlagen – sofern man es überhaupt einen Aufstand nennen will. In einem Landstrich Nordböhmens hatten die Weber Fabriken gestürmt und Maschinen demoliert, und zogen dann in hellen Haufen, mit Weib und Kind, auf Prag, um dem Vertreter des Kaiserhauses, Erzherzog Stephan, ihr Leid zu klagen. Aber die Salven des Militärs ließen sie nicht so weit kommen.

Die Mißernte von 1846 führte zu Brot- und Kartoffelkrawallen, besonders in Berlin. Gegen gröbliche, aber ziemlich unblutige Volksjustiz an Markthökern schritt die Polizei nicht ein. Als man im Verlauf mehrerer unruhiger Tage auch den Bäckern und Metzgern wegen Überpreisen und Untergewicht bedrohlich die Faust zeigte, wurden Militärpatrouillen durch die Straßen geschickt, die mit der flachen Klinge die Ordnung wiederherstellten. Es gab Verhaftungen und Verurteilungen, aber mit einiger Zurückhaltung. Regierung, Stadtverwaltung und Privatleute taten etwas, um die Not zu lindern. In Stuttgart, zur gleichen Zeit, ritt der König selbst durch die aufgeregte Menge, wobei denn unangenehme Szenen nicht ausblieben.

In Berlin und anderswo konnten die Bauern Prügel beziehen, wenn sie ihre rar gewordenen Kartoffeln oder Eier zu unverschämten Preisen feilboten. Weit bedeutsamer ist, daß in großen Teilen Deutschlands die kleinbäuerliche Bevölkerung bittere Not litt. Im Westen und Süden war in vielen Gegenden die Erbteilung schuld daran, daß Tausende von Bauerngütern so klein waren, daß sie selbst in guten Jahren kaum eine Familie ernähren konnten; bei Mißernten oder Absatzkrisen mußte der Bauer Schulden machen, aus denen er sich auch in besseren Jahren nicht mehr befreien konnte. Dazu kam, was selten beachtet wird, in den meisten Staaten eine skandalöse Steuerungerechtigkeit zu Lasten der kleinen Leute; und noch beträchtliche Überbleibsel alter Feudallasten. Was die Bauern besonders in Süddeutschland aufs äußerste verbitterte, war das herkömmliche, noch ziemlich feudal bestimmte Jagdwesen, der zum waidmännischen Vergnügen überhegte Wildbestand und die unvergüteten Wildschäden auf Äkkern und Fluren, ja in den Hausgärten. Der Wilddieb war eine äußerst volkstümliche Gestalt. Im

Der 18. März in Berlin –
hier in der Breiten Straße.

Nassauischen und Hessischen, in Franken und in der Pfalz, in Württemberg und Baden herrschte eine Atmosphäre, die mit der des Bauernkriegs sehr wohl verglichen werden kann.

Das war der Untergrund, über den die Lieder der Herwegh, Heine, Freiligrath hinwegstrichen. Das war die Lage von Millionen, als in Paris die Pulvermine der Februarrevolution aufflog. Die Hitzewelle, die von dort ausging, erreichte in Deutschland zuerst das Badnerland, danach in Windeseile Berlin und Wien. Es ist des Nachdenkens wert, wie unterschiedlich die Stände und Gruppen reagierten: Hof, Regierung und Bürokratie von Schrecken gelähmt, zu allen ihnen möglich erscheinenden Konzessionen bereit; Militär und Polizei verblüfft und unsicher; die Studenten begeistert; das liberale Bürgertum entschlossen, die Stunde zu nutzen, um bürgerliche Freiheiten, vor allem anderen die Pressefreiheit durchzusetzen – gleichzeitig aber besorgt, die revolutionäre Welle könne Eigentum und öffentliche Ordnung hinwegschwemmen; die kleinen Leute, Kleinbauern, Handwerksburschen, das ländliche und städtische Proletariat (Lumpengesindel eingeschlossen) nach nie gehörten Klängen die Ohren spitzend »Wacht auf, Verdammte dieser Erde«, die krummen Knochen dehnend, zum Schlagen bereit.

Die ersten stürmischen Reaktionen, die auf deutschem Boden auf die Februarrevolution erfolgten, erinnern an die Bauernkriege und tobten sich in Landschaften aus, die auch im 16. Jahrhundert Schauplätze heftiger Bauernaufstände gewesen waren, im Odenwald, im Kraichgau, an Jagst und Kocher, im Weinsberger Tal. Es ging gegen die Schlösser und besonders gegen die Rentämter des Adels; in den Rentämtern, wenn man sie nicht ganz anzündete, griff man vor allem nach den Akten, in denen die alten Untertanenlasten verbrieft und verbucht waren; die gingen vielerorts in Flammen auf. Aber der Zorn der Bauern – es waren vor allem die armen verschuldeten Kleinbauern – schlug auch in andere Richtung, nämlich gegen die Juden, die, da man ihnen jahrhundertelang fast alle Berufe versperrt hatte außer dem Geldhandel, an hundert Orten die Gläubiger des

Landvolks waren; nicht schlechter, nicht besser als christliche Geldverleiher, aber eben doch die Gläubiger, die mahnten und wieder mahnten, am Ende den Gerichtsvollzieher auf den Hof schickten – außerdem waren sie Juden. Mit ehrlichem Entsetzen haben freiheitliche Politiker darauf reagiert. »Mit tiefem Schmerze ... vernehmen wir die Nachricht, daß die Tage, welche die Herzen aller wackeren Bürger mit hehrer Begeisterung erfüllen ... entweiht werden sollten durch blinde Zerstörungswut und Gefährdung der Personen und des Eigentums unserer Mitbürger mosaischen Glaubens, daß das leuchtende Panier der Freiheit besudelt wird durch schmähliche Exzesse ...« So heißt es in einem Aufruf, den neben anderen Hecker, Mathy und Bassermann unterschrieben haben.

Anders war die Wirkung des bäuerlichen Aufbegehrens gegen die Feudallasten, die längst nicht mehr in die Zeit paßten. Es gehörte zu den ersten Taten der Märzregierungen, diese uralten Sondersteuern und Vorrechte aufzuheben. Die Bauern, zufrieden mit ihrem Erfolg, beruhigten sich. Von allen weiteren Anläufen zur Revolution in Deutschland sind die kraftvollsten von den großen Städten ausgegangen, vor allem Berlin und Wien. Genaugenommen waren die Wiener den Berlinern im März 1848 um einige Tage voraus. Da aber die Aufstände in Wien, im März, um Pfingsten und im Herbst, viefältig mit der gesamtdeutschen Frage und mit den Nationalitätenproblemen der Donaumonarchie verwoben sind, soll von Berlin zuerst die Rede sein.

Das Königreich Preußen war ein starker Staat, stabiler, weil ungleich einfacher als die größere Donaumonarchie. Die preußische Armee war ein unerschütterlicher Fels; sie, vielleicht sie allein, war nicht durch die Ereignisse in Frankreich verunsichert. Es hatte in der preußischen Rheinprovinz einige Bewegung gegeben, in Köln hatte man die Marseillaise gesungen. Mehr als ein leichter Fieberanfall war es nicht gewesen. Die Preußen, von Trier bis Memel, sahen auf Berlin, und nicht nur die Preußen.

Zwei Holzschnitte aus den »Fliegenden Blättern« von 1848.

Das Elend in Schlesien.

Hunger und Verzweiflung.

Offizielle Abhülfe.

Berlin hatte ungefähr 400 000 Einwohner, war also nach damaligen Maßstäben wirklich eine Großstadt. Es hatte bereits zahlreiche, auch recht große Fabriken, zum Beispiel Borsig. Innerhalb der Arbeiterschaft gab es alte, selbstbewußte Handwerkertüchtigkeit so gut wie proletarisches Klassenbewußtsein. Es dürfte wenige bedeutende Fabrikstädte gegeben haben, in denen der »gediente Mann« so zahlreich vertreten war, was beim Aufziehen einer Revolution verschiedenes bedeuten kann: ein Gefühl der Zugehörigkeit gegenüber dem Militär – die Gewöhnung an den Mechanismus von Befehl und Gehorsam – anerzogene Gefechtserfahrung und Erfahrung im Gebrauch der Waffe. – Die Universität, in den Jahren der französischen Besetzung gegründet, war vielleicht die bedeutendste und lebendigste in ganz Deutschland. Die Studenten in Berlin gehörten nicht zu den aufgeregtesten, aber bestimmt nicht zu den dümmsten.

Am 6. März gab es die erste Volksversammlung »unter den Zelten«, großen Bierlokalen an der Spree. Es ging an diesem und an den folgenden Tagen laut, aber beinahe gemütlich zu. »Als aber die Nachrichten aus Wien eintrafen, fühlte man doch ein Unbehagen darüber, daß nichts so recht in Fluß kommen wollte« (Fontane). Die Unruhe wuchs. Im Einvernehmen mit dem Magistrat bildeten sich sogenannte Schutzkommissionen aus Bürgern und vielen zunächst sehr auf Ruhe und Ordnung bedachten Studenten, um die Aufgeregten zu beruhigen und über die Absichten der in der Tat zum Nachgeben geneigten Regierung aufzuklären – ein merkwürdig modern anmutender Einfall, der allerdings ohne Wirkung blieb. Dazu begegnete der gute Wille der Studenten vielfach arroganter Ablehnung bei Polizei und Militär; das hat viele junge Männer auf die Barrikaden getrieben.

Der 18. März 1848 ist einer der tollsten Tage in der Geschichte der Stadt Berlin. Er bietet in der Geschichte der Revolutionen ein merkwürdiges Beispiel für das anscheinend oder scheinbar durch einen Zufall ausgelöste Umkippen von volksfestmäßigem Jubel in Empörung und Blutvergießen. Bedeutete der Tag eine historische Wende? Darauf muß man mit einem schlichten Nein antworten. Das Blut der jungen Arbeiter, Studenten und Soldaten ist umsonst geflossen, wie in den meisten Kriegen und Revolutionen. Trost mag, wer es kann, bei den alten Griechen finden, die den raschen Tod in den Jahren der Blüte für ein Geschenk der Götter gehalten haben, weil ihnen vor den Beschwerden des Alters grauste.

Es war an jenem Tag das schönste Frühlingswetter. In der Nacht hatte sich im Kabinett die Bereitschaft durchgesetzt, wichtigen liberalen und nationalen Forderungen zu entsprechen. Der König hatte zugestimmt. Eine Deputation aus Köln, die von ihm am Morgen empfangen wird, vernimmt die gute Botschaft zuerst und verbreitet sie sofort. Eine begeisterte Menschenmenge wogt vor dem Schloß. Der König zeigt sich auf dem Balkon, seine Stimme dringt in den Jubelstürmen nicht durch. Der hinter ihm stehende Bürgermeister ruft laut hinunter:

Der König will, daß Pressefreiheit herrsche; der König will, daß der Landtag sofort berufen werde; der König will, daß eine Konstitution auf freisinnigster Grundlage alle deutschen Länder umfasse; der König will, daß eine deutsche Nationalflagge wehe; der König will, daß alle Zollschlagbäume in Deutschland fallen; der König will, daß Preußen sich an die Spitze der Bewegung stelle!

(In dieser vom Balkon gerufenen Kurzfassung des Mandats fehlt unter anderem der Hinweis auf die vorangegangenen Ereignisse in Wien.) – Die Berliner sind nach dieser Verkündigung außer sich vor Begeisterung, »die anständigen und gesitteten Leute« (eine von der Vossischen Zeitung so benamste Kategorie) und viele andere auch. Nur einige meinen »das hilft uns armen Leuten alles nichts«. Justizminister von Savigny, der sich unters Volk begeben hat, erklärt einem bedrückt dreinblickenden Arbeiter die Reichweite der königlichen Bewilligungen. Der sieht den noblen alten Herrn gelassen an – »Alterchen, das verstehst Du nicht; man hat gar nichts bewilligt!«

Die Jubelkundgebungen dauern stundenlang, der König zeigt sich noch einmal, läßt aber auch sagen, man möge die Demonstrationen jetzt beenden. Aber neue Massen drängen nach – »Wir wollen auch auf den Schloßplatz, wir wollen auch unserm geliebten König ein Vivat bringen«. Ein kritischer wachhabender Offizier: »Man unterschied Jubelrufe und Lebehochs, doch auch anderes Geschrei ... die Haltung des Ganzen machte mir mehr den Eindruck tumultuarischer Frechheit als froher Dankbarkeit.« Die vordersten in der Menge werden immer mehr gegen das Schloßportal geschoben. Man läßt das Portal von Militär besetzen, vom 1. Regiment Garde zu Fuß aus Potsdam, das sich während der letzten unruhigen Tage als besonders ruppige Ordnungstruppe unbeliebt gemacht hat. Rufe steigern sich zum Geschrei: Militär fort! Die Soldaten sollen abziehen! Von der Seite reiten Dragoner gegen den Schloßplatz an und werden mit erregten Rufen: Zurück! Zurück! empfangen. In dieser Minute lösen sich möglicherweise durch die Unachtsamkeit zweier Grenadiere – das Bataillon begann vorzurücken – Schüsse in die Luft. Das war der Funke ins Pulverfaß. Aus der Menschenmenge, die zum Jubeln gekommen war, steigt ein Wutgeheul zum Himmel und »Zu den Waffen!« In unglaublicher Schnelligkeit leert sich der Platz, entrollt sich in den Straßen das Bild der Revolution. Aus allem greifbaren Fuhrwerk, aus Karren, Kutschen und Kaleschen, aus Kisten und Kästen werden Barrikaden errichtet. Man verschafft sich Zugang zu den Kirchen, stürmt die Treppen hinauf, und von allen Türmen gellen, ohne Unterlaß geläutet, die Glocken. Waffen sind im Nu zur Hand, unzählige wissen, wo sie ein Gewehr, eine Pistole, einen Säbel haben, Waffenläden werden ausgeräumt, sogar ein Theaterrequisitenmagazin; Äxte, Beile, Eisenstangen müssen herhalten. Die Häuser neben den Barrikaden werden besetzt, die Dächer, Ziegel abgedeckt, um auf das heranrückende Militär geschmissen zu werden. Inzwischen strömen aus den Fabriken der Vorstädte die Arbeiter, tausend allein von Borsig, in die von Barrikaden starrende Innenstadt.

Während schon die ersten Salven knattern, sind in dem tollen Durcheinander noch Szenen wie diese möglich: Ein Offizier reitet in scharfem Trab durch die Straße, um zu seiner Truppe zu kommen; eben schließt man die letzte Lücke in der aufgerichteten Barrikade. Der Offizier »Kerls, seid ihr verrückt, ich muß doch zum Dienst!« »Na, wenn det so is – « Und man rückt etwas zur Seite und läßt ihn durchreiten ... Um die Barrikaden in den Hauptstraßen entbrennen im Lauf des Nachmittags heftige Gefechte. Die Soldaten werden von den Dächern beschmissen, aus Hauseingängen und Torwegen beschossen, aus den Fenstern mit siedendem Öl begossen. Sind sie an die Barrikaden heran, entbrennt der Kampf mit dem Bajonett gegen Säbel, Beile, Sensen. Die Barrikadenkämpfer werden mit Broten und Getränk versorgt, die Riesenzahl der Andrängenden erlaubt eine schnelle Ablösung derer, die in der vorderen Linie kämpfen. Die Soldaten, erhitzt, ermüdet, erst verblüfft, dann verbittert über die Wut, die ihnen entgegenschlägt, kämpfen sich mit zunehmender Härte voran. Die Häuser werden durchstöbert, niedergemacht, wer mit der Waffe angetroffen wird, die sich ergeben, werden mit Schlägen zusammengetrieben und truppweise mit Hieben und Flüchen in schnellem Tempo abgeführt. Ein Grenadier zu einem Gefangenen: »Ihr Hunde dachtet wohl, wir sind Pariser? Ne, wir sind Pommern!« Man sperrt die Gefangenen zunächst in einen Schloßkeller, »wie die Heringe gepökelt«, und eskortiert sie am Abend nach Spandau.

Die Truppen hatten, unter Opfern, ihre Überlegenheit bewiesen. Aber wenn die Soldaten das Gefühl hatten, Sieger zu sein – und nur schlichte Gemüter können so empfunden haben –, dann wurde ihnen der Sieg vom König aus der Hand genommen. Friedrich Wilhelm hat die psychologische Lage wohl richtig eingeschätzt, als er am Morgen des 19. März den Befehl gab, die Truppen zurückzuziehen. Freilich: das Militär fragte sich verdrossen, warum es denn eigentlich den Kopf hingehalten habe – und bei der Bevölkerung kehrte deswegen noch keineswegs Zufriedenheit ein. Trotzdem hat der König das Richtige getan, und es ehrt ihn, daß er in Berlin blieb, während seine Truppen abzogen.

Geschenkt haben ihm seine Berliner nichts. Während die Regimenter mit klingendem Spiel Unter

Wien, im Mai 1848. Studenten und Arbeiter sollen 160 Barrikaden in der Stadt errichtet haben – hier beim erzbischöflichen Palais (zwei zeitgenössische Lithographien).

den Linden abrückten, drang das Volk lärmend in die Höfe des überhaupt nicht mehr bewachten Schlosses. »Fortwährend wurden Tote auf Brettern, Tragbahren, Handwagen in das Schloß geschafft; bald von wild aussehenden, bald von bleichen und schluchzenden Männern umgeben. Alle nahmen dann Hüte und Mützen ab, eine Gasse bildete sich, die Ergriffensten stimmten einen Choral an« (K. Frenzel). Die Toten wurden in einen der äußeren Schloßhöfe gelegt, einen Wagen mit sechs oder sieben besonders gräßlich entstellten Leichen schob man jedoch in den inneren Hof, nächst den königlichen Wohnräumen. Man schrie nach dem König. Er kam, die Königin neben ihm, und während »Jesus, meine Zuversicht« gesungen wurde, hob man die zerfetzten Leiber dem Königspaar entgegen – eine Szene, die in der Geschichte der Könige vielleicht einzigartig ist. – In der gefährlich geladenen Atmosphäre jenes Tages hat sich ein junger Aristokrat bewährt, Fürst Lichnowski; es wird von ihm noch die Rede sein. Auf dem Schloßplatz, auf einem Tisch stehend, erläuterte er der Menge, was alles bewilligt sei. »Ooch det Roochen?« wollten die Leute wissen (das Rauchverbot auf offener Straße und in öffentlichen Gärten war ein besonders unpopulärer polizeilicher Zopf). »Ja, auch das Rauchen.« »Ooch im Dierjarten?« »Ja, auch im Tiergarten darf geraucht werden.« Das machte Eindruck. »Na, denn können wir ja zu Hause jehen.« Werner v. Siemens erwähnt diese Szene in seinen Erinnerungen. Theodor Fontane, damals Provisor in einer Berliner Apotheke und 28 Jahre alt, hat diese Tage erlebt, auch probiert mitzumachen, das allerdings vergeblich; er wollte einen Glockenturm stürmen, brachte aber die Kirchentür nicht auf, merkte überhaupt bald, daß ein dichtender Provisor nicht der rechte Mann für die Barrikade sei. Aber seine Augen hat er offen gehalten. Er hat das tiefe Unbehagen gespürt, mit dem die Soldaten jenes »erbärmliche Geschäft« besorgten. »Unsere Leute sind nicht darauf eingerichtet, sich untereinander zu massakrieren.« – Am 21. März war der alte Fontane, von einem Brief seines Sohnes alarmiert, von seinem Dorf in die Hauptstadt gereist, um selbst etwas zu sehen. Wirklich wurden Vater und

Sohn Zeugen des berühmt gewordenen Umritts des Königs durch die Stadt, neben ihm Herr von Arnim mit einer schwarzrotgoldnen Fahne. »Du hast Glück, Papa, jetzt erleben wir was.« Sie hören die Ansprache des Königs, den lauten Beifall der Leute. »Als der Zug vorbei war, sagte mein Vater: ›Es hat doch ein bißchen was Sonderbares, . . . so rumreiten . . . Ich weiß nicht . . .‹ Eigentlich war ich seiner Meinung. Aber es hatte mir doch auch wieder imponiert und so sagt' ich denn : ›Ja, Papa, mit dem Alten ist es nun ein für allemal vorbei. So mit Zugeknöpftheiten, das geht nicht mehr. Immer an die Spitze . . .‹ ›Ja, ja.‹ Und nun gingen wir auf Puhlmanns Kaffeegarten zu.«

Am Tage darauf wurden in einer großen Trauerdemonstration in 183 Särgen die gefallenen Revolutionäre zu Grabe getragen, vom König mit entblößtem Haupt gegrüßt. Zwei Tage später wurden die gefallenen Soldaten beigesetzt, auch unter starker Beteiligung; den König sah man nicht. Friedrich Wilhelm hat in den Märztagen vieles gesagt und proklamiert, was sich noch heute so gut liest, wie es damals von vielen aufgenommen wurde. Er hat Berlin erst verlassen, als eine gewisse Beruhigung eingetreten war. Schrieb aus Potsdam an den Minister von Camphausen: »Solange Berlin nicht von den Klubbisten und dem Mordgesindel gereinigt ist, kann und werde Ich nicht dahin zurückkehren.« Sagte am Tag darauf zu einer Bürgerdeputation: »Das Volk von Berlin hat sich so edel und hochherzig gegen Mich benommen, wie es sich vielleicht in keiner andern großen Stadt der Welt benehmen würde.« Er war nicht ohne Kopf und Herz, aber einen festen Willen hatte er nicht.

Um fünf Tage waren die Wiener den Berlinern voraus. Blitzschnell hatten die Nachrichten aus Paris in der Lombardei, in Ungarn, in Böhmen die Gemüter entzündet. Auf dem ungarischen Reichstag zu Preßburg hatte Kossuth das erstarrte System Metternich mit den Worten gegeißelt: »Aus den Beinkammern des Wiener Systems weht eine verpestete Luft uns an, die unsere Nerven lähmt, unseren Geistesflug hemmt –«, und das war damals keine Brandrede, sondern der Ruf nach Freiheit,

um das Zusammenleben der Völker in der großen Monarchie zu festigen. Von den Gliedern zuckte der elektrische Funke in das Herz des Staates.
Am 13. März loderte in Wien die Empörung auf. Sie wurde vor allem von den Studenten getragen, die, trotz allem Polizeidruck in Burschenschaften formiert, ihr Schwärmen für Freiheit und deutsche Einheit jetzt jubelnd auf die Straßen trugen, in jeder Phase des denkwürdigen Tages vorn und die Gefahr geradezu suchend. Auch Grillparzer, ein skeptischer Gewährsmann (»da meine Überzeugungen in allem das Gegenteil der allgemeinen Begeisterung waren . . .«), wurde davon angerührt. »Die Unbekümmertheit, mit der die jungen Leute wie Opferlämmer sich hinstellten und von den aufgestellten Bewaffneten gar keine Notiz nahmen, hatte etwas Großartiges. Das sind heldenmütige Kinder, sagte ich zu mir selbst.« Tatsächlich hat der stürmische Angriff der Studenten nichts Geringeres bewirkt als den Sturz Metternichs.
Das Landhaus, Sitzungslokal der Stände, und die Hofburg waren die beiden Ziele der Kundgebungen. Pressefreiheit und Konstitution waren die hauptsächlichen Parolen und »Fort mit Metternich!« Irgendwo in der Hofburg hatte sich der bekanntermaßen schwachsinnige Kaiser Ferdinand verkrochen, der wahrlich nichts zu befürchten hatte, denn weder gegen ihn noch gegen das Erzhaus war die Empörung gerichtet; »schaun's«, versicherte er einem Lakaien, »i loss nit schiessn.« Ein Bösewicht war er nicht. Schießen ließ am frühen Nachmittag der Erzherzog Albrecht, nachdem man ein Stück Holz nach ihm geschmissen hatte. In den nächsten Stunden flackerten Scharmützel auf zwischen den gegen die Burg drängenden Bürgern und Studenten und dem Militär, das sie wiederholt zurückwarf. Anders als in Berlin ließen es aber beide Seiten nicht zum äußersten kommen, es blieb meistens bei einer Art Gerangel. Ein Befehl des Erzherzogs Maximilian, mit Kartätschen in die Menge zu schießen, wurde von den Artilleristen einfach nicht befolgt.
Inzwischen verhandelte man in der Hofburg in Anwesenheit Metternichs mit mehreren Kommissionen. Während sich der Staatskanzler anfangs

noch jovial und überlegen gab, wendete sich das Blatt innerhalb von Stunden. Am Abend sind die Erzherzöge auf dem Punkt, Metternich zu opfern. Eine eilig zusammengestellte »Staatskonferenz« gibt ihm den Abschied. Er akzeptiert, innerlich wohl fassungslos, äußerlich in guter Haltung. Ein alter Bürgeroffizier: »Durchlaucht, wir haben nichts wider Ihre Person, aber alles wider Ihr System. Wir danken für Ihren Rücktritt. Es lebe Kaiser Ferdinand!« Das war anständig gesagt. Vom Erzhaus hat Metternich in dieser Stunde kein Wort des Dankes gehört – es war ein klassischer »Dank vom Hause Habsburg«. Einige Jahre später wird man sich seiner huldvoll erinnern. Einstweilen muß der gestern noch so mächtige Mann schleunigst seine Flucht nach England bewerkstelligen. Sein kostbares Haus am Rennweg wird demoliert. Verwüstungen gab es auch in den Vorstädten. Der Aufruhr zwischen Ständehaus und Burg war eine Sache der Studenten und Bürger. Die Arbeiter in den Vorstädten versuchten vergeblich, in die durch Tore abgesperrte innere Stadt zu marschieren. Sie ließen ihren Zorn in den Fabriken an den Maschinen aus – immer wieder begegnet man diesem Grimm gegen die Maschinen –, ferner an den Wohnungen einzelner besonders unbeliebter Fabrikherren und an den verhaßten Mauthäusern, wo immer noch in einer so lächerlichen wie schikanösen Weise der Verkehr in die Stadt durch Zölle behindert wurde. Das technische Zeitalter trat bei diesen Unruhen dadurch in Erscheinung, daß auf dem Glacis die Gaslaternen umgebogen, die Leitungen aufgeschlagen und die ausströmenden Gase angezündet wurden, so daß die Flammen zum Himmel loderten. Es waren diese Arbeiterkrawalle, die am 14. März die Erzherzoge zu dem Versuch bewogen, durch Generalleutnant Fürst Windischgrätz die Ruhe wiederherstellen zu lassen – gegen den Willen ihres schwachsinnigen Familienoberhauptes, der unerwartet im Kronrat erscheint und mit kindlicher Festigkeit erklärt: »I loss nit schießen und wann Ihr schießen lost, geh i fort.« Davon unberührt erlassen die Erzherzoge eine Proklamation, die Windischgrätz jede Vollmacht gibt, lösen aber damit eine solche allgemeine Empörung aus, daß sie sehr rasch die Proklamation widerrufen. Statt dessen lassen sie den friedliebenden Kaiser, den »Nandl«, in einer Kutsche durch die Stadt fahren. Die erleichterten Wiener jubeln ihm zu.

Wien kommt nicht zur Ruhe. Dem Sturz Metternichs folgen Wochen der Euphorie in vielen Köpfen und Herzen. Am 2. April, einem Sonntag, wurden die schwarzrotgoldnen Fahnen gehißt, die erste auf dem Stephansturm; alsbald wehten sie von der Universität und dann, mit Jubelgeschrei begrüßt, auch von der Hofburg. Ein Zeitgenosse (A. Pichler): »Die deutsche Fahne auf der Kaiserburg zu Wien! Wir breiteten die Arme, die Bewegung erstickte jeden Laut, nur ein Gefühl, ein Gedanke: Deutschland, Deutschland!« Hebbel, der damals in Wien lebte, notiert bissig in sein Tagebuch: »Die lieben Österreicher! Sie sinnen jetzt darüber nach, wie sie sich mit Deutschland vereinigen können, ohne sich mit Deutschland zu vereinigen. Das wird schwer auszuführen sein, ebenso schwer, als wenn zwei, die sich küssen wollen, sich dabei den Rücken zuzukehren wünschten!«

Während Berlin nach den Märzereignissen nur noch einmal durch ein Nachbeben erschüttert wird – den Zeughaussturm im Juni –, ist für Wien der März nur der Auftakt zu einem Revolutionsjahr gewesen. In der Donaumonarchie waren die Völker im hellen Aufruhr, in den italienischen Provinzen und in Ungarn herrschte Krieg, in Böhmen und Galizien stand es nur wenig besser; der Kaiser eine Null, der Staatskanzler, der alte Routinier der Macht, davongejagt, die Kamarilla der Erzherzöge ohne fähige Berater – im Rückblick erscheint es fast als ein Wunder, daß der Vielvölkerstaat nicht damals auseinandergebrochen ist, sondern noch siebzig Jahre gehalten hat. Wie ein Symbol der Regenerationskraft, die dem alten Staat noch innewohnte, erscheint seine Flotte. Deren notorische Verkommenheit mündete 1848 in einer totalen, aber ganz gemütlichen Meuterei. Darauf erfolgte eine ebenfalls totale Reorganisation, und ein halbes Menschenalter später hat sich diese Flotte bei Lissa und vor Helgoland ruhmreich geschlagen.

Im Mai begann sich in Wien ein Bündnis zwischen

den sehr aktiven Studenten und den Arbeitern in den Vorstädten anzubahnen. Neben den freiheitlichen Errungenschaften und den nationalen Hoffnungen – Österreichs Abgeordnete waren in die Paulskirche eingezogen – kam es jetzt auch zu Erleichterungen für die Arbeiter. Der Zehnstundentag, damals etwas ganz Ungewöhnliches, wurde nach neuestem Pariser Muster eingeführt, zuerst bei den k.u.k. Eisenbahnen, dann in den Fabriken, zuletzt, nach drohenden Gesellenaufmärschen, sogar im Handwerk. Ein Fortschritt, der vielen unheimlich vorkam, ein Blick in die Zukunft.

Die Erzherzöge befanden es für gut, den blöden, aber volkstümlichen Kaiser nach Innsbruck zu schicken, was die Wiener, das Proletariat nicht ausgenommen, mit ehrlicher Betrübnis erfüllte. Der Entfernung des Kaisers folgten Versuche, die Schrauben wieder fester anzuziehen. Als am Morgen des 26. Mai sich die Studenten versammeln, wird Militär mobilisiert. Die Studenten, in der »Akademischen Legion« organisiert, bewaffnen sich und rufen in den Vorstädten die Arbeiter auf, die in hellen Haufen ins Stadtinnere ziehen. Barrikaden werden errichtet, es sollen 160 gewesen sein; das geschieht in einer Art von leidlicher Ordnung, es wird nicht geplündert und demoliert. Die konsternierte Regierung schickt das Militär in die Kasernen zurück. Bürgerwehren übernehmen den Ordnungsdienst; ein »Sicherheitsausschuß« aus Bürgern und Studenten wird gebildet. Eine geschickte polizeiliche Regie führt die Arbeiter in die Vorstädte zurück. – Die Ordnung war gewahrt, aber die Regierung vor der Freiheitsbewegung abermals einen Schritt zurückgewichen.

Man muß sich vor Augen halten, wie die Wiener Ereignisse einerseits von der deutschen Entwicklung abhingen, dem Parlament in Frankfurt, dem zwischen Führungsanspruch und Avancen gegenüber Habsburg schwankenden Preußenkönig, andererseits von den Erschütterungen durch die unruhigen, aufständischen nichtdeutschen Völker der Monarchie. Es kann hier nicht darauf eingegangen werden, was sich in jenem Jahr zwischen Mailand und Lemberg, von Prag bis Hermannstadt abgespielt hat. Es soll lediglich daran erin-

nert werden, daß die Anläufe zu einer Revolution in Wien diesen Hintergrund gehabt haben.
Der Abwesenheitsvertreter des Kaisers war nicht einer der scharfmacherischen Erzherzöge, sondern der bürgerlich verheiratete volkstümliche Erzherzog Johann, der alsbald seine Rolle als Reichsverweser in Frankfurt spielen sollte; er war dem liberalen Bürgertum genehm. Aber auch er trieb wie in einem reißenden Strom dahin. Weit stärker als anderswo hatten sich in Wien die bürgerlichen Demokraten mit den um ihr politisches Bewußtsein ringenden Arbeitermassen auseinanderzusetzen. Handwerksgesellen, Fabrikarbeiter und Erdarbeiter hielten sich voneinander getrennt, wobei aber die Erdarbeiter (man erinnere sich an die großen Bahnbauvorhaben!) dauernd Zuzug von arbeitslos gewordenen Fabrikarbeitern erhielten; diese letzteren, Erdarbeiter und Arbeitslose, stellten das eigentliche Proletariat dar, und wenn man dem alten württembergischen Sozialdemokraten Wilhelm Blos folgen darf, muß man ihre Zahl in Wien auf fünfzigtausend schätzen – wahrlich ein Potential für eine Revolutionsarmee. Da diese Leute bitter arm waren, kamen sie schmutzig und in Lumpen daher, was allein schon den Bürgern, auch den liberal gesinnten, ein inbrünstiges Bedürfnis nach Distanz einflößte.
Im Oktober kam die dicke, mit Spannung geladene Luft, die über der Kaiserstadt lag, zur Entladung in einem wochenlangen Gewitter, dessen Blitze immer neu die Stadt trafen und sie am Ende an allen Ecken anzuzünden drohten. – Anders als die Italiener und die Tschechen besaßen die Ungarn in ihrem Kampf Sympathie bei den Deutschösterreichern, besonders in dem ihren Grenzen so nahen Wien. In Budapest war der Befehlshaber der kaiserlichen Streitkräfte, Graf Lamberg, ermordet worden, übrigens unter Mitwirkung von Wiener Legionären. Die Ernennung des kroatischen Anführers Jellachich zu seinem Nachfolger, veranlaßt von dem allgemein verhaßten Kriegsminister Latour, versetzte die Wiener in helle Erregung; man fühlte sich mit den Ungarn verbunden und sah in der Ernennung des kroatischen Haudegens ein Komplott zwischen dem Hof und den Slawen. Als ein Wiener Bataillon am Morgen des

6. Oktober nach Ungarn in Marsch gesetzt werden sollte, brach am Nordbahnhof ein riesiger Tumult aus, um das »Einwaggonieren« zu verhindern. Das Bataillon ging zu den Aufrührern über. Die Kürassiere, die den Aufstand niederreiten, niederschlagen sollten, wurden abgewehrt, aufgefahrene Geschütze erobert. Zwischen alarmierten »schwarzgelben«, also regierungstreuen Bürgerwehren und den Aufständischen entbrannten Gefechte, die sich bis ins Innere des Stephansdoms zogen. Den halben Tag und die Nacht hindurch wurde ums Zeughaus gekämpft, das die akademische Legion mit Kanonen beschoß. Der Hof hatte sich nach Olmütz geflüchtet, zu den Slawen sozusagen. Die Minister waren geflohen bis auf zwei. Geblieben war der 68jährige Kriegsminister Latour, der, als sein Ministerium angegriffen wurde, nicht schießen ließ, sondern hoffte, mit der Abdankung sein Leben zu retten. Aber es half ihm nichts. Als er, unter Bedeckung, auf den Hof hinaustrat, wurde er ergriffen und mit Säbelhieben erschlagen; die gräßlich zugerichtete Leiche wurde an eine Laterne gehängt.

Mehr als drei Wochen herrschte die Revolution in Wien. Die akademische Legion und die bewaffneten Arbeiter hatten die Macht. Eine Führung, die den Namen verdient, hatten sie nicht. Vom Zufall war ein gewisser Messenhauser an die Spitze gewirbelt worden, ein wohlmeinender Mensch mit vagen sozialistischen Vorstellungen, zu einer energischen Leitung gänzlich unfähig; an seiner Seite ein Pole namens Bem war Oberst und verstand wenigstens etwas vom Kriegswesen. – Rings um die Stadt wurden Truppen zusammengezogen, aber sie war nicht von der Welt abgeschnitten. Eine Delegation von der Linken aus der Paulskirche trifft ein. Robert Blum hält in der Universität eine bejubelte Rede; er reiht sich alsbald in die Mobilgarde ein, als eine Art Hauptmann ehrenhalber, ausstaffiert wie ein Proletarier. Die Stadt bot die seltsamsten Bilder. In den Hörsälen der Universität kampieren die Studenten auf Stroh, ihre Waffen in der Hand; an Marketenderinnen fehlt es auch nicht. In den Werbezelten der Mobilgarde spielen sich unter schwarzrotgoldnen Fahnen Szenen ab wie in Wallensteins Lager.

Robert Blums Reise in das umkämpfte Wien mag töricht gewesen sein, die Rolle, die er dort spielte, unklar. Aber seine Hinrichtung war eine blutige Provokation des Paulskirchenparlaments durch die schwarzgelbe Reaktion. Und Blum ist als tapferer Mann gestorben.

Die Ermordung Latours hatte auf der schwarzgelben Seite die letzten Bedenken ausgeräumt, die Revolution ohne weitere Rücksicht durch die Armee niederzuschlagen. Am 20. Oktober erhält Fürst Windischgrätz den Oberbefehl, unter ihm rückt Jellachich mit seinen gefürchteten Kroaten heran. Um die Vorstädte, in den Vorstädten entwickelten sich blutige Kämpfe, ganz besonders in der Gegend des Belvedere. Ein Offizier berichtet von einem »Blutbad sondergleichen. Allein dreihundert Arbeiter, die mit Waffen aller Gattung, Spießen, Sensen ... sich aufs grimmigste wehrten, wurden von unseren Truppen in einem Winkel ganz zusammengehauen«. Dieser Offizier spricht von der Begeisterung der Soldaten. Man fragt sich: begeistert für was? Kampflust, Blutrausch, und am Ende die reine Mordlust, an Hilflosen ausgetobt – der Augenzeuge Hebbel, der für das Unterste im Menschen Aufmerksamkeit hegte, hat die entsetzlichsten Details notiert.

Am 30. Oktober unterzeichnen die entmutigten Verteidiger die Kapitulation. Doch da melden die Beobachtungsposten auf dem Stephansturm das Heranrücken ungarischer Truppen. Sofort werden die Waffen wieder aufgenommen. Unter den schon aufgesteckten weißen Fahnen donnern die Kanonen Kartätschladungen. Windischgrätz reagiert prompt. Während sich Jellachich mit seinen Kroaten auf die Ungarn stürzt (an tausend sollen in die Donau gejagt worden sein), wird die Innenstadt mit einem Hagel von Granaten und Raketen eingedeckt, so daß alsbald auch die Hofburg und die Hofbibliothek zu brennen beginnen. Dann erfolgt der Sturm und der unbarmherzige letzte Kampf. Als der Tag Allerheiligen graut, schweigen die Waffen. – Es erfolgt der Einzug des Siegers, Jellachich, an der Spitze eines Kürassierregiments. Vor ihm her zieht eine Bande »Sereschaner«, halbwilde Kroaten in roten Mänteln, »die vollkommensten Banditengestalten«, berichtet ein Augenzeuge. Der Sieger kommt – Vivat, Jubel, Schnupftücherschwenken. Der Augenzeuge: »Mir stieg die Schamröte ins Gesicht, obwohl ich die gesinnungslose Wandelbarkeit der Massen kenne, und sie nicht erst seit heute verachte.«

Bei den Kapitulationsverhandlungen, die dann so

jäh endeten, hatte Windischgrätz – es ging um den Fortbestand der akademischen Legion – den Satz gesprochen: »Diese Rotzbubenwirtschaft muß aufhören!« Nach dem Sieg wurde in diesem Sinne verfahren. – Die Standgerichte arbeiteten schnell. Robert Blum, Abgeordneter der deutschen Nationalversammlung, wurde am 9. November in der Brigittenau standrechtlich erschossen. Über die Rolle, die Blum während seiner Wiener Mission gespielt hat, kann man verschiedener Meinung sein. Gestorben ist er als ein ganzer Mann. Die Exekution war ein beispielloser Schlag der Schwarzgelben gegen das Ansehen des deutschen Parlaments – und sie ist so verstanden worden.

Nirgends in Deutschland ist der Anlauf zur Revolution so kraftvoll gewesen wie in Wien. Er ist jammervoll gescheitert. Wir haben von diesem Versuch zu einer Revolution erzählt und von dem in Berlin. Wir versagen es uns, von den weniger bedeutenden Vorgängen an anderen Plätzen, wie Dresden, zu berichten. Auch die seltsamen Vorgänge in München haben im Rahmen dieses Buchs keinen Platz – hier ist es bekanntlich eine schöne Frau gewesen, Lola Montez, die für ein starkes Spektakel gesorgt hat, und um deretwillen ihr alter Liebhaber Ludwig I. (ein großartiger Bauherr, sonst kein großartiger König) die Krone verlor; aber das war schon im Februar, Max II., folgte ihm auf dem Thron, und in Bayern ist danach das tolle Jahr 1848 ziemlich ruhig verlaufen. Noch einen Revolutionskrieg sollte Deutschland erleben, im Badnerland im Jahre 49. Davon wird in dem Kapitel über Baden die Rede sein.

Die Paulskirche

Ein deutsches Parlament ist das Hauptziel aller politischen Unruhe, der allgemeinen Bewegung im Volk gewesen. Wenn einmal von der gern beschworenen Volonté générale in der deutschen Geschichte gesprochen werden kann, dem allgemeinen Volkswillen, dann hier. Ihn ausgelöst zu haben, ist das Verdienst einer Gruppe liberaler Abgeordneter aus verschiedenen einzelstaatlichen Parlamenten, die sich am 5. März in Heidelberg versammelten, einundfünfzig an der Zahl. Auf dieser Zusammenkunft wurde ein Siebener-Ausschuß gebildet, zu dem aus Hessen Heinrich von Gagern, aus Baden Welcker und von Itzstein, aus Württemberg Römer gehörten. Diese sieben sandten an alle gegenwärtigen und ehemaligen Abgeordneten der deutschen Ständekammern, also der Parlamente der Einzelstaaten, die Aufforderung, sich am 30. März in Frankfurt zu versammeln. So geschah es denn auch, es fanden sich 511 Männer zum sogenannten Vorparlament zusammen. Das war nun freilich ein ziemlich zufällig zusammengesetztes Gremium. Das südwestliche Deutschland war hoch überrepräsentiert; aus den verschiedenen hessischen Staaten waren es nicht weniger als 138, aus Baden 72 und aus Württemberg 52 – das war schon mehr als die Hälfte. Demgegenüber war Preußen mit 141 Abgeordneten schwach vertreten, Österreich mit zwei Männern so gut wie gar nicht. Und notwendig war dieses Vorparlament ein Abbild des spätbiedermeierlichen, dem Obrigkeitsstaat mehr oder minder angepaßten Ständekammerwesens. Diejenigen, die landauf, landab während dieser Wochen in Clubs und Volksvereinen eine revolutionäre Stimmung – in Baden eine revolutionäre Situation – schufen, waren unterrepräsentiert. Die bisher oppositionellen Liberalen, gleichermaßen für bürgerliche Freiheiten und gute Ordnung eingenommen, waren tonangebend; die etwas verdatterten Stützen des alten Regimes sehr zahlreich.

Trotz allem war die Freude darüber allgemein, daß überhaupt etwas in Bewegung gekommen war, und in Frankfurt herrschte eine wahre Volksfeststimmung. In der »Mainzer Zeitung« schreibt Ludwig Bamberger: »Frankfurt schwimmt in Schwarzrotgold und hat einen provisorischen

Der Fackelzug auf dem Roßmarkt in Frankfurt a. M. zu Ehren des Vorparlaments.
Nach der gleichzeitigen Zeichnung von Braun.

Jubel beim Einzug des Reichsverwesers in Frankfurt, 11. Juni 1848.

König Friedrich Wilhelms IV. berühmter Umritt, auf einem Neuruppiner Bilderbogen. Der junge Fontane und sein Vater haben zugesehen. Der Alte: ». . . so rumreiten . . . ich weiß nicht.« Der Junge: »Ja, Papa, mit dem Alten ist es ein für allemal vorbei.«

Rausch . . . Die Häuser bedeckt mit Laub, Teppichen und Fahnen, die Straßen voll von geputzten Leuten.« Darf man ihm glauben – und ist es glaubhaft – so konnte man den Abgeordneten ihre politische Richtung von weitem ansehen – »Neben Republikanern mit abwärts hängenden Bärten und nach hinten gestrichenen Haaren gehen Kammerherrengesichter mit aufwärts gedrehten Schnauzbärten und von hinten nach vorn gequälten Frisuren«.

Nach einem feierlichen Einzug vom Römer her tagt dieses Vorparlament bereits in der Paulskirche. Während der wenigen Sitzungen meldet die radikale Linke ihre Forderungen an. Gegenüber dem in der Hauptsache auf die Einigung Deutschlands zielenden Programm des Siebenerausschusses, das die innere Gestaltung ziemlich offen ließ, fordert sie die demokratische Republik, Abschaffung der stehenden Heere und Volksbewaffnung; außerdem treten die Linken für die Permanenz des Vorparlaments bis zum Zusammentreten einer gewählten Nationalversammlung ein. Als ihre Sprecher treten Struwe, Hecker und Blum hervor. Sie machen Eindruck, rufen aber die Abwehr der breiten Majorität wach; jeder Antrag wird niedergestimmt. – Wird die bürgerliche Mehrheit auf diese Art deutlich mit den Absichten der Linken konfrontiert, so lernt sie die Vorstellungen der Rechten besonders eindrucksvoll kennen in einem Zirkularschreiben des regierenden preußischen Königs, das über Kaisertum und Reichsverfassung in mittelalterlichen Bildern schwelgende romantische Vorstellungen entwickelt (wobei in der Rückschau die Ehrfurcht dieses Preußen vor dem Erzhause Österreich das interessanteste ist). Wenn so viele der besten Köpfe in der Paulskirche einen mittleren Kurs anstrebten, so kann man sie nicht als laue Kompromißler schelten. Es mußte ein Weg gesucht werden zwischen unbeweglicher oder auch egoistisch-böswilliger Reaktion und unausgegorenen radikalen Lösungsversuchen. – Bereits am 3. April löste sich das Vorparlament wieder auf. Ein Fünfziger-Ausschuß sollte bis zur Konstitution der Nationalversammlung die Geschäfte führen und die Verbindung zum Bundestag halten.

Das merkwürdige Jahr 1848. — Eine neue Bilderzeitung.

Europäische Freiheitskämpfe. fünftes Bild.

Sr. Majestät Friedrich Wilhelm IV. König v. Preußen, verkündet in den Straßen seiner Hauptstadt die Einheit der deutschen Nation.

Original u. Eigenthum № 2034. Neu Ruppin zu haben bei Gustav Kühn

Ein Stadtplan von Frankfurt am Main.

Frankfurt am Main war als Sitz der deutschen Nationalversammlung unumstritten, obwohl es im Territorium des Deutschen Bundes nicht zentral gelegen war – das wären Leipzig oder Nürnberg eher gewesen – und obgleich es im entstehenden Eisenbahnnetz allein in der Richtung Karlsruhe–Basel schon eine Fernverbindung besaß. Entscheidend für die Wahl Frankfurts war der Umstand, daß es bereits Sitz des Deutschen Bundestags war. Die Wahl Frankfurts damals, dreißig Jahre zuvor, war dadurch bestimmt, daß es eine günstige Verkehrslage hatte, außer den weit im Norden gelegenen Hansestädten die einzige übriggebliebene freie Reichsstadt war, und in der Spätzeit des alten Römischen Reichs deutscher Nation der Ort der Kaiserkrönung gewesen war.

Das Frankfurt der Paulskirche war eine Stadt von etwa 70000 Einwohnern (worunter 10000 Katholiken und 4000 Israeliten). Es galt, was der gewissenhafte Karl Baedeker einige Jahre später verzeichnet: ». . . eine der heitersten Städte . . . Die zahlreichen stattlichen neuen Häuser an den Anlagen, welche wie ein großer Blumenkranz die ganze Stadt einfrieden, zeugen sowohl von Geschmack, als behaglicher Einrichtung. Die ganze äußere Erscheinung Frankfurts macht den Eindruck eines regsamen tüchtigen Bürgerlebens und eines durch alle Klassen verbreiteten Wohlstands. Keine Stadt am Rhein, kaum eine in Deutschland, liegt so im Mittel- und Durchgangspunkt für den Fremdenverkehr als Frankfurt.« Schopenhauer, der seit 1833 in Frankfurt lebte, hat zu den Vorzügen dieser Stadt das gesunde Klima gezählt, bessere Kaffeehäuser, das Naturhistorische Museum und die Senckenbergische Bibliothek; vor allem die Möglichkeit, ziemlich ungeniert frei und für sich zu leben.

Wer das alte Frankfurt, vor den Verwüstungen des Luftkrieges, noch gekannt hat, weiß, daß der enge Bezirk zwischen Römerberg und Dom nicht nur eines der malerischsten, sondern auch eines der lebendigsten gotisch geprägten Stadtquartiere gewesen ist, noch ganz so, wie es im Faust II heißt:

Krumm-enge Gäßchen, spitze Giebeln,
Beschränkten Markt, Kohl, Rüben, Zwiebeln;

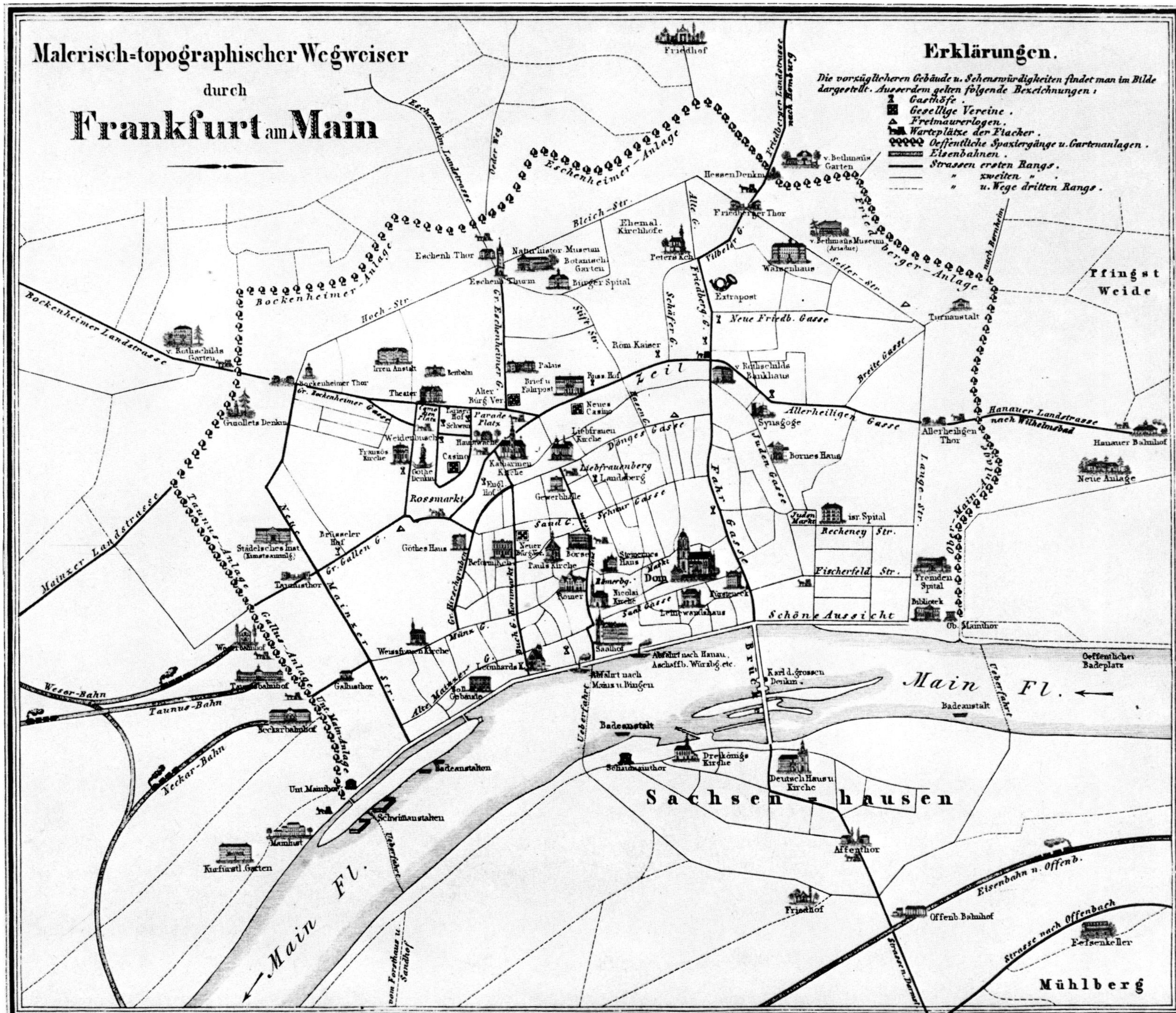

Gez. v. Aug. Ravenstein

Verlag von Anton Baer. 1851.

Gest. v. Chr. Schein

Fleischbänke, wo die Schmeißen hausen,
Die fetten Braten anzuschmausen –

Unsere Urgroßväter in der Paulskirche haben Frankfurt eher mit den Augen Schopenhauers oder Baedekers gesehen (sofern sie nicht wie F. Th. Vischer die Stadt kalt und widerwillig betrachteten); für ihre mittelalterlichen Winkel und Baudenkmäler – die für Goethe so bedeutsam waren – mögen nur einige romantische Gemüter Sinn gehabt haben. – Heute ist das uralt-verwinkelte Frankfurt vom Erdboden verschwunden so gut wie das bürgerlich-behäbige.
Im Mai strömten die zur deutschen Nationalversammlung Gewählten zusammen, nun ziemlich paritätisch aus allen Staaten und Provinzen des Bundes, von Friesland und aus der Steiermark, aus Pommern und aus Luxemburg. In einer nicht erwarteten Mehrzahl waren es Männer mit einer maßvoll fortschrittlichen Marschrichtung. Im Südwesten, in Baden und in der Pfalz, war der revolutionäre Schwung bereits übergekocht, die Wahlen hatten in einer Phase der Ernüchterung stattgefunden. In Preußen wurde gleichzeitig für die deutsche Nationalversammlung nach Frankfurt und für die preußische nach Berlin gewählt, und es ergab sich das Merkwürdige, daß die Hitzköpfe und die energisch Fortschrittlichen ins Berliner Parlament gewählt wurden; »die Berühmtheiten, die Erfahrenen, die Maßvollen, die Vorsichtigen, die irgendwie Gebundenen« (Valentin) wurden in die Paulskirche geschickt. Von der ganzen Nationalversammlung spricht Valentin als von einer Honoratiorenversammlung, einer »Art gewähltes Oberhaus«.
So war denn die Rechte gut vertreten; unter den Preußen ragten Herr v. Radowitz hervor, Herr v. Vinke und der schlesische Fürst Lichnowsky, ein geistreicher Aristokrat, der sich ebenso ironisch-hochmütig wie gemeinverständlich gescheit auszudrücken vermochte; unter den Österreichern war Herr v. Schmerling die bedeutendste Figur. Die Berühmtheiten saßen im »Centrum«, ziemlich rechts, wie Dahlmann, ziemlich links, wie Uhland; hier fand man auch die greisen volkstümlichen Patrioten wie Arndt und Jahn, die freilich so

gut wie nichts mehr zu sagen wußten; beim rechten Centrum sah man die klugen Köpfe des badischen Liberalismus, wie Bassermann, Mathy, Mittermeier und Soiron, und den nach Baden berufenen Robert Mohl; beim linken Centrum die Kölner Venedy und Raveaux und, als einen Mann aus dem Kreis um Joseph Görres, Lassaulx aus München. Die wichtigsten Männer auf der Linken waren aus Sachsen Robert Blum (ein gebürtiger Rheinländer) und Herr v. Trütschler, ein ganz linker Aristokrat, möglicherweise der einzige Marxist in der Paulskirche; Zitz von Mainz und Simon von Trier; Moritz Hartmann aus Leitmeritz in Böhmen; Ruge aus Breslau; seltsam nahm sich in dieser Umgebung der stockkatholische Fürst Waldburg-Zeil aus; die badischen Revolutionäre aus dem Vorparlament, Hecker und Struwe, waren bereits emigriert, von ihren engsten Genossen war Lorenz Brentano übriggeblieben, ein merkwürdig widerwärtiger Mensch.

An dem Wort Honoratiorenparlament ist viel Richtiges; fast drei Viertel bestand aus Akademikern. Unter 831 Gewählten zählt man 157 Richter und Staatsanwälte, 106 Professoren, Dozenten und sonstige Lehrer von Universitäten und höheren Schulen, 118 juristisch gebildete Verwaltungsbeamte, 66 Advokaten. Man sah Redakteure und Schriftsteller; Bankiers, Fabrikanten, Kaufleute. Stark vertreten waren die Gutsbesitzer, adlige zumeist; es gab auch einige Offiziere. Die »kleinen Leute« waren kaum vertreten – einige aus dem Schreiberstande, vier Handwerksmeister; wer einen Bauern suchte, mußte mit einem gewissen Minkus vorliebnehmen, einem Oberschlesier polnischer Muttersprache, Kolonist und dörflicher Kleinhändler.

Die Paulskirche war damals ein moderner Kirchenbau, 1833 in einem ziemlich kalten spätklassizistischen Stil vollendet, eine geräumige Rotunde mit hohen Emporen. Über die Vorteile und Nachteile dieser Lokalität hören wir drei Abgeordnete, sämtlich Württemberger. Wilhelm Zimmermann: »Der Raum, worin diese Versammlung tagte, war noch geschmackvoller und glänzender ausgeschmückt, als im Vorparlament; die blendend weiße hohe Kirche zeigte jede Figur in hellem

Die Reichskutsche – hüh oder hott!

Heisa juchheisa dudeldumdei,
Der Teufel hole die Schaukelei.
Wo bleibt da die parlamentarische Sitte?
Hierher noch ein Dutzend, zu mir, in die Mitte!
Glaub's wohl, so herauf und herab Euch zu schwenken,
Das behagt Euch besser, als fein zu bedenken,
Ob nicht über all' dem Gedrück und Gehocke
Wir zum Gukuk gehen mit Bret und mit Bocke.

So stattliche Bursche von Leib und von Jahren,
Und so toll und so wild auseinanderzufahren,
Dass vor lauter Eifer Ihr wahrlich zuletzt
In die blauen Lüfte den Hinteren setzt,
Oder gar, zu schwer an den Enden bepackt,
In der Mitte das Bret auseinanderknackt!
Dann ist's mit dem ganzen Gerutsche vorbei.
Der Teufel hole die Schaukelei!

Der parlamentarische Alltag in der Karikatur.

Lichte und die riesenhaften Fensternischen waren mit grünem Tuch verhangen und über dem Bureau des Präsidiums waren die roten Vorhänge prachtvoll gewunden.« F. Th. Vischer: »Die Paulskirche ist das abscheulichste Lokal, das es geben kann; man versteht kaum das dritte Wort, sieht ins volle Licht, steckt in einer schauderhaften Atmosphäre und hat dazu die geistige Anspannung. Um 3 Uhr kommen wir heraus wie gerädert.« Robert Mohl: »Für Beleuchtung und Heizung war gut gesorgt. Allein übel war, daß sehr wenig freier Raum für Gänge und in der Mitte bestand, und daß dieser sogar durch Einräumung von Plätzen für privilegierte Zuhörer noch unnötig beengt wurde ... Noch schlimmer und eigentlich kaum erträglich erwies sich, daß gar keine Nebenräume bestanden, wie dies bei einer frei stehenden Kirche natürlich war. Von Lokalen für Ausschüsse war keine Rede; diese waren in der Stadt, zum Teil in ziemlichen Entfernungen, gemietet. Es konnte also, was doch oft nötig gewesen wäre, kein schneller Zusammentritt eines Ausschusses stattfinden. Allein nicht einmal der Präsident oder das Ministerium hatten Sprechzimmer, so daß eine Beratung oder schnelle Besprechung in freier Luft auf dem Paulsplatze bei jeder Witterung stattfinden mußte ... Störend und in den Folgen unanständig erwies sich, daß kein Raum für Erfrischungen im Hause selbst eingerichtet werden konnte ... Es blieb nichts übrig, als eine der in den benachbarten Gäßchen liegenden Schenken zu besuchen ...«
Am 18. Mai hatten sich die Abgeordneten in feierlichem Zug zur ersten Sitzung in die Paulskirche begeben, über sich Glockengeläut und hellen Himmel – mancher mochte Max von Schenkendorfs Strophe im Sinn haben

Nun Klang von allen Türmen
Und Klang aus jeder Brust!
Und Ruhe nach den Stürmen –

Die Ernüchterung ließ freilich nicht auf sich warten. Diese erste Sitzung, unter einem unbeholfenen Alterspräsidenten, verlief in kläglicher Unordnung. Am Tag darauf gab sich die Versammlung einen provisorischen Präsidenten und tat dabei mit Heinrich von Gagern einen guten

Die letzte Seite der Verfassungsurkunde vom 23. März 1849. Betrachtet man die Heimatbezirke der unterzeichneten Abgeordneten nach den Verhältnissen von heute, so findet man Orte, die in der Bundesrepublik Deutschland liegen, in der DDR, in Österreich, der Tschechoslowakei, Polen und der Sowjetunion (Königsberg).

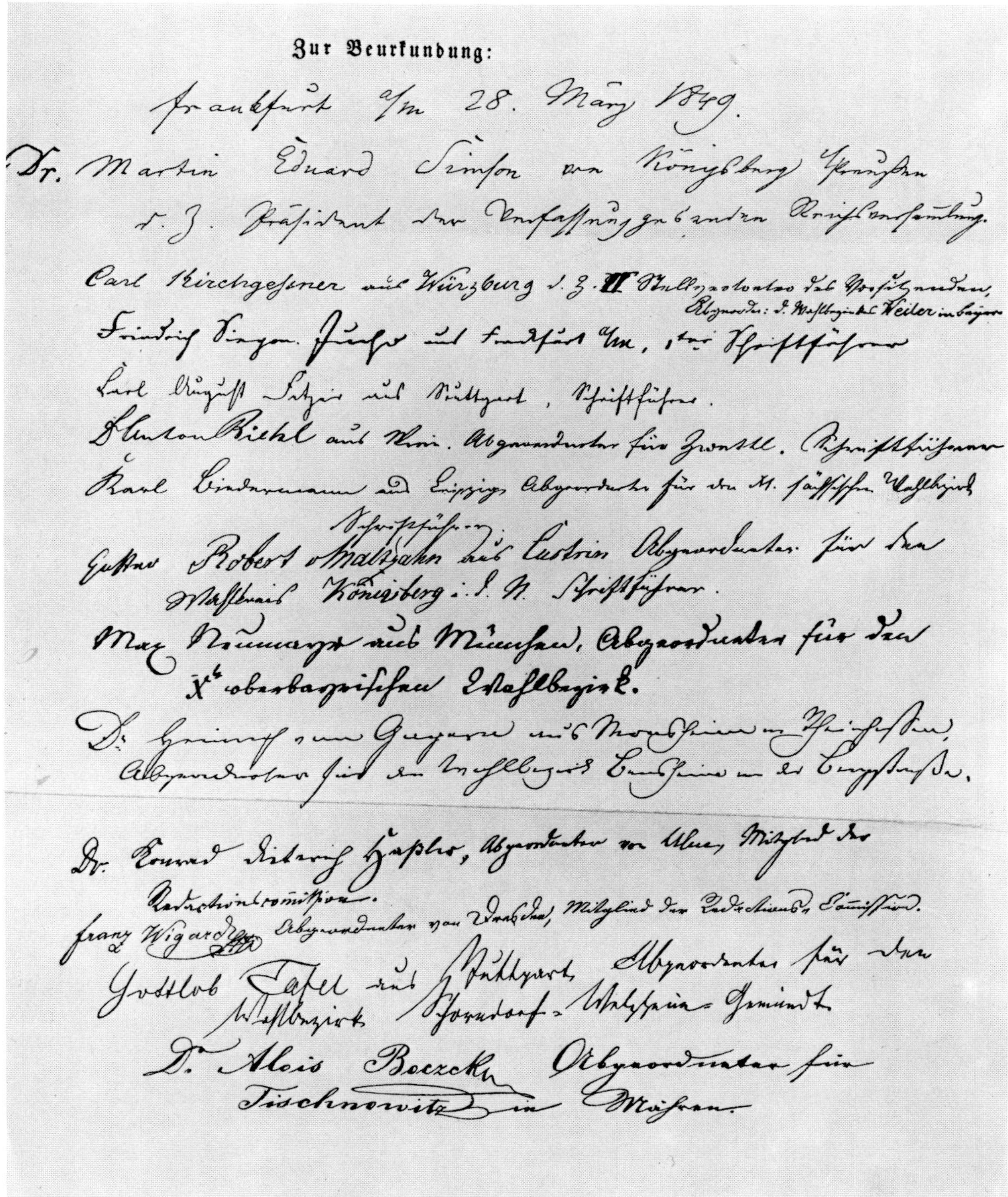

Zur Beurkundung:

Frankfurt a/m 28. März 1849.

Dr. Martin Eduard Simson von Königsberg in Preußen d. Z. Präsident der verfassunggebenden Reichsversammlung.

Carl Kirchgessner aus Würzburg d. Z. II Vicepräsident des Vorsitzenden, Abgeordneter d. Wahlbezirks Weiler in Bayern

Friedrich Siegm. Jucho aus Frankfurt a/M, d. Z. Schriftführer

Carl August Fetzer aus Stuttgart, Schriftführer.

D. Anton Riehl aus Wien. Abgeordneter für Zwettl. Schriftführer

Karl Biedermann aus Leipzig, Abgeordneter für den 11. sächsischen Wahlbezirk Schriftführer

Gustav Robert v. Maltzahn aus Cüstrin Abgeordneter für den Wahlkreis Königsberg i. d. N. Schriftführer.

Max Neumayr aus München, Abgeordneter für den Xten oberbayrischen Wahlbezirk.

Dr. Heinrich von Gagern aus Monsheim in Rheinhessen, Abgeordneter für den Wahlbezirk Bensheim an der Bergstraße.

Dr. Conrad Dietrich Haßler, Abgeordneter von Ulm, Mitglied der Redactionscommission.

Franz Wigard, Abgeordneter von Dresden, Mitglied der Redactions-Commission.

Gottlob Tafel aus Stuttgart, Abgeordneter für den Wahlbezirk Schorndorf-Welzheim-Gmünd.

Dr. Alois Boczek Abgeordneter für Tischnowitz in Mähren.

Griff. Er umriß die Aufgabe mit den Worten: »Wir sollen schaffen eine Verfassung für Deutschland, für das gesamte Reich. Der Bedarf und die Vollmacht zu dieser Schaffung, sie liegen in der Souveränität der Nation.«

Das war in der Tat ein Programm von ungeheurer Breite und Tiefe. Es wäre selbst dann noch eine Herkulesarbeit gewesen, wenn es das Kardinalproblem, nämlich das Verhältnis der halbdeutschen Donaumonarchie zum übrigen Deutschland nicht gegeben hätte. In der Paulskirche sollte die deutsche Verfassung erarbeitet werden, darin der Katalog der Grundrechte, und mußte zugleich eine provisorische Reichsregierung gebildet und ein provisorisches Reichsoberhaupt, ein »Reichsverweser« bestellt werden. Wir sind durch den Ausgang der Sache gewöhnt, vor allem die Vergeblichkeit aller Mühe zu sehen. Daß solche Riesenaufgaben zunächst von diesem zumeist aus staatspolitisch Unerfahrenen gebildete Parlament gelöst wurden, ist zum Verwundern, und in die Verwunderung darf sich auch ein Anflug von Bewunderung mischen.

Ende Juni wird Erzherzog Johann von Österreich mit 436 von 548 Stimmen zum »Reichsverweser über Deutschland« gewählt; ein jovialer älterer Herr, der sich durch seine Ehe mit einer Posthalterstochter von den Bräuchen des Erzhauses sehr weit entfernt, aber dafür an Volkstümlichkeit gewonnen hatte. Sein Einzug in Frankfurt war wieder ein vaterländisches Volksfest. Ein bedeutender Kopf ist er gewiß nicht gewesen, aber er war voll guten Willens und wohl ohne Hintergedanken. Sein bekannter Trinkspruch anläßlich der Kölner Domfeier »Kein Preußen, kein Österreich, ein einiges Deutschland, fest und frei wie seine Berge« zeugt nicht von Phantasie und Sprachgewalt, ist aber für einen Angehörigen des Erzhauses beachtlich und ganz im Sinne der Paulskirche gesprochen. Wie aber die Machtverhältnisse wirklich lagen, hatte sich blitzartig gezeigt, als das provisorische »Reichsministerium« die Truppen der Einzelstaaten zu einer Parade vor dem neuen Reichsverweser hatte kommandieren wollen, und Preußen das ignorierte und Österreich sogar protestierte – Johann ernannte nach seiner Proklama-

Die von der Nationalversammlung beschlossenen Grundrechte des deutschen Volkes, von einem Mainzer Lithographen wie die Gesetzestafeln Mosis dargestellt.

Satyrische Zeitbilder No. 28

Bei B. S. Berendsohn in Hamburg

Zwischen mir und mein Volk soll sich kein Blatt Papier drängen.

Das merkwürdige Jahr 1848. Eine neue Bilderzeitung. 37stes Bild.

Wüthender Angriff der Republikaner
auf das in der Paulskirche zu Frankfurt versammelte
deutsche National-Parlament, am 18. September 1848.

Was woget und brauset so dumpf heran,
Erfüllt mit Gebrülle die Straßen?
Es ist der Pöbel im tollen Wahn,
Er wüthet über die Maßen.

Warum wogt und braus't er so dumpf heran,
Erfüllt mit Morden die Straßen?
Er will sie morden Mann für Mann,
Die vom Recht sich nicht abbringen lassen.

Wer hat sie getrieben so toll heran,
Zu erfüllen mit Morden die Straßen?
Die Republikaner im irren Wahn,
Sie können die Ruhe nur hassen.

Die Abgeordneten Preußens für die deutsche National-Versammlung hatten sich ermannt, hatten für den Waffenstillstand mit Däuemark, für Ruhe und Frieden in ihrem Lande und in ganz Deutschland, für Gesetz und Ordnung gesprochen und der Fürst Lichnowsky und General v. Auerswald sich besonders ausgezeichnet; und der größte Theil der Versammlung war auf ihre Seite getreten. Das hatte nun die Republikaner, deren Dichten und Trachten nur darauf geht, durch eine allgemeine Revolution alles von Unterst zu Oberst zu kehren, alles Bestehende zu vernichten und sich selbst zur Herrschaft zu bringen, aufs Höchste erbittert. Sie hetzten das Volk in großen Volksversammlungen auf, machten Verschwörungen und beschlossen endlich durch ihre angeworbenen Haufen die National-Versammlung in der Paulskirche aus einander zu jagen und die, welche für die gute Sache gestimmt hatten, umzubringen. Sie setzten dies am 18. September in's Werk. Tobende Haufen umlagerten die Paulskirche und wollten hineindringen, wurden aber durch das Militair vertrieben. Nun vertheilten sie sich in die Straßen, bauen Barrikaden und schießen aus den Fenstern der Häuser. Das Militair wird nun kommandirt, die Barrikaden zu nehmen, die Anführer zu vertreiben. Und sie rücken vor, die Oesterreicher treu, die Hessendarmstädter muthig und gewandt und die Preußen sicher, rasch und ohne Besinnen. Die Barrikaden werden überwältigt, das Feuer aus den Häusern gedämpft. Es war eine Freude, Offiziere und Mannschaft so vieler Stämme wie eine lebendige, muthvolle Mauer für die National-Versammlung des deutschen Reichs in den Tod gehen zu sehen. Das Gefecht entschied sich unaufhörlich zu Gunsten der Truppen. Aus der Umgegend waren schnell 6 — 7000 Mann versammelt. 12 Geschütze mit Kartätschen und Kavallerieangriffe bereiteten dem frevelhaften Aufruhr raschen Untergang. Abends 8 Uhr war der Sieg entschieden.

riginal u. Eigenthum No. 2108.

Neu-Ruppin, zu haben bei Gustav Kühn

Der Neuruppiner Bilderbogen – Neuruppin versorgte damals halb Deutschland mit Bildnachrichten – zeigt die schweren Krawalle vom 18. September, die sich gegen das Parlament richteten.

tion das »Reichsministerium« (für uns heute ein verwirrender Begriff; gemeint war die Reichsregierung) – mit Fürst Leiningen an der Spitze, der bald durch den konservativen Österreicher v. Schmerling ersetzt wurde. In diesem Reichsministerium saßen einige gescheite und energische Männer; zuständig für die Finanzen war der Rheinpreuße Beckerath, für die Justiz der Württemberger Robert Mohl; für Handel Duckwitz aus Bremen; Bassermann war Unterstaatssekretär im Ministerium des Innern; Mathy Unterstaatssekretär im Finanzministerium. Man kann dieses Reichsministerium als eine Art Schattenkabinett bezeichnen, das neben den realen Regierungen – und scheinbar über ihnen schwebend – in Wien und Berlin arbeitete (die anderen deutschen Staatsregierungen waren eher geneigt, nach Frankfurt zu blicken).

Am 3. Juli begann die Nationalversammlung die »Grundrechte des deutschen Volkes« zu beraten und widmete sich dieser Aufgabe mit Hingebung, freilich immer wieder durch aktuelle Ereignisse, die Polenfrage, den Konflikt um Schleswig, aus dem Fluß der Gedanken, der Rede, des schriftlichen Formulierens unliebsam herausgerissen. Dieses Parlament, in dem die Juristen und die Professoren so zahlreich waren, in dem ein liberaler Geist vorherrschte, war zur Formulierung der bürgerlichen Grundrechte in hohem Maße befähigt und berufen. Es ist ihm, in sechzig Paragraphen, recht gut gelungen. Das Verhältnis von Staat, Kirche und Schule erfuhr eine sinnvolle Ordnung. Bemerkenswert ist, daß die Todesstrafe »ausgenommen wo das Kriegsrecht sie vorschreibt« für abgeschafft erklärt wurde (ebenso bemerkenswert, daß es hundert Jahre gedauert hat, bis in Deutschland verwirklicht wurde, was die in der Paulskirche zu Papier gebracht hatten).

Die tägliche Arbeit vollzieht sich unter den geschilderten Verhältnissen in der und um die Paulskirche, in Klubs und Fraktionen, die sich nach den Lokalen nennen, in denen man sich trifft, im Landsberg, im Steinernen Haus, im Württemberger Hof, in der Westendhalle; oder auch im Nebenzimmer einer beliebten Beiz, im dicken Zigarrenrauch, unter der Bestellung von Wurst und

Einzug der Abgeordneten in die Paulskirche, 18. Mai 1848. Spalier bilden Turner, und erst in einigem Abstand dahinter das Militär.

»Auch ein Totentanz«, eine Folge altmeisterlicher Holzschnitte von Alfred Rethel, ist vielleicht das bedeutendste künstlerische Dokument des Revolutionsjahres 1848 – übrigens ganz aus dem Geist der Abwehr empfunden.

Der Abgeordnete Roesler schwenkt die weiße Fahne zum Abschluß des Frankfurter Septemberkrawalls. Er macht zwischen Militär und Proletariat keine sehr überzeugende Figur.

An das deutsche Volk.

Die bisherige provisorische Centralgewalt hat sich, im Widerspruche mit den ihr nach dem Gesetze vom 28. Juni v. J. obliegenden Pflichten, beharrlich geweigert, die Reichsverfassung durchzuführen, und alle dahin zielenden Beschlüsse der deutschen National-Versammlung unbeachtet gelassen. Sie hat es, trotz mehrfacher Mahnung, verabsäumt, die Erhebung der deutschen Volksstämme zu Gunsten der Reichsverfassung zu unterstützen und den Regierungen entgegenzutreten, die sich anmaßten, mit offenem Friedensbruche dem deutschen Volke eine Verfassung und ein Wahlgesetz aufzuzwingen. — Die verfassunggebende deutsche Reichs-Versammlung hat aus diesen Gründen in ihrer Sitzung vom 6. Juni d. J. beschlossen:

„die bisherige Centralgewalt ihres Amtes zu entheben und eine Regentschaft für Deutschland einzusetzen, die in allen Angelegenheiten, welche die allgemeine Sicherheit und Wohlfahrt Deutschlands betreffen, die vollziehende Gewalt zu üben hat."

Wir, die Unterzeichneten, sind von den Vertretern der deutschen Nation zur Regentschaft für Deutschland ernannt worden. Es sind uns die Pflichten und Befugnisse der bisherigen Central-Gewalt, die Durchführung der Reichsverfassung und die Vollziehung der Beschlüsse der National-Versammlung übertragen worden. Für unsere Handlungen sind wir der National-Versammlung verantwortlich. Deutsche! Wir haben dem Rufe Eurer gesetzlichen Vertreter Folge geleistet im festen Vertrauen auf unsere gerechte Sache.

Die Zustände unseres Vaterlandes erheischen rasches Handeln. Es gilt, das Heiligste, die Freiheit und Ehre des deutschen Volkes, zu retten vor maßlosen Uebergriffen der rohen Gewalt. Wir werden alle unsere Kräfte aufbieten, den Bürgerkrieg abzuwenden und auf friedlichem Wege die deutsche Einheit und Freiheit zu erreichen; wir werden aber, wenn es zur Erreichung dieses Zieles nöthig ist, der Gewalt Gewalt entgegenstellen. Hunderttausende aus allen Theilen des Vaterlandes haben feierlich gelobt, Gut und Blut für die Reichsverfassung einzusetzen; wir werden sie auffordern, in jenem Falle ihr Manneswort zu lösen.

An Euch, deutsche Krieger, noch ein besonderes Wort! Das Gesetz gibt uns die Oberleitung der gesammten bewaffneten Macht Deutschlands; es überläßt uns die Ernennung der Oberbefehlshaber. Ihr, deutsche Krieger, werdet dem Gesetze gehorchen, dessen bewaffneter Arm Ihr seyd. Offiziere, Unteroffiziere und Soldaten der Volkswehre und des stehenden Heeres, weß Grades Ihr seyn mögt, Ihr werdet Alle wetteifern in pünktlichem Erfüllen der Befehle, die wir und die von uns ernannten Befehlshaber Euch zukommen lassen. Ihr werdet des Wahlspruchs jedes Kriegers eingedenk seyn: Treue dem Gesetz, Gehorsam seinen Vollstreckern! Nachdem mit dem heutigen Tage der Befehl über die Reichstruppen, welche bisher der provisorischen Centralgewalt verpflichtet waren, in unsere Hände übergegangen, wird jeder fernere Gehorsam gegen Befehle der bisherigen provisorischen Centralgewalt als Treubruch gegen das Gesetz und die deutsche Nation geahndet werden.

Deutsche! In verhängnisvollem Augenblicke wenden wir uns an Euch.

Noch ist es Zeit, durch unsere eigene Kraft des Vaterlandes Größe, Einheit und Freiheit zu retten, ihm Achtung zu verschaffen nach Außen und Frieden im Innern! Noch ist es Zeit, unter den Bürgschaften der deutschen Reichsverfassung eine auf Freiheit gegründete Ordnung der Dinge wieder herzustellen.

Ruhe und Frieden, die unerläßliche Bedingung des Erblühens von Handel und Gewerbe werden nicht eher zurückkehren, bis der unvermeidliche Kampf zwischen dem Absolutismus und der Freiheit zu Gunsten der Freiheit beendet ist. Steht Alle zu uns mit Eurer vollen Willens- und Thatkraft! Der gerechten Sache ist der Sieg gewiß.

Stuttgart, den 7. Juni 1849.

Die Mitglieder der deutschen Reichsregentschaft:

Franz Raveaux. Carl Vogt. Heinrich Simon. Friedrich Schueler. August Becher.

Verkündigung der »Reichsregentschaft«, Stuttgart, 7. Juni 1849 – die letzte Regung des deutschen Parlaments.

Die »Sprengung der Nationalversammlung zu Stuttgart« – Militär hindert die Abgeordneten, zu ihrem Versammlungslokal zu ziehen.

Wein. In diesem Milieu berät man sich, empfängt Deputationen anderer Clubs oder schickt selbst zwei, drei Herren aus, deren Rückkehr bis in die Nacht abgewartet werden muß. Politische Wirtshausgeselligkeit, bedingt durch den Mangel an Besprechungszimmern im Parlamentsgebäude, manchem gar nicht unlieb, und am Ende doch wirksam, soweit eben dieser Nationalversammlung Wirksamkeit vergönnt war.

Nach den Frühjahrshoffnungen hatte sich der Himmel rasch wieder verdüstert. Wenn der Abgeordnete Vischer einmal von »den Massen hungernder Bauersleute, verworren aufgeregter Arbeiter, verzweifelter Gewerbs- und Kaufleute« sprach, so kam er damit der wirtschaftlichen und sozialen Lage in weiten Teilen Deutschlands nahe. Aus Paris, wo die frisch-fröhliche Februarrevolution für halb Europa und für Deutschland besonders das schmetternde Signal gegeben hatte, kamen im Juni neue alarmierende Nachrichten. Hier hatte es zum ersten Mal einen rein proletarischen Aufstand von unheimlicher Kraft gegeben, und diese Erhebung war durch die ausgezeichnet geführte Armee in blutigen Kämpfen zerschmettert worden. Als Signal wirkte auch dieses Ereignis. Die noch unsicheren Versuche des Proletariats – für Deutschland sollte man schlichter und treffender sagen: der armen Leute –, ins politische Geschehen einzugreifen, hatten einen jammervollen Rückschlag erlitten. Das Bürgertum atmete auf; seine eingewurzelte Abneigung gegen die Armee wurde durch einen Anflug von Zutrauen und Dankbarkeit gedämpft. Für die Generalität und das Offizierskorps war es die Wiederherstellung ihres Selbstbewußtseins, das durch Ereignisse wie die vom März in Berlin erschüttert war.

Die wirtschaftliche Misere, die Verbitterung über die Enttäuschung linker Märzhoffnungen, die Demütigung der Nationalversammlung durch den von Preußen eigenmächtig mit den Dänen abgeschlossenen Waffenstillstand von Malmö, all das machte sich im September Luft in schweren Krawallen; vor den Fenstern, an den Türen der Paulskirche wurde Revolution gespielt und nicht nur gespielt. Eine aufgehetzte Menge griff merkwürdigerweise besonders die Clublokale der Linken an, den Deutschen Hof und die Westendhalle. Ganz Frankfurt war stundenweise in der Gewalt der rundum tobenden Haufen, mit denen ganz wenige Abgeordnete der äußersten Linken, Zitz und Schlöffel, gemeinsame Sache machten. Die Paulskirche wurde direkt bedroht; hierbei machte der große und breite württembergische Abgeordnete Gfrörer eine gute Figur, der sich mit seinem Stock bewaffnet in einem der Eingänge postierte. Die Rettung kam von preußischen, österreichischen und hessischen Truppen, die aus der Bundesfestung Mainz schleunigst herangeholt wurden. Nachdem Artillerie aufgefahren war, legte sich die Unruhe. Das widerwärtigste an diesem gegen die Volkssouveränität gerichteten, vom Militär der alten staatlichen Mächte gebändigten Aufruhr war die Hetzjagd auf einzelne Menschen. Es wurden die preußischen Abgeordneten General Auerswald und Fürst Lichnowsky nach stundenlangen Quälereien mit Stöcken und Regenschirmen umgebracht.

Es ist schwer vorstellbar, daß nach diesen Ereignissen von idealem Schwung in der Versammlung noch etwas übrig geblieben war. Was blieb, war der Arbeitsfleiß (freilich auch: die bloße Betriebsamkeit), der gute Wille, die Hoffnung von Millionen nicht zu enttäuschen, die flackernde Hoffnung, in der verworrenen Verflechtung Deutschlands mit den österreichischen Kronländern doch zu irgendeiner Lösung zu gelangen. Aber alle Gedanken, alle Debatten, alle Arbeit in Ausschüssen und Kommissionen wurden mehr und mehr durchdrungen von der Einsicht in die Ohnmacht dieses Parlaments, und man muß sich rückschauend wundern, woher die Männer die Kraft zum Ausharren und Weitermachen genommen haben. Die Ohnmacht der Paulskirche wurde blitzartig erhellt, als ihr Mitglied Robert Blum nach der Erstürmung Wiens gefangengenommen und standrechtlich erschossen wurde. Er war das dritte Opfer – zwei waren vom roten Mob erschlagen worden, der dritte fiel unter den Kugeln eines schwarzgelben Pelotons.

Die eiserne Konsolidierung des alten Kaiserstaats nach der Niederwerfung der Ungarn und dem Auslöschen der schwarzrotgoldnen Erhebung in

Erzherzog Johann von Österreich, der »Reichsverweser«.

Wien hat den »Großdeutschen« in der Paulskirche, den zahlreichen Abgeordneten aller Richtungen, die sich ein Deutsches Reich ohne die Österreicher nicht vorstellen konnten, den Boden unter den Füßen entzogen. Im Verlauf des Winters, in mühseliger, von unendlichen Reden begleiteter parlamentarischer Arbeit, zeichnete sich eine Lösung ab, die dahin ging, dem König von Preußen die deutsche Kaiserkrone anzubieten. In der am 28. März verabschiedeten Reichsverfassung hatte man sich zum erblichen Kaisertum durchgerungen. Doch sah der Verfassungstext lediglich die Übertragung an einen der regierenden deutschen Fürsten vor. Die Kaiserwahl war also als ergänzender Akt notwendig. Die Versammlung wählte mit 290 Stimmen bei 248 Stimmenthaltungen den preußischen König Friedrich Wilhelm IV. Eine Deputation von 33 Abgeordneten, Gagern und der Präsident Simson von Königsberg an der Spitze, machte sich auf, um Friedrich Wilhelm die Krone anzubieten. In der frostigen Atmosphäre des Berliner Stadtschlosses wurden sie empfangen und Simson trug die Bitte vor, der König möge die Wahl zum Kaiser annehmen. Friedrich Wilhelm hat sich immer gern, auch in qualvollen Situationen, ins Reden geflüchtet. Hier hatte er die schönste Gelegenheit, und er übergoß die Deputation mit tönenden Phrasen – die Herren brauchten eine Weile, bis sie den Kern darin fanden. Dieser Kern war in etwa: »Ihr seid gar nicht legitimiert, Mir, der Ich von Gottes Gnaden König bin, eine Krone anzubieten, also kann Ich weder sie annehmen, noch brauche Ich sie ablehnen«. In vertrautem Kreise hat sich Friedrich Wilhelm verständlicher ausgedrückt, von einem imaginären Reif gesprochen, von einem Kaisertum von Bäckers und Metzgers Gnaden; und noch derber.

Das war am 3. April 1849, und es war faktisch das Ende aller Anstrengungen, die ein Jahr zuvor so hoffnungsvoll begonnen hatten. Auch die ernsthaften Überlegungen der preußischen Regierung, das deutsche Dilemma in der Form eines engeren Bundes unter preußischer Führung und eines weiteren Bundes mit Österreich zu lösen, hatten nun ihr Ende gefunden. Die Nationalversammlung in der Paulskirche war bedeutungslos geworden.

C.K.

Nachdem schon im Lauf des Spätwinters die meisten Österreicher abgereist waren, fuhren auch andere heim. Die Zahl für die Beschlußfähigkeit des Hauses mußte wiederholt herabgesetzt werden. Wie ein Schemen harrte noch der Reichsverweser auf seinem Platz aus. – In der Pfalz, in Baden, in Sachsen waren schwere Unruhen ausgebrochen. Ende Mai beschloß das Parlament, da man sich in Frankfurt nicht mehr sicher fühlte, seine Verlegung nach Stuttgart (Württemberg gehörte zu den Staaten, die die Reichsverfassung angenommen hatten); die meisten Abgeordneten aus Württemberg hatten, warnend, gegen den Umzug gestimmt. Vom Schicksal, das dieses »Rumpfparlament« in Stuttgart erwartete, soll im Lebensbild Ludwig Uhlands noch ein Wort gesagt werden.

Eine große Hoffnung der Deutschen ist jämmerlich getrogen worden. Ist alles umsonst gewesen? Wir wollen die Frage am Ende dieses Buches stellen und eine Antwort zu finden suchen.

Württemberg und Baden

Im südwestlichen Deutschland hatten sich Demokratie und Liberalismus während der Jahrzehnte des Vormärz am kräftigsten entwickelt. Nirgends sonst hatten die seit dem Wiener Kongreß nach und nach in deutschen Staaten geschaffenen Verfassungen so stark das öffentliche Leben und Wesen geprägt wie in Baden und in Württemberg. Vom Oberrhein und vom Neckar her wehte ein belebender, wärmender Hauch in die obrigkeitlich-frostige Atmosphäre des großen Vaterlandes. »Der Süden Deutschlands übte jetzt einen heilsamen Einfluß auf den Norden ... Jetzt trat ihr Wesen ergänzend und fortbildend in den Vordergrund. Die Verfassungskämpfe ihrer kleinen Staaten schulten eine Anzahl politischer Führer, warme Patrioten, kräftige, warmherzige Männer, zuweilen von begrenztem Gesichtskreis, aber eifrig, unermüdlich, frisch und hoffnungsreich ... Auch der Charakter des Volkes schützt dort vor Blasiertheit, geistreichem Formelwesen und Sophisterei, es schützt ein warmes Herz, ein gesunder Menschenverstand ... und eine behagliche Laune« (Gustav Freytag). Da ist aus preußisch-liberaler Sicht Richtiges und Wichtiges gesagt; nur darf man solches Lob nicht absolut nehmen. Das politische Biedermeier im Königreich Württemberg und im Großherzogtum Baden bietet in seinem Alltag für den kritischen Beobachter nicht nur engen Verhältnissen entsprechende Engstirnigkeit, sondern auch polizeistaatliche Borniertheit und Boshaftigkeit die Fülle – aber eben doch gemildert durch »der Freiheit Hauch«, humane Gesittung und die von vernünftigen Verfassungen gesetzten Schranken. Die Landtage in Stuttgart und Karlsruhe haben sich als Pflanzschulen der Demokratie erwiesen. Betrachten wir die zwei Nachbarländer in ihrer Eigenart und sehen wir, was sie zur deutschen Geschichte der Jahre 1848, 1849 beigetragen haben.

Württemberg

In früheren Zeiten waren viele Württemberger stolz auf die demokratische Tradition ihres Staatswesens und beriefen sich dabei auf das im Tübinger Vertrag von 1514 verbriefte alte Recht; gern und beharrlich wurde eine Äußerung aus dem englischen Unterhaus zitiert, wo im 18. Jahrhundert ein besonders ehrenwerter Gentleman gesagt haben soll, auf dem Kontinent gebe es nur eine Demokratie, nämlich Württemberg. Dieses Rühmen, das in den ersten Jahren nach 1945 noch einmal zu hören war, birgt unter einem Glattstrich von Verallgemeinerung und Schönfärberei einen Kern von Wahrheit. Der Tübinger Vertrag war von den Ständen dem in schwerer Geldnot steckenden Herzog Ulrich (einem bösen, unsteten, nichtsdestoweniger volkstümlichen Herrn) abgerungen worden.
Der Vertrag räumte den Ständen, »Prälaten und Landschaft«, schwerwiegende Mitspracherechte bei der Steuerausschreibung und bei der Frage von Krieg und Frieden ein; außerdem gewährte er jedem Landeskind gewisse Grundrechte, das »habeas corpus« war im Prinzip jedermann zugesichert. Unsinn wäre es, schlechthin von einer demokratischen Verfassung des alten Herzogtums zu sprechen. Wahr bleibt jedoch, daß der Vertrag konstitutionelle Elemente enthält, die die Fürstengewalt beschränken; deutlich erkennbar ist das Fundament der Grundrechte. Für seine Zeit, zwischen Mittelalter und Renaissance, ein höchst fortschrittliches, ziemlich einzig dastehendes Vertragswerk, das die Richtung zur Demokratie gewiesen hat. – Neben der Kirche und der bürgerlichen Vertretung in Städten und Ämtern hatte der Adel keinen Platz in dieser ständischen Verfassung, das war ganz ungewöhnlich. Und seit der Reformation waren Prälaten und Landschaft einander nahe gerückt, die Vertreter beider Stände kamen aus der gleichen Schicht der »Ehrbarkeit«, einer Kaste angesehener und wohlhabender Familien, alle mehr oder weniger untereinander versippt. Das demokratische Element, das im Tübinger Vertrag steckte, wurde noch gestärkt durch

Ein sehr merkwürdiges Dokument aus dem Jahr 1849. Bemerkenswert, daß kein Offizier und kein Unteroffizier unterschrieben haben.

Antwort der württembergischen Soldaten
an
ihre badischen Brüder.

Kameraden!

Mit Freude haben wir die Grüße und Aufforderungen vernommen, die von Euch und Eurer Regierung an uns gerichtet worden sind; denn auch bei uns fängt es an Tag zu werden und das Licht, das einmal unter dem Scheffel hervorgeholt ist, will sich mit keinem Tschako und mit keinem Käppi, ja selbst mit keinem Generalshut mehr zudecken lassen, und selbst einen preußischen Helm würde man vergeblich darauf stellen. Glaubt nur, Kameraden! auch wir sehen es ein, daß die Soldaten zum Verderben des Vaterlandes und zu des Volkes wie zu ihrem eigenen Schaden gemißbraucht werden. Auch wir wollen keine blinden Werkzeuge der Willkühr sein, sondern, wie Ihr für das Wohl des Volkes und für die Freiheit und Größe des Vaterlandes kämpfen, wie es tapfern Soldaten geziemt. Darum geben wir Euch Euren Gruß mit brüderlichem Handschlag zurück und versprechen, weder gegen Euch, Ihr badischen Kameraden, noch gegen die Euern, noch gegen sonst ein deutsches Volk zu fechten, das die Verfassung und die Freiheit und das Recht will; denn das wollen wir Alle. Deßhalb seid wacker und gutes Muthes; denn wir wissen, was wir von Euch zu halten haben, trotz aller Verdächtigungen, die man über Euch aussprengt. Wir wissen, daß ein braver Soldat dem Vaterlande gehorsam, aber keines Menschen Knecht ist.

Zur Bestätigung des Obigen sind öffentliche Kundgebungen der verschiedenen Corps im Stuttgarter Beobachter und andern Blättern erschienen. Wir fügen aber noch besonders zwei Punkte einer Erklärung bei, welche die in Stuttgart anwesenden Soldaten des 4., 5. und 6. Infanterieregiments in öffentlicher Versammlung beschlossen, und welche die Unterzeichneten im Auftrag der Uebrigen mit ihren Namensunterschriften bekräftigt haben. — Diese Punkte lauten:

Wir wollen die Beeidigung auf die deutsche Reichsverfassung feierlich und in Gegenwart mehrerer Mitglieder der Kammer der Abgeordneten, damit wir wissen, gegen wen und für was wir kämpfen, und wie es unsere Kammer schon zu wiederholten Malen beschlossen hat.

Sodann erklären wir, daß wir für das deutsche Vaterland, für die deutsche Verfassung mit Freuden in den Tod gehen, daß wir aber gegen Brüder, gegen badische Bürger oder badische Soldaten nie uns als Werkzeuge der deutschen Fürstengewalt brauchen lassen.

Schütz Reinhardt.	Schütz Thana.
Scharfschütz Bauer.	„ Burghardt.
Soldat Kübler.	Soldat Mollenkopf.
Scharfschütz Seifritz.	Scharfschütz Lohmüller.
Schütz Emmele.	„ Haas.
Soldat Single.	Schütz Theurer.
„ Martin.	„ Malz.
„ Kapp.	Soldat Bechtle.
„ Sattler.	„ Bauer.
„ Küfer.	„ Eib.
Schütz Augsburger.	Schütz Knapp.
„ Zahn.	„ Sauter.
„ Reim.	Soldat Braun.
„ Arnold.	„ Sauter.
„ Bauer.	„ Zopf.
„ Kuhn.	„ Drautz.
„ Thuma.	„ Holzapfel.

Druck von August Stritt.

die unterzeichneten sämtlichen
MITGLIEDER
DER
zu gemeinschaftlicher Vollendung
des
Verfassungs Werks
für das
Königreich Würtemberg
einberufenen
Stände Versammlung
bekennen hiermit:
Seine Königliche Majestät von Württemberg
Allerhöchste
Allerhöchstdenselben
Sich
Allerhöchstdero

Die Verfassungsurkunde für Württemberg vom 25. September 1819.

König Wilhelm von Württemberg in jungen Jahren; kein begeisterter, aber ein gewissenhafter Hüter der neuen Verfassung.

Als sich in Ulm im Gasthof zum Schiff Bürger zwecks Errichtung eines demokratischen Vereins versammelten, drangen Unteroffiziere aus einer nahen Kaserne ein, schlugen die Leute blutig und das Inventar kurz und klein. Doch waren Vorfälle solcher Art anno 1848 selten.

Herzog Christophs Kirchen- und Schulordnung, die jedem begabten Landeskind, ohne Rücksicht auf Rang und Vermögen der Familie, den klassischen württembergischen Bildungsweg über Seminar und Stift öffnete – wodurch der verhärteten Schicht der Ehrbarkeit doch immer wieder frisches Blut zugeführt wurde.

So war das Grundgesetz beschaffen, nach dem die Württemberger mit ihren Herzögen fast dreihundert Jahre lang gelebt hatten. Jeder Herzog hatte den Tübinger Vertrag zu beschwören, bevor ihm die Stände huldigten; mancher dieser Herren versuchte hernach, an dem lästigen Vertrag herumzubiegen; gebrochen hat ihn zwischen 1514 und 1805 keiner. Ein schwerer Konflikt zwischen Herzog Carl Eugen und den Ständen wurde Jahre hindurch vor dem Reichshofgericht zu Wien ausgetragen und endete 1770 im sogenannten Erbvergleich mit dem Erfolg der Stände, einer völligen Bestätigung des 256 Jahre alten Vertrags. – Was immer man der Ehrbarkeit, die auf ihrem alten Recht beharrte und wenn nötig dafür kämpfte, vorwerfen kann: harten Egoismus, Fortschrittsfeindlichkeit, partikularistische Engstirnigkeit – es war eine Schicht, in der die Mitverantwortlichkeit im Staat, der Anspruch auf die Kontrolle des Herrschers durch sieben Generationen praktiziert wurde. Bürgerlicher Männerstolz vor Fürstenthronen hatte in Württemberg konstitutionellen Grund und Boden. Es war, in den Formen jener Jahrhunderte, eine Vorschule zur bürgerlichen Verantwortung im Staat, eine Vorschule der Demokratie.

Aus der altwürttembergischen Verfassungstradition und aus den zu Beginn des 19. Jahrhunderts entbrennenden Verfassungskämpfen in diesem Land sind Impulse in die deutsche Demokratie geflossen. Die Verfassungskämpfe entbrannten, als unter der Ägide Napoleons die territorialen Verhältnisse im rheinischen Deutschland eine totale Umwandlung erfuhren und damit das bisher langsam gewachsene Württemberg innerhalb weniger Jahre durch Territorien der verschiedensten Tradition, zum guten Teil katholischer Konfession, verdoppelt und in seinem Charakter von Grund auf verändert wurde. Der Konflikt zwi-

Meuchlerischer Ueberfall

einer Versammlung wehrloser Bürger durch Unterofficiere und Soldaten des Würt: dritten Reiter-Regiments

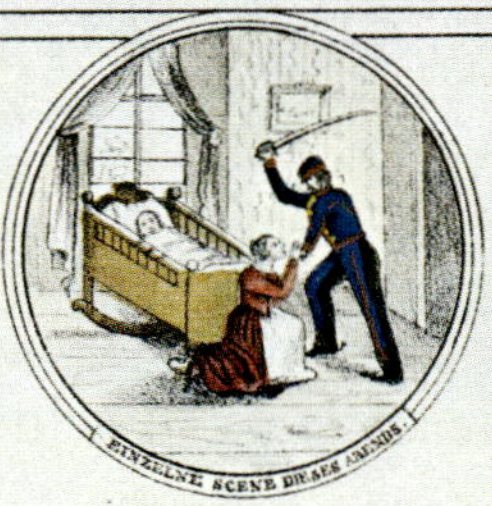

Am Abend des 27 Juni 1848. hatten sich ziemlich viele Bürger von Ulm im Saal des Gasthauses zum Schiff versamelt, um sich über die Bildung eines democratischen Verein's zu besprechen. Die Verhandlungen waren — in völliger Ruhe u. Ordnung — eben zum Schlusse gebracht, als eine Rotte von 50 bis 60 Cavalleristen hereinbrach u. mit scharfem Säbel blindlings einhieb. Man zählte etwa 42 Verwandete. (Die Darstellung dieser Greuelscene ist auf eigene Anschauung gegründet.)

Ulm. zu haben bei J.E.Lang.

Die gegenseitige Kanonade über den Rhein bei Mannheim, 1849, dargestellt auf einem Neuruppiner Bilderbogen.

schen Friedrich, einem etwas düsteren, aber bedeutenden Herrscher, und den Ständen war vor allem darin begründet, daß Friedrich die neuerworbenen Gebiete nicht unter das alte Recht stellen wollte. Unter dem eisernen Druck der europäischen Umwälzung mußte schließlich hingenommen werden, daß Friedrich den Tübinger Vertrag kurzerhand aufhob. Das war am 30. Dezember 1805. Kurz darauf wurde Württemberg Königreich. Erst als der Königmacher, der allmächtige Protektor des Rheinbunds, zu wanken begann, hat der Kampf ums »alte gute Recht« wieder begonnen. Ludwig Uhland ist der Sänger und einer der Vorkämpfer in diesem Streit geworden, deshalb soll in seinem Lebensbild davon noch die Rede sein. Die Volkstümlichkeit seiner Lieder hat die württembergische Sache (um nicht zu sagen: die Sache der württembergischen Ehrbarkeit) zu einem Element des deutschen Freiheitsstrebens im Vormärz gemacht.

Nach dem Tode Friedrichs und dem Regierungsantritt seines Sohnes Wilhelm mündete der Kampf ums alte Recht ein in die Arbeit an einer neuen Verfassung für den neuen, auf dem Wiener Kongreß bestätigten Staat. Als die Verfassungsurkunde am 25. September 1819 vom König und den Ständen unterzeichnet war, herrschte Jubel im ganzen Land. Grund zur Freude bestand wirklich. Die Verfassung war ein wohlausgewogenes Werk, zeitgerecht, fortschrittlich und solid. Und sie war, anders als in Bayern und auch in Baden, nicht vom Fürsten gnädig gewährt, sondern zwischen Fürst und Volksvertretern frei vereinbart. Das Errungene erschien um so wertvoller, als die letzte Phase der Verabschiedung bereits von den Karlsbader Beschlüssen bedrohlich überschattet wurde. Man braucht von König Wilhelm keine übertrieben großartige Meinung haben; er war gescheit, vernünftig, wohlwollend; konnte aber auch kleinlich sein, nachtragend, und war Intrigen nicht abgeneigt. Dennoch: keiner unter den deutschen Fürsten hat sich im entscheidenden Moment so für die in der Verfassung garantierte Freiheit eingesetzt wie er. Am Tag nach der Unterzeichnung der Urkunde reiste er nach Warschau, um dort bei seinem mächtigen Vetter und Schwager, dem rus-

№ 1487.

Das Gefecht vor Mannheim.

Am 17. Juni zogen die Pfälzer Freischaaren eilig über die Rheinbrücke bei Knielingen nach Baden ab, um sich mit den Badensern zu vereinigen. Ernstern Widerstand fand die preußische Colonne, welche von Worms aus nach Ludwigshafen vordrang. Hier wurden die Preußen anfangs von den Badensern geworfen, jedoch nach erhaltener Verstärkung rückte das Regiment von neuen vor und stürmte Ludwigshafen. Die Badenser zogen sich über die Rheinbrücke zurück und eröffneten von Mannheim aus über die Schiffbrücke hinüber aus 18 Kanonen ein mörderisches Feuer, welches die Preußen, obwohl mit Verlust, erwiederten. Bei dieser Gelegenheit wurde Ludwigshafen selbst in Brand geschossen, und die ganze Häuserreihe längs dem Rheine ward zu Ruinen. Auch in Mannheim brach Feuer aus, wurde aber, da die Preußen die Stadt schonten, ohne große Verluste gelöscht.

Neu Ruppin, bei Oehmigke & Riemschneider

Die Füße im Wasser, die Nasen im Pulverdampf – württembergische Soldaten durchwaten die Murg im Gefecht bei Gernsbach, 29. Juni 1849.

sischen Kaiser Alexander, die nötige Rückendekkung gegen Metternich zu erwirken; der Zar, wiewohl ungern, erließ ein Rundschreiben an seine Gesandten an den deutschen Höfen, worin er die konstitutionellen Staaten seiner Unterstützung gegen abträgliche Bemühungen der österreichischen Regierung versicherte – ein in jeder Hinsicht merkwürdiger Vorgang (Alexander hat später seine Haltung geändert). Als Wilhelm von dieser Reise in sein Stuttgart zurückkehrte, wurde er mit Jubelgeschrei begrüßt; die dicht gedrängten Menschen fielen auf die Knie und sangen »Nun danket alle Gott!«

Aber »Begeisterung ist keine Heringsware, die man einpökelt für viele Jahre«, bemerkt Goethe. Das politische Biedermeier in Württemberg war von einem frischen Wechselspiel zwischen Regierung und Volksvertretung noch weit entfernt. Was man sich im Volk träumerisch von der Verfassung versprochen hatte – eine Art Paradies ohne Polizeiverordnungen, mit einem auf ein Wachbataillon reduzierten Militär, geringen, nach Belieben zu zahlenden Steuern –, konnte nicht wohl Wirklichkeit werden, und die Enttäuschung galt nicht so sehr dem König, als dem Landtag, von dem man solche Wunder erwartet hatte. Das Interesse am Parlament erlahmte, die Zuhörertribünen standen meist leer. »Über den Landtag hörte man in Privatzirkeln und Wirtshäusern nur Tadel und kein Wort des Lobes« (A. E. Adam). Eine solche Mißachtung hatte das Parlament nun nicht verdient. Gegenüber einer für die Gesetzgebung noch immer zuständigen, aber nicht eben einfallsreichen Regierung hatte die Initiative der Volksvertreter manche nützlichen Gesetze zustande gebracht, darunter eine zeitgemäße Gewerbeordnung.

Auf der oppositionellen »Linken« im Landtag saßen manche vortreffliche Männer: Uhland; Römer, der später das »Märzkabinett« bilden sollte und dessen Haltung späterhin den alten Freunden verdächtig wurde, der aber immer ein Mann der praktischen Vernunft blieb; Paul Pfitzer, ein hochgestimmter Mann, der wie kein zweiter Württemberger Preußens Führungsrolle bei der deutschen Einigung vorausgesehen hat (die Pauls-

kirche hat er nur noch als schwer Kranker betreten); Albert Schott, ein entschieden linker Politiker, aber in seiner Haltung durchaus Bürger. Merkwürdig ist – man könnte von einem Hauch von Tragik sprechen –, daß diese Landtagslinke auch etwas von der starren Fortschrittsfeindschaft der alten Stände geerbt hat. »Was den liberalen Vorkämpfern übrigblieb, waren glänzende Reden, ständig wiederholte Rechtsverwahrungen gegen Verfassungswidrigkeiten des Regimes und ein trotziges Nein auch gegen fortschrittliche, dem Lande nützliche Regierungsvorlagen« (W. Grube). Selbst in den Fragen des Zollvereins, wo die liberalen Opponenten, von allen nationalen und wirtschaftlichen Argumenten abgesehen, ihren aus dem Landtag alsbald ausgeschlossenen Freund List vor Augen haben mußten, kam die Mehrheit der Linken zu einem schwer verständlichen Nein. – Übrigens fehlten im württembergischen Landtag vor 1848 die radikalen Demokraten, die in Karlsruhe bereits eine Rolle spielten. Vertreter dieser Richtung tauchten in Stuttgart erst in dem 1848 gewählten, kurzlebigen Landtag auf – Hans Scherr zum Beispiel, Schullehrer vom Rechberg, ein zorniger junger Mann, der bald in die Schweiz emigrieren mußte.

Nein, es gibt kaum Großartiges zu berichten aus dem Halbmondsaal des württembergischen Landtags in den Jahren von 1820 bis 1848. Dennoch haben Parlamentsreden und politische Publizistik einen Beitrag auf dem Weg zu Freiheit und Rechtsstaatlichkeit geleistet, der nicht gering veranschlagt werden darf. Dieses biedermeierliche Württemberg war ein Staatsgebilde zwischen gestern und morgen, mit konstitutionellen wie mit obrigkeitsstaatlichen Zügen, Fortschrittswillen im einzelnen, Beharren und Zögern im ganzen. Der König, ohne groß zu sein, war doch unter den gekrönten Häuptern und Köpfen Deutschlands einer der hellsten, willenskräftig, wenn auch von begrenzter Einsicht und immer zum Finassieren geneigt. Ein kluger Schachzug war die vollkommene Amnestie für politische Delikte, die er zu seinem 25. Regierungsjubiläum, 1841, erließ. Der desertierte und emigrierte Dichter Herwegh erhielt 1843, auf eine vorsichtige Anfrage, vom

Stuttgarter Stadtschultheißen Gutbrod die Antwort, der König »habe schon ganz andere Dinge verziehen als eine Desertion oder die Meinung, daß man nur als Republikaner frei und glücklich leben könne«.

Volk, freiheitliche Opposition, Schreiber, Minister und König – Württemberg war auf eine neue Zeit innerlich vorbereitet, als es vom Sturmzentrum der Pariser Februarrevolution zu wehen und zu brausen anhub. Wahrscheinlich hätte sich der Übergang in noch größerer Ruhe vollzogen, wenn es nicht 1847 eine Mißernte und Hungersnot gegeben hätte. Die »Märzrevolution« lief wie am Schnürchen. Der ständische Ausschuß (die Kammern waren vertagt) fordert am 29. Februar vom König Presse- und Versammlungsfreiheit, Bürgerwehr, Ablösung der Grundlasten, Reform des Bundestags. Diese Forderungen werden am 2. März auf einer großen Bürgerversammlung in Stuttgart, dann in einer Versammlung in Tübingen, deren Adresse Uhland verfaßt hatte, und durch ähnliche Veranstaltungen im ganzen Land bekräftigt. Der Forderung nach Pressefreiheit entspricht der König sofort. Dann löst er sein unpopuläres Ministerium Schlayer ab, versucht, ein geschmeidigeres, aber ihm genehmes Kabinett (Linde, Varnbühler) einzusetzen, lenkt aber sofort weiter ein, als er erkennt, daß dies nicht genügen würde, und ernennt nun aus den Reihen der seitherigen Landtagsopposition eine Regierung mit Römer, Pfizer, Duvernoy. Mitte März tritt der alte Landtag noch einmal zusammen, verabschiedet eilends wichtige Gesetze über Versammlungsfreiheit, Volksbewaffnung und die Beseitigung der die Bauern drückenden alten grundherrlichen Lasten. Ende März wird der Landtag aufgelöst, Neuwahlen werden ausgeschrieben.

Bei all dem blieben die Schwaben einigermaßen ruhig. Stürmische Bewegung, mancherorts aus dem Badischen hereingetragen, zeigte sich im württembergischen Frankenland. Hier flammte der Bauernzorn auf gegen die alten Feudallasten, hier und da brannten mit den Schuldurkunden auch die Rentämter. Doch war der Angriff, das wurde bisweilen laut gesagt, nicht gegen Württemberg gerichtet (dem man erst seit einem

Menschenalter angehörte), nicht gegen den König. Als der Landtag die grundherrlichen Lasten abgeschafft hatte, trat Ruhe ein. Erhitzt hatten sich die bäuerlichen Gemüter auch über herrschaftliches Jagdrecht und unvergoltenen Wildschaden – da hörte man Töne wie aus dem Bauernkrieg –, indes ein Freiherr von Hornstein klagte, man wisse bald nicht mehr, wie Reh oder Has' eigentlich aussähen ... Im ganzen blieb Württemberg ruhig. So heißt es Anfang März aus Neckarsulm: »Das Tagesgespräch dreht sich auch hier nur um die verhängnisvollen Ereignisse aus Frankreich, und den Bürger, der nur Frieden wünscht und wünschen muß, durchschauert doch eine angenehme Empfindung, er atmet wieder freier. Wir meinen dies insofern, als der Bürger dem Beamten gegenüber jetzt wieder etwas gelten sollte.«

Eine Welle hysterischer Aufregung läuft am 25. März, einem Samstag, durchs Land, als das Gerücht vom Einfall französischer Truppen – sie seien schon über den Kniebis – eine Panik auslöst. Eine durch Generationen fortvererbte Angst tritt da zutage, bei manchen noch durchzittert von der vagen Hoffnung auf einen Umsturz alles Bestehenden ... Es war blinder Alarm, und das Ganze eine lächerlich traurige Begebenheit.

Der im Nachbarland Baden von Waffenlärm erfüllte Monat April verläuft in Württemberg eher gemächlich. Das Ruhebedürfnis schwäbischer Bürgersleute äußert sich manchmal geradezu penetrant. So erklärt der Lorcher Gemeinderat, er werde »alle etwaigen Versuche anarchischer und demokratischer Tendenz als ruchlose Mittel zur Auflösung der unserem gesamten Vaterland gerade jetzt so höchst notwendigen Einheit, Ordnung und Sicherheit mit aller Kraft bekämpfen und mit der gebührenden Verachtung zurückweisen«. In Stuttgart bewähren sich die Weingärtner, krumm geschaffte, meist bitter arme Leute, bei gelegentlichen Krawallen als Stütze der Ruhe und Ordnung. Zwischenfälle ernsterer Art ereignen sich in den Garnisonen, und zwar unter verschiedenen politischen Vorzeichen. In Heilbronn meutert das Militär. Fast gleichzeitig wird in Ulm eine Versammlung »zwecks Errichtung eines demokratischen Vereins« im Gasthaus zum Schiff von Unteroffizieren aus der benachbarten Reiterkaserne überfallen, die mit blanken Säbeln Fenster, Gläser, Öfen, Spiegel zertrümmern und dreißig Teilnehmer zusammenhauen. Doch waren Ausschreitungen solcher Art selten im Land, meist blieb es bei Geschrei, Katzenmusik und Fenstereinschmeißen – wo es überhaupt Unruhe gab.

Die Wahlen zur Nationalversammlung und zum Landtag waren unter starker Anteilnahme und in leidlicher Ordnung vor sich gegangen. Die in die Paulskirche gewählten Württemberger waren etwa zur Hälfte dem »Centrum« zuzurechnen, besonders der linken Mitte; die andere Hälfte waren entschiedene Anhänger der Linken, aber darunter nicht einer, der sich radikal gebärdete. Konservative waren überhaupt nicht gewählt worden. Noch am weitesten rechts, nach einer späteren Terminologie: Nationalliberale, standen Rümelin, Pfizer und Moritz Mohl; dem linken Centrum zuzurechnen waren Römer und Uhland; Robert Mohl, der Justizminister im »Reichsministerium«, Fallati, der Unterstaatssekretär im Handelsministerium wurde. Nur wenige von diesen Männern der Mitte hatten sich Clubs angeschlossen; Fallati gehörte zum »Augsburger Hof«. Die meisten Linken sah man in ihren Clubs, so Vischer in der Westendhalle, Fetzer, Nägele, Rheinwald und andere im Deutschen Hof, wo Robert Blum den Vorsitz führte; Zimmermann, stramm links, aber beileibe kein Jakobiner, zählte zum Donnersberg, wo sich die Radikalen trafen. – Es sei hier einmal darauf hingewiesen, daß Doppelmandate in der Nationalversammlung nicht selten waren; Römer zum Beispiel war württembergischer Justizminister, Landtagsabgeordneter und Mitglied der Paulskirche in einer Person.

Im Rahmen der theoretisch totalen, faktisch sehr eingeengten Wirkungsmöglichkeit der Paulskirche war der Einfluß der Württemberger kaum größer, als es ihrer Zahl entsprach. Uhland gehörte zu den volkstümlichsten Gestalten, besaß trotz seiner trockenen Redeweise die sympathische Aufmerksamkeit des Hauses, vermochte aber wenig zu wirken. Robert Mohl hat als Justizminister meistens seinen Mann gestanden, ebenso Fallati in seiner Funktion im Handelsministerium. In Rümelin hatten die Verfechter eines preußischen Erbkaisertums einen wichtigen süddeutschen Parteigänger. Zimmermann hat es in seiner aufrichtigen Art verstanden, die Achtung seiner konservativen Widersacher zu gewinnen. In den Grundrechtsdebatten zeichnete sich eine Reihe württembergischer Abgeordneter aus. Insgesamt haben sie die demokratische und großdeutsche Richtung im Parlament gestärkt. In der Kaiserfrage bekundeten mehr als zwei Drittel von ihnen ihre Abneigung, Friedrich Wilhelm die Krone anzubieten.

Bekanntlich hat sich das traurige Ende der Deutschen Nationalversammlung am 18. Juni 1849 auf den Straßen Stuttgarts vollzogen.

Baden

Die Entstehungsgeschichte des Großherzogtums Baden ist von Grund auf verschieden von der des benachbarten Württemberg. Dieses Staatsgebilde, im Verlauf der großen Napoleonischen Flurbereinigung zusammengemarktet, zusammengestükkelt, mit dem Rhein von Basel bis zur Neckarmündung als Rückgrat, wie mit zwei Armen im Norden bis zum Main, im Süden bis zum Bodensee ausgreifend, umfaßte Gebiete von verschiedener, zum Teil sehr bedeutender Tradition, zwischen denen das alte Erbe des in zwei Linien gespaltenen Hauses Baden fast verschwand. Heidelberg und Mannheim waren Residenzen der alten Kurpfalz gewesen, in Freiburg hatte man Maria Theresia und den Kaiser Joseph als Landesmutter, Landesvater gehabt – und nun war man, mittels Federstrichen auf Kanzleipapier, badisch; selbst der mediatisierte Fürst Fürstenberg dünkte sich nicht weniger als der Standesgenosse, der noch unlängst Markgraf gewesen war, und seine ehemaligen Untertanen empfanden ebenso. Die Integrationskraft der baden-badenschen und baden-durlachischen Territorien war minimal. Die Hauptstadt Karlsruhe war kaum hundert Jahre alt und stand an Bedeutung hinter Mannheim weit zurück; Johann Peter Hebel 1803 in einem Brief – »Mannheim doch auch iezt noch ein anderer Ort, als Carlsr. in einem Menschenalter werden kann. Ich weiß, was ich täte!« Endlich: Anders als in Stuttgart regierte in Karlsruhe kein energischer Herr, und auf den Ruf des regierenden Hauses sollte auch noch der Schatten der Kaspar Hauser-Affäre fallen.
So mag es fast verwunderlich erscheinen, daß das neue Baden überhaupt den Wiener Kongreß überstanden hat. Das hat mehrere Gründe. Keiner der maßgebenden Mächte war daran gelegen, das ohnehin große Bayern weiter zu stärken; Bayern aber war an einer Verkürzung Badens am meisten interessiert, um am unteren Neckar eine Landbrücke zu seiner linksrheinischen Pfalz zu gewinnen; damit aber wäre Bayern aus dem Kreis der Mittelstaaten hinausgerückt, und das wollte niemand. Und in Wien bestand keine Neigung, an

Gefecht bei Groß-Sachsen an der Bergstraße zwischen Bundestruppen und aufständischem badischem Militär.

den Oberrhein zurückzukehren. Schon durch diese Interessenlage war der Besitzstand des Großherzogtums einigermaßen gewährleistet. Zudem erfreute man sich der Gunst eines hohen und mächtigen Verwandten. Kaiser Alexander von Rußland (der ja auch mit dem Hause Württemberg versippt war) hatte die Schwester des badischen Großherzogs Karl zur Gemahlin und hielt allein aus Liebenswürdigkeit ihr gegenüber seine schützende Hand über Baden.

Im Sommer 1814 hatten sich die ungleichen Schwäger im Beisein des Freiherrn vom Stein in Bruchsal getroffen; schon damals wurde dem Großherzog die Notwendigkeit einer landständischen Verfassung klargemacht. Auf dem Wiener Kongreß werden diese Bemühungen von denen, die Baden wohlwollen, fortgesetzt. Aber Karl, eine geradezu widerwärtige Erscheinung (Napoleon hatte seine anmutige Adoptivtochter Stephanie aus dem Hause De La Pagerie genötigt, diesen Menschen zu heiraten), erweist sich einstweilen als tauber Adressat. Erzherzog Johann, der spätere Reichsverweser, in seinem Tagebuch: »Der Großherzog von Baden, zu faul, um zu regieren, wollte sein Land verkaufen ... Solche Fürsten, die sind eine Geißel und ein Greuel; es sind Mäkler, und ist es denn ein Wunder, wenn die Völker daran denken, sich von ihnen loszumachen?« Stein legt dem Zaren im November 1814 eine Denkschrift vor »über den Zustand des Badenschen, über die Nachlässigkeit, Willkür und das Mißtrauen des Großherzogs. Zugleich hatte ich ihm Vorschläge mitgeteilt wegen Bildung der Landstände und Ernennung eines Kabinettministers mit sehr ausgedehnten Vollmachten«. Schon zwei Tage später bittet ihn die Kaiserin, die geborene Badnerin, zu sich, und in Gegenwart des Zaren werden die badischen Angelegenheiten freimütig erörtert; Stein besteht auf der Notwendigkeit der Stände. Ihm vor allem ist es zu danken, daß der Großherzog am 12. Januar 1815 aus Wien dekretiert: »Ich habe mich entschlossen, meinen Staaten eine landständische Verfassung zu geben.«

Eigenartig, gänzlich anders als in Württemberg, waren die Umstände, die in Baden zu einer verhältnismäßig früh erlassenen Verfassung geführt

»Bassermann'sche Gestalten« sah man nicht nur in Berlin, sondern auch auf dem Marktplatz von Karlsruhe.

haben. Es war die Einsicht, daß allein eine Verfassung als Fundament und einigendes Band diesem heterogenen Staatsgebilde Dauer verleihen könne. Diese Erkenntnis wurde nicht so sehr von Badenern, als von wohlwollenden Gönnern gewonnen und ins Werk gesetzt. Ausgearbeitet wurde diese Verfassung, auf endlich ergangenes fürstliches Geheiß, durch eine Kommission fähiger Beamter, und schließlich dem Volk von oben wie ein Geschenk gnädig gewährt. Tatsächlich war schon von Wien aus eine Verfassungskommission in Karlsruhe eingesetzt worden, deren Arbeit sich aber recht mühselig anließ. Napoleons Entweichen von Elba und der neue Krieg verbreiteten Angst und allgemeine Unsicherheit; in deren Schatten stockten die Geschäfte. Erst nach dem neuen Friedensschluß wurde das Vorhaben in einer gereinigten Atmosphäre wieder aufgenommen. Aber es bedurfte noch eines weiteren Anstoßes, um die Verfassungsarbeit in Schwung zu bringen – es will uns heute absurd erscheinen: Zur Eröffnung des Reichstags der unterworfenen Polen hielt Kaiser Alexander eine Rede, in der er ein pathetisches Bekenntnis zur Konstitution in die verblüffte Welt hinausrief. Die Wirkung war erstaunlich. Varnhagen, Gatte der berühmten Rahel, damals preußischer Gesandter in Karlsruhe, war der erste, der die Badener auf diesen Anruf ihres kaiserlichen Gönners aufmerksam machte. Das rüttelte sogar den trägen Großherzog auf. Er empfing die Verfassungskommission; im Weggehen, sozusagen unter der Tür, ernannte er den Finanzrat Nebenius zum federführenden Referenten.

Karl Friedrich Nebenius ist der Mann, der die badische Verfassung gemacht hat. Er hat wenig Dank dafür geerntet. Die Minute der Fürstengunst wurde bald vom Mißtrauen des dahinsiechenden Monarchen verdunkelt. Staatsräte gaben sich als Väter der Verfassung aus, so daß selbst der sonst gut unterrichtete Varnhagen es glaubte. Nebenius hat dem Badnerland durch fast ein halbes Jahrhundert treu und klug gedient, auf wichtigen Gebieten wie Zollverein und Eisenbahn ganz im Sinne von Friedrich List. Er war ein stiller, fast scheuer Mann, wirkungskräftig allein durch sei-

46a

nen lauteren Charakter und seine außergewöhnlichen Kenntnisse, ein Freund des Volkes, auf seine unauffällige Art unermüdlich für den Fortschritt wirkend. Sein Verfassungswerk ist freilich keine originale Lösung, sondern ein Produkt der Zeit und der Umstände. Von ferne hat die polnische Verfassung, die dem Zaren den Anlaß zu seinem Hymnus gegeben hatte, Pate gestanden. Das Zweikammersystem war das übliche der Zeit. Vorbildlich ist die klare, übersichtliche Gliederung, das redliche, gute Deutsch. – Innerhalb weniger Monate hat Nebenius sein Werk vollendet. Im August wird das Dokument dem 32jährigen, krank in Bad Griesbach dahindämmernden Großherzog vorgelegt. Ob Karl überhaupt eigenhändig unterschrieben hat, ist ungewiß. Genug, er gab die Einwilligung, daß sein Name daruntergesetzt werde. Am 22. August 1818 wird die Verfassung verkündet.

Das war die Grundlage, auf der sich ein reges, geisterfülltes, freilich von frostigen Rückschlägen keineswegs verschontes parlamentarisches Leben entwickelt hat, wie es im Vormärz in keinem anderen deutschen Staat, auch in Württemberg nicht, gediehen ist. »Die große Menge mutiger und freiheitlich gesinnter Männer, die gerade in der badischen Ständeversammlung sich zusammenfanden, lenkte schon bald die öffentliche Aufmerksamkeit von ganz Deutschland nach Karlsruhe« (Franz Schnabel). Noch am Ende des Jahres 1818 war auf den früh verstorbenen Großherzog Karl dessen Onkel, Ludwig, gefolgt, ein Mann, der seine fünf Sinne beieinander hatte und der aus dem preußischen Militärdienst kam. Bald nach seiner Thronbesteigung geschah, was der Reaktion in ganz Deutschland der so willkommene Anlaß war, die Freiheitsbewegung zu dämpfen: am 23. März 1819 wird Kotzebue von dem Studenten Sand erstochen, in Mannheim, auf badischem Boden. Die Folgen wirkten wie Hagelschlag in die Blüte des jungen badischen Verfassungslebens. In einem merkwürdig widerspruchsvollen Brief Metternichs an den badischen Minister Berstett heißt es: »Die Zeit schreitet in Stürmen vorwärts; ihren ungestümen Gang gewaltsam aufhalten zu wollen, wäre ein eitles Unternehmen.

Friedrich Nebenius, der eigentliche Vater der badischen Verfassung von 1819. Ein stiller, fast scheuer Mann, wirkungskräftig allein durch seinen lauteren Charakter und seine gediegenen Kenntnisse.

Ges. v Kauffmann | Verlag v G Holtzmann | Druck v Creuzbauer u. Hasper

Fr. NEBENIUS

Nur durch Festigkeit, Mäßigung und Weisheit, durch vereinte und in der Vereinigung wohlberechnete Kraft, seine verheerenden Wirkungen zu mildern: das allein ist den Beschützern und Freunden der Ordnung noch übriggeblieben . . . Dieses Ziel läßt sich sehr einfach bezeichnen, es ist heute nichts mehr und nichts minder als die Erhaltung des Bestehenden.« In diesem Brief steht auch das sibyllinische Wort: »Eine Urkunde ist überdies noch keine ordentliche Verfassung. Diese bildet allein die Zeit.«

Eine hervorragende Gestalt in der bedrohten ersten Phase des badischen Landtags ist Ludwig von Liebenstein, kein Standesherr, sondern ein Mann der Verwaltung und Abgeordneter der 2. Kammer. In diesem badischen Abkömmling eines schwäbischen Rittergeschlechts waren warmherziger Patriotismus, Liebe zum Volk, gründliche, an Montesquieu und den Briten geschulte Bildung und Verwaltungserfahrung vereinigt. Der Grundsatz der Gewaltentrennung und die Freiheit der Presse haben in ihm einen ebenso begeisterten wie sachkundigen Vorkämpfer gehabt. Als Abgeordnetenpflicht hat er einmal bezeichnet »die wahre Gestalt der Dinge furchtlos, ohne alle falsche Schonungen und trügerische Übertünchungen vor den Augen der Mächtigen zu enthüllen«. Liebenstein hat in den Krisen des jungen badischen Staatswesens seinen Mann gestanden. Als Beamter wurde er, nach den diskreten Bräuchen der Ära Metternich, in einer nicht offensichtlich kränkenden, aber den Zwecken der Regierung entsprechenden Weise mehrfach versetzt. Er ist 1824, nur dreiundvierzig Jahre alt, gestorben.

Der gerade zur Welt gekommene badische Parlamentarismus wurde im Zeichen der Karlsbader Beschlüsse harten Prüfungen unterworfen. Es kam so weit, daß nach Auflösung der Stände die Neuwahlen derartig manipuliert wurden, daß der daraus hervorgegangene Landtag »sich sogar zu einer Schmälerung der Verfassung hergab« (so das offiziöse Universallexikon vom Großherzogtum Baden, 1843). Aber auch in dieser Phase ist der freiheitliche Geist im Land nicht erstickt worden. Die Wende zum Besseren brachte der Tod Ludwigs. Dessen Nachfolger, sein Halbbruder Leo-

Großherzog Leopold von Baden mit seiner Familie – großbürgerlich präsentiert.

Beim Rekrutieren waren die badischen Aufständischen nicht weniger rigoros als das reguläre Militär; eine Szene aus dem Wiesetal.

pold, beruft den volkstümlichen Ludwig Winter an die Spitze der Regierung. Aus Neuwahlen geht ein Landtag hervor, der nun wieder ein Spiegelbild des Volkswillens ist. Dieser raschen Wendung ist es zu danken, daß die Julirevolution in Frankreich keine Erschütterungen in Baden bewirkt hat. Der neue Landtag verabschiedet eine fortschrittliche Gemeindeordnung und ein für die damalige Zeit vorbildliches Pressegesetz, »so daß ganz Deutschland Baden um seine glänzenden Fortschritte beneidete« (Universallexikon).

Auch in diese Blüte ist noch einmal ein Reif gefallen. Aber die gewichtige Rolle des Landtags war nicht mehr zu unterdrücken. Als im ganzen Land das 25jährige Verfassungsjubiläum gefeiert wurde – stürmisch vom Volk, von den Behörden mancherorts mit Zurückhaltung –, zeigte sich, wie sehr die Verfassung Allgemeingut geworden war. Sie hat, wie der Freiherr vom Stein es vorausgesehen hat, die vollkommene Integration des in den Pariser Verträgen und beim Reichsdeputationshauptschluß zusammengestückelten Landes bewirkt. Alemannen, Pfälzer und Franken fühlen sich nun als Badener; und darüber hinaus ist in Baden der Wille zur Einigung Deutschlands politisch besonders deutlich ausgeprägt. Im Landtag von 1844 sitzen bereits die Männer, die 1848 deutsche Politik machen werden, die Mathy und Bassermann, Hecker und Struwe; und, quasi als demokratischer Senior, der aus dem Rheingau stammende und dort begüterte Adam von Itzstein, der bereits seit 1822 ein führender Kopf der Landtagsopposition ist. – Nirgends in Deutschland war der Durchbruch zur Bürgerfreiheit, die Wahrscheinlichkeit einer demokratischen Republik so weit gediehen wie in Baden.

Am 26. Februar begrüßt man sich auf den Gassen Straßburgs »bon jour, citoyen«; der Präfekt hatte sich über den Rhein nach Kehl verdrückt. Am 27. tauchen im Badischen, wie auch in Mainz und Frankfurt, revolutionäre Flugblätter auf. Am 29. gibt die badische Regierung in der Kammer bekannt, sie werde Gesetzentwürfe über vollkommene Pressefreiheit, Schwurgerichte und Volksbewaffnung vorlegen. Am gleichen Tag bemerkt der Rechtskandidat Viktor Scheffel in einem Brief:

Struwe an der Spitze seiner Republikaner.

»Wenn unsere Regierung dem neuen Grundsatz ›Hilf dir selbst, so wird der Himmel dir helfen‹ treu bleibt, so haben wir in Baden bald einen Musterstaat auf demokratischer Grundlage, und das zieht das übrige Deutschland nach«. Am 5. März, bei der so folgenreichen Versammlung der »51 Vaterlandsfreunde« in Heidelberg, sagt Heinrich von Gagern: »Auch ich würde Republikaner sein, wenn das deutsche Volk die republikanische Staatsform beschließen würde; ich kann Republikaner sein, denn ich habe einfach leben gelernt; aber ich will keine Pöbelherrschaft, kein Liebäugeln mit dem Pöbel.« Hecker erwidert ihm, setzt andere Akzente: »Ich will die Freiheit, die ganze Freiheit für alle, gleichviel in welcher Staatsform sie zu erreichen ist. Aber keine Freiheit nur für die Privilegierten oder für die Reichen; ich bin, wenn ich es mit einem Wort benennen soll, Sozialdemokrat.«

Sehr deutlich, in Baden besonders anschaulich, zeichnen sich in diesen Märztagen drei Strömungen in der Freiheitsbewegung ab. Vom Bürgertum getragen (an manchen Orten Deutschlands, so in Frankfurt, kann man mit böser Betonung von Bourgeoisie reden, aber nicht in Baden und noch weniger in Württemberg) eine liberale Strömung, die sich in dem Moment mit der Regierung verbündet, wo diese die freiheitlichen Grundrechte gewährt; in Baden sind Mathy und Bassermann hervorragende Beispiele. Die andere Strömung ist entschieden demokratisch und republikanisch; sie wird getragen von Akademikern und findet Gefolgschaft bei Studenten, Turnern, Handwerksburschen, aber auch bei vielen Bauern und kleinen Leuten. Endlich: die Unterströmung, der Pöbel, der zerstören, brennen, plündern will, der sich bezeichnenderweise zuerst gegen die Juden kehrt. Im Vorparlament spielen die Badener, sowohl die bürgerlich liberalen als auch die radikal demokratischen, eine außergewöhnliche Rolle. Es ist kaum vorüber, als in Baden der bewaffnete Aufstand losbricht, freilich von Anfang an gebremst durch Mathys energisches Eingreifen, der auf dem Karlsruher Bahnhof Fickler, den wichtigsten Mann, verhaften läßt – es wird im Lebensbild Mathys davon die Rede sein. Und im Lebensbild Heckers

Struwe, Hecker, Schimmelpenning, die republikanischen Anführer im badischen Oberland, Juli 1848.

wird vom bewaffneten Zug durch den Schwarzwald und seinem kläglichen Ende bei Kandern erzählt werden. Gekämpft wurde danach noch um Freiburg, das in den Händen der Aufständischen war und von Bundestruppen belagert wurde, das der tapfere Sigel vergebens zu entsetzen suchte. Die letzte revolutionäre Kolonne unter Herwegh und Corvin wurde bei Niederdossenbach, unweit der Schweizer Grenze, zerschlagen; wer fliehen konnte, darunter Herwegh, floh über den Rhein. Das war am 27. April. Als dann am 1. Mai bayrische Truppen das unruhige Mannheim besetzt hatten, waren die Funken und züngelnden Flammen der bewaffneten Revolution in Baden ausgetreten. Abgesehen von der an Schillers »Räuber« gemahnenden Romantik des Heckerzuges ist nichts Rühmliches von ihr zu berichten. Von den geistigen Größen der Linken ist sie verachtet worden. »Wir widersetzten uns dieser Revolutionsspielerei aufs Entschiedenste« schreibt Engels.

Den Badenern kommt das Verdienst zu, an der Initialzündung zur deutschen Nationalversammlung sehr wesentlich beteiligt zu sein. Dementsprechend war ihr Einfluß auf der Heidelberger Versammlung stark, ging dann über Vorparlament und Fünfzigerausschuß bis in die Paulskirche langsam zurück, ist aber bedeutend geblieben. Ihre wichtigsten Vertreter sind Bassermann und Mathy, beide Unterstaatssekretäre im Reichsministerium. Es wird in beider Lebensbilder davon die Rede sein. Beide sind Exponenten des liberalen Bürgertums und werden entschiedene Anhänger eines preußischen Erbkaisertums. Welcker, im badischen Landtag noch der Republik zugeneigt, tritt in der Paulskirche ebenfalls als gemäßigter Liberaler und als Parteigänger des Erbkaisertums auf. Mittermaier war Präsident im Vorparlament, und seine Position in der Nationalversammlung entsprach, wie bisweilen boshaft vermerkt wurde, seinem Namen. Der beleibte Herr von Soiron, auch einer der prominenten Mannheimer, hatte sich gleichfalls vom Republikaner, als der er in Karlsruhe aufgetreten war, zum konstitutionellen Monarchisten gemausert; Soiron war Vizepräsident, ein jovialer Mann nicht ohne Geschick und Humor. So ist die Merkwürdigkeit zu verzeich-

Mößkirch d. 15t July 1848
Struve.
Hecker.
Schimelpening.
Führer der republ. Freyschaaren
im badischen Oberlande 1848.

nen, daß das Land, das 1848 und 1849 der Revolution am nächsten gekommen ist, durch eine Reihe gemäßigter, im Verlauf der Ereignisse der preußischen Führung zuneigender Abgeordneter vertreten ist.

Denn anders als im Vorparlament fällt die badische Linke nicht mehr sonderlich auf. Zu erwähnen wäre ein Senior, Adam von Itzstein; ferner der zwielichtige Lorenz von Brentano. Volkstümliche Gestalten aus dem Schwarzwald wie der Pfarrer Künzer und der in Westfalen gewählte Dr. Buss sind im Parlament wenig hervorgetreten; das gilt auch für den Fabrikanten Mez aus Freiburg, so bemerkenswert er als Persönlichkeit gewesen ist. – Es mag einer der Gründe für die wütende badische Erhebung von 1849 gewesen sein, daß die entschiedenen Demokraten aus Baden in der Paulskirche kaum vertreten gewesen sind.

Im Mai 1849 kam es in der Pfalz zu einem Aufstand, bei dem das Militär keinen Widerstand leistete und großenteils zu den Aufständischen überlief. Diese Pfälzer Unruhen haben keine ernsten Folgen gehabt, das Land wurde bald danach von preußischen Truppen fast kampflos besetzt. Aber die Ereignisse dort haben die Bewegung in Baden ausgelöst, die ganz andere Ausmaße annehmen sollte. Am 13. Mai wird ein Kongreß sämtlicher badischer Volksvereine nach Offenburg berufen; die treibende Kraft ist Amand Goegg, wiederum ein politischer Kopf aus Mannheim. Dieser Landeskongreß weitet sich aus zu einer riesigen Volksversammlung, zu der sich auch viel Bauernvolk unter roten Fahnen einfindet. Offenburg war der Funken im badischen Pulverfaß. Fast überall im Land schließen sich die Garnisonen der Volksbewegung an. Der »Landesausschuß« zieht mit Militär und klingendem Spiel in Karlsruhe ein. Der Großherzog flieht, unbequem auf einem Protzkasten thronend. Anstelle des gleichfalls flüchtigen Märzministers Bekk wird Lorenz Brentano mit der Leitung der Regierung betraut – es ist müßig, darüber zu grübeln, ob und inwieweit Geltungsbedürfnis, Opportunismus, Heimtücke oder Unfähigkeit seine Regierungstätigkeit bestimmt haben. Die junge badische Republik verfügt über 15000 Mann reguläres, einstweilen

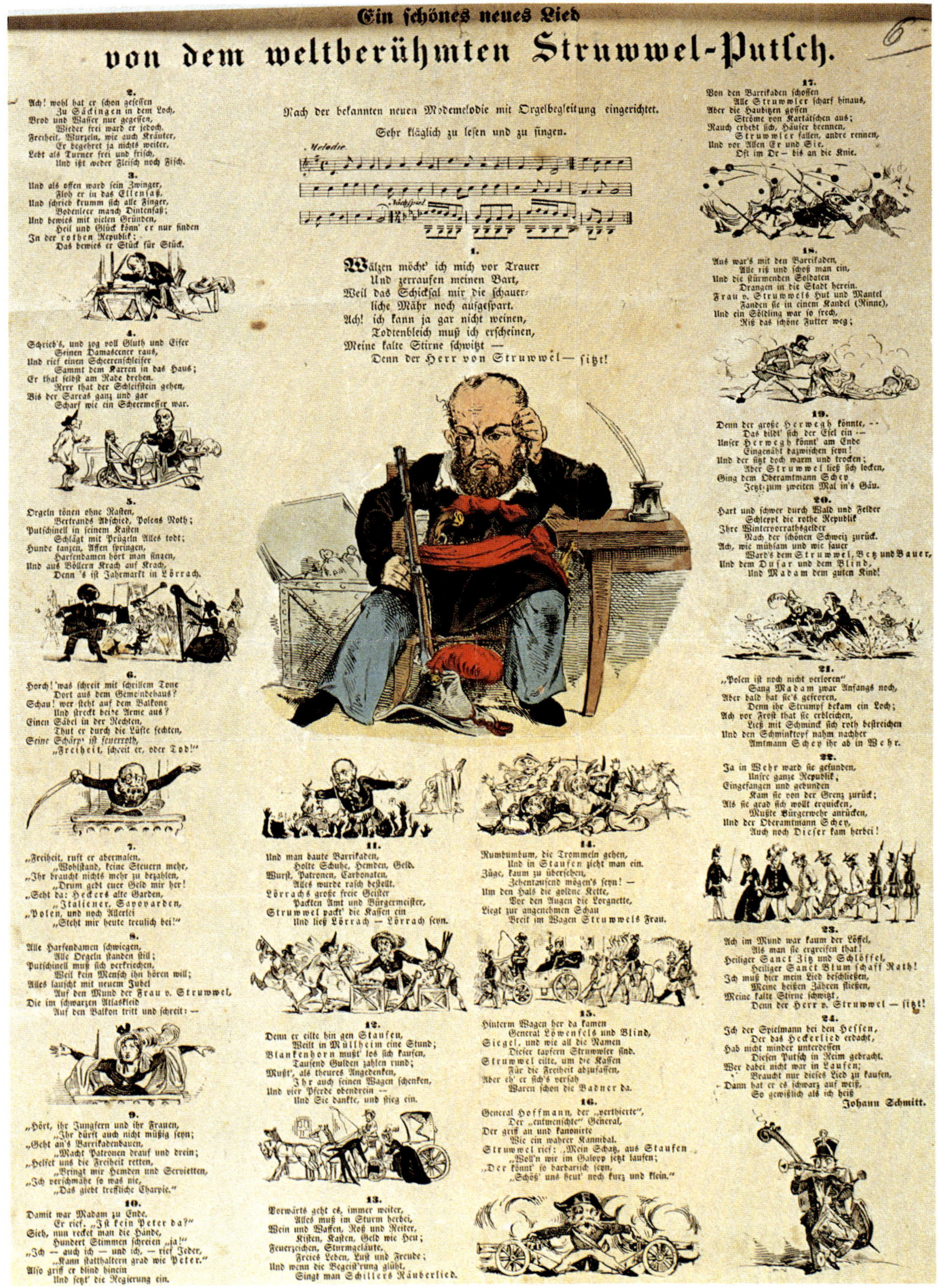

Ein schönes neues Lied

von dem weltberühmten Struwwel-Putsch.

Nach der bekannten neuen Modemelodie mit Orgelbegleitung eingerichtet.

Sehr kläglich zu lesen und zu singen.

Melodie.

Nachspiel.

1.

Wälzen möcht' ich mich vor Trauer
Und zerraufen meinen Bart,
Weil das Schicksal mir die schauer-
liche Mähr noch aufgespart.
Ach! ich kann ja gar nicht weinen,
Todtenbleich muß ich erscheinen,
Meine kalte Stirne schwitzt —
Denn der Herr von Struwwel— sitzt!

2.

Ach! wohl hat er schon gesessen
Zu Säckingen in dem Loch,
Brod und Wasser nur gegessen,
Wieder frei ward er jedoch.
Freiheit, Wurzeln, wie auch Kräuter,
Er begehret ja nichts weiter,
Lebt als Turner frei und frisch,
Und ißt weder Fleisch noch Fisch.

3.

Und als offen ward sein Zwinger,
Floh er in das Ellenfaß.
Und schrieb krumm sich alle Finger,
Bodenleer manch Dintenfaß;
Und bewies mit vielen Gründen,
Heil und Glück könn' er nur finden
In der rothen Republik;
Das bewies er Stück für Stück.

4.

Schrieb's, und zog voll Gluth und Eifer
Seinen Damascener raus,
Und rief einen Scheerenschleifer
Sammt dem Karren in das Haus;
Er that selbst am Rade drehen.
Rrrr that der Schleifstein gehen,
Bis der Sarras ganz und gar
Scharf wie ein Scheermesser war.

5.

Orgeln tönen ohne Rasten,
Bertrands Abschied, Polens Noth;
Putschinell in seinem Kasten
Schlägt mit Prügeln Alles todt;
Hunde tanzen, Affen springen,
Harfendamen hört man singen,
Und aus Böllern Krach auf Krach,
Denn 's ist Jahrmarkt in Lörrach.

6.

Horch! 'was schreit mit schrillem Tone
Dort aus dem Gemeindehaus?
Schau! wer steht auf dem Balkone
Und streckt beide Arme aus?
Einen Säbel in der Rechten,
Thut er durch die Lüfte fechten,
Seine Schärp' ist feuerroth,
„Freiheit, schreit er, oder Tod!"

7.

„Freiheit, ruft er abermalen,
„Wohlstand, keine Steuern mehr,
„Ihr braucht nichts mehr zu bezahlen,
„Drum gebt euer Geld mir her!
„Seht da: Heckers alte Garden,
„Italiener, Savoyarden,
„Polen, und noch Allerlei
„Steht mir heute treulich bei!"

8.

Alle Harfendamen schwiegen,
Alle Orgeln standen still;
Putschinell muß sich verkriechen,
Weil kein Mensch ihn hören will;
Alles lauscht mit neuem Jubel
Auf den Mund der Frau v. Struwwel,
Die im schwarzen Atlaskleid
Auf den Balkon tritt und schreit: —

9.

„Hört, ihr Jungfern und ihr Frauen,
„Ihr dürft auch nicht müßig seyn;
„Geht an's Barrikadenbauen,
„Macht Patronen drauf und drein;
„Helfet uns die Freiheit retten,
„Bringt mir Hemden und Servietten,
„Ich verschmähe so was nie,
„Das giebt treffliche Charpie."

10.

Damit war Madam zu Ende.
Er rief. „Ist kein Peter da?"
Sieh, nun recket man die Hände,
Hundert Stimmen schreien „ja!"
„Ich — auch ich — und ich, — rief Jeder,
„Kann statthaltern grad wie Peter."
Also griff er blind hinein
Und setzt' die Regierung ein.

11.

Und man baute Barrikaden,
Holte Schuhe, Hemden, Geld.
Wurst, Patronen, Carbonaten,
Alles wurde rasch bestellt.
Lörrachs große freie Geister
Packten Amt und Bürgermeister,
Struwwel packt' die Kassen ein
Und ließ Lörrach — Lörrach seyn.

12.

Denn er eilte hin gen Staufen,
Weilt in Müllheim eine Stund;
Blankenhorn mußt' los sich kaufen,
Tausend Gulden zahlen rund;
Mußt', als theures Angedenken,
Ihr auch seinen Wagen schenken,
Und vier Pferde obendrein —
Und Sie dankte, und stieg ein.

13.

Vorwärts geht es, immer weiter,
Alles muß im Sturm herbei,
Wein und Waffen, Roß und Reiter,
Kisten, Kasten, Geld wie Heu;
Feuerzeichen, Sturmgeläute,
Freies Leben, Lust und Freude;
Und wenn die Begeist'rung glüht,
Singt man Schillers Räuberlied.

14.

Rumbumbum, die Trommeln gehen,
Und in Staufen zieht man ein.
Züge, kaum zu übersehen,
Zehentausend mögen's seyn! —
Um den Hals die goldne Kette,
Vor den Augen die Lorgnette,
Liegt zur angenehmen Schau
Breit im Wagen Struwwels Frau.

15.

Hinterm Wagen her da kamen
General Löwenfels und Blind,
Siegel, und wie all die Namen
Dieser tapfern Struwwler sind.
Struwwel eilte, um die Kassen
Für die Freiheit abzufassen,
Aber eh' er sich's versah
Waren schon die Badner da.

16.

General Hoffmann, der „verthierte",
Der „entmenschte" General,
Der griff an und kanonirte
Wie ein wahrer Kannibal.
Struwwel rief: „Mein Schatz, aus Staufen
„Woll'n wir im Galopp jetzt laufen;
„Der könnt' so barbarisch seyn,
„Schöß' uns heut' noch kurz und klein."

17.

Von den Barrikaden schossen
Alle Struwwler scharf hinaus,
Aber die Haubitzen gossen
Ströme von Kartätschen aus;
Rauch erhebt sich, Häuser brennen,
Struwwler fallen, andre rennen,
Und vor Allen Er und Sie,
Oft im Dr— bis an die Knie.

18.

Aus war's mit den Barrikaden,
Alle riß und schoß man ein,
Und die stürmenden Soldaten
Drangen in die Stadt herein.
Frau v. Struwwels Hut und Mantel
Fanden sie in einem Kandel (Rinne),
Und ein Söldling war so frech,
Riß das schöne Futter weg;

19.

Denn der große Herwegh könnte, —
Das bildt' sich der Esel ein —
Unser Herwegh könnt' am Ende
Eingenäht dazwischen seyn!
Und der sitzt doch warm und trocken;
Aber Struwwel ließ sich locken,
Ging dem Oberamtmann Schey
Jetzt zum zweiten Mal in's Gäu.

20.

Hart und schwer durch Wald und Felder
Schleppt die rothe Republik
Ihre Wintervorrathsgelder
Nach der schönen Schweiz zurück.
Ach, wie mühsam und wie sauer
Ward's dem Struwwel, Betz und Bauer,
Und dem Dusar und dem Blind,
Und Madam dem guten Kind!

21.

„Polen ist noch nicht verloren"
Sang Madam zwar Anfangs noch,
Aber bald hat sie's gefroren,
Denn ihr Strumpf bekam ein Loch;
Ach vor Frost that sie erbleichen,
Ließ mit Schminck sich roth bestreichen
Und den Schminktopf nahm nachher
Amtmann Schey ihr ab in Wehr.

22.

Ja in Wehr ward sie gefunden,
Unsre ganze Republik,
Eingefangen und gebunden
Kam sie von der Grenz zurück;
Als sie grad sich wollt erquicken,
Mußte Bürgerwehr anrücken,
Und der Oberamtmann Schey,
Auch noch Dieser kam herbei!

23.

Ach im Mund war kaum der Löffel,
Als man sie ergreifen that!
Heiliger Sanct Itz und Schlöffel,
Heiliger Sanct Blum schaff Rath!
Ich muß hier mein Lied beschließen,
Meine heißen Zähren fließen,
Meine kalte Stirne schwitzt,
Denn der Herr v. Struwwel — sitzt!

24.

Ich der Spielmann bei den Hessen,
Der das Heckerlied erdacht,
Hab nicht minder unterdessen
Diesen Putsch in Reim gebracht.
Wer dabei nicht war in Laufen;
Braucht nur dieses Lied zu kaufen,
Dann hat er es schwarz auf weiß,
So gewißlich als ich heiß

Johann Schmitt.

Das Lied vom Struwwel-Putsch.

Sie rennen um ihr Leben – und die preußischen Ulanen hinter ihnen, furchterregend wie die Kosaken.

gänzlich außer Rand und Band geratenes Militär und etwa 15 000 Mann Freischaren – darunter ein Mannheimer Arbeiterbataillon, eine deutsch-polnische Legion und eine schlagkräftige Truppe, die zur Hilfe einmarschierten Hanauer Turner. Oberbefehlshaber ist zunächst Sigel. Diese Streitkräfte sollen auf Frankfurt marschieren, um der Volksvertretung einen militärischen Rückhalt zu geben . . . Aber der Versuch scheitert beim ersten Gefecht auf hessischem Boden.

Mit den Pfälzern war man sich in der Gesinnung einig. In Mainz, in Frankfurt besaß man die Sympathie des Volkes, aber keine tätige Hilfe. Versuche, in Württemberg handfeste Unterstützung zu erhalten, führten nur zu mäßigen Sympathiebeweisen. Ähnlich, schwankend, ist die Haltung des inzwischen in Stuttgart angekommenen Rumpfparlaments. Gleichzeitig formieren sich »Reichstruppen«, um die Ordnung wiederherzustellen. Mitte Juni zeichnet sich das folgende Lagebild ab: Preußische Truppen besetzen die Pfalz. Reichstruppen (Hessen, Württemberger, Mecklenburger, Preußen) unter dem Befehl des »Reichskriegsministers« von Peuckert rücken die Bergstraße entlang nach Süden, werden aber an der Neckarlinie zum Stehen gebracht. Weitere Reichstruppen sammeln sich im württembergischen Unterland, um in den Nordschwarzwald vorzustoßen. Die im Raum Karlsruhe–Bruchsal–Mannheim–Heidelberg operierende badische Armee ist also von drei Seiten bedroht.

Wir Urenkel, denen die Demokratie endlich etwas Selbstverständliches geworden ist, blicken mit Sympathie und Mitgefühl zurück auf jenen verzweifelten Versuch, in einem deutschen Land die Volksherrrschaft zu verwirklichen. Zum Mitleid besteht reichlich Anlaß. Die Sympathie darf uns aber nicht den Blick auf das Bild verschleiern, das Baden damals in Wirklichkeit geboten hat. Bei der zivilen wie bei der militärischen Führung herrschte eine hoffnungslose Konfusion. Da konnte es nicht ausbleiben, daß das Gesindel, die Schnapphähne sich vordrängten oder zum mindesten ungestört ihr Wesen trieben. Es kam, wie es Gottfried Keller, Erzrepublikaner und voller Sympathie für die deutsche Freiheitsbewegung, in einem

Im August 1849 kehrte der im Juni entwichene Großherzog in sein Karlsruhe zurück, unter dem Schutz der siegreichen preußischen Waffen. Es ist merkwürdig, daß die Großherzöge von Baden trotz jener kläglichen Flucht und kaum weniger kläglichen Wiederkehr bald danach zu den liberalsten und volkstümlichsten deutschen Fürsten zählten (weitere Szenen dieser feierlichen Rückkehr auf den vorhergehenden und folgenden Seiten).

Badische Freischärler, nicht nur im waffentüchtigen Alter, von preußischen Kürassieren abgeführt.

Brief aus Heidelberg am 10. März 1849 geschrieben hat: »Es gärt wieder ziemlich unter dem Volke hier zu Lande. Ich wünsche aber kaum, daß nächstens etwas losgeht, wenigstens möcht' ich nicht in Heidelberg sein während einer Revolution; denn ein roheres und schlechteres Proletariat habe ich noch nirgends gesehen als hier. Man ist nachts seines Lebens nicht sicher, wenn man allein über die Straße geht; die unverschämtesten Bettler fressen einen fast auf, und dabei brummen diese unglückseligen Geschöpfe fortwährend von Republik und Hecker. Die sogenannten Führer sind aber auch danach, nämlich die Redakteure der Winkel- und Lokalblätter. Borniertere und brutalere Kerle sind mir noch nicht vorgekommen, als die deutschen Republikaner zweiten und dritteren(!) Ranges; alle bösen Leidenschaften: Neid, Rachsucht, Blutgierde, Lügenhaftigkeit nähren und pflegen sie sorgfältig im niederen Volk.«

Die von der Zensur befreite Presse machte von ihrer Freiheit wahrlich nicht den besten Gebrauch. In den letzten Tagen der Regierung Bekk konnte man lesen: »Er (Bekk) hat bereits am Halse jenes Gefühl, das ein Strick erregt, der darum geschlungen und straff angezogen wird, während die Beine einen Schuh über dem Boden hängen. Herrn Dusch, dem Minister, wurden die Fenster eingeworfen; Schädeleinwurf hätte uns besser gefallen.« Der Schwarzwälder Dr. Buss, von der Paulskirchen-Linken, geißelt in einem Aufruf vom Juni die Kopf-, Rat- und Mutlosigkeit der Geflohenen und Abgesetzten ebenso wie die Gewissen-, Sitten- und Schamlosigkeit der Revolutionäre. Er attackiert das Bündnis der Liberalen mit dem Märzministerium, das heulende Bürgertum, und schilt doch die, die nun nach vorn drängen, »eidbrüchige Beamte, gewissenlose Advokaten, liederliche Schulmeister, ausgebrochene Sträflinge, fortgejagte Schreiber ...« Das konnte nicht gutgehen, und es ging nicht gut.

Dabei fochten die badischen Soldaten, trotz ihrer jämmerlichen Führung, nicht schlecht. Aus dem verlotterten Garnisonmilitär war alsbald eine ernstzunehmende Feldtruppe geworden. Im ersten Gefecht, das die über den Rhein gesetzten Preußen lieferten, kämpfte bei den Husaren Prinz

Das Badnerland im Märzfieber – Bürgermeister Huetlin von Konstanz vor einem aufgeregten Haufen.

Die Kapitulation von Rastatt.

Friedrich Karl, ein Bruder Wilhelms. Er beschreibt den Eindruck beim Anreiten auf ein Karree: »Es waren lauter kräftige, männliche Gestalten ... Die Gesichter waren düster und verbittert, aber nicht erschreckt, sondern auffallend ruhig und gelassen.« Tapfer waren sie, aber ohne Führung (der Pole Mieroslawski, der zuletzt kommandierte, war ein fähiger Offizier, konnte aber nicht einmal deutsch), ohne Hilfe, ohne Hoffnung. Am 20. Juni hatten die Preußen den Rhein überschritten. Die Neckarlinie war nicht mehr zu halten. Am 25. war ganz Baden nördlich der Murg besetzt. Am 30. wurde das Gros der badischen Armee in der Festung Rastatt eingeschlossen. Anfang Juli wurde das Oberland besetzt. Am 23. Juli mußte Rastatt kapitulieren.

»Die Preußen sind eingerückt, Gott weiß es, in diesem Moment ein Rettungsengel. Es ist soweit gekommen, daß ich fast vor Freude weinen mußte ... Der preußische Belagerungszustand, in dem wir jetzt leben, hat uns so übergroße Freiheit zurückgegeben, daß wir gar nicht wissen, wie uns dabei benehmen ...« So Henriette Feuerbach im Juli aus Freiburg. Das war die eine Seite, man darf sie nicht übersehen, dieses Zeugnis steht keineswegs vereinzelt. Die andere Seite: die Standgerichte, auch in Freiburg, vor allem in Rastatt. An den Maßstäben des 20. Jahrhunderts gemessen, mutet dieses Nachspiel geringfügig an, und war doch hart und blutig. Es war ein trauriger Sommer im Badnerland. Die Freiheit war verderbt worden und niedergeworfen und schien nun verloren auf lange Zeit.

Zur Auswahl der Lebensbilder

Die Zahl der Württemberger und der Badener in der Paulskirche ist beträchtlich; es sind, ohne die vorübergehend als Stellvertreter eingerückten, fast ein halbes Hundert. Es galt, für dieses Buch eine Auswahl zu treffen, um eine kleine Anzahl dieser Männer in kurzgefaßten Lebensbildern vorzustellen. Der Autor hat sich etwas gedacht bei seiner Auswahl – aber selbstverständlich hätte sie, mit ebenso guten Gründen, auch anders ausfallen können.

Unter den bedeutenden von Baden entsandten Mitgliedern der Nationalversammlung wurden Mittermaier und Adam von Itzstein nicht in diese Auswahl genommen, weil sie keine Badener (auch nicht Württemberger) sind. Dagegen schienen mir die großen Mannheimer Liberalen Bassermann und Mathy unverzichtbar, die beide in Baden benachbarten »ausländischen« Bezirken gewählt worden sind, Bassermann in Bayern, Mathy in Württemberg. »Der Hecker« mußte in diese Auswahl hinein, auch wenn er die Paulskirche nur während des Vorparlaments betreten und sein Mandat für die Nationalversammlung nicht ausgeübt hat; allein seine unglaubliche Volkstümlichkeit mußte ihm einen Platz in diesem Buch sichern; und wie viele Deutsche gibt es, die wie er die Freiheit geliebt haben wie eine schöne Frau? Dagegen war auf seine engsten politischen Freunde zu verzichten, auf den an Robespierre erinnernden Struwe, der gleichfalls nur im Vorparlament gewirkt hat, und vollends auf Lorenz Brentano (auch Robert Minder hat seine Gründe gehabt, wenn er ihn in seinem Essay über die Familie Brentano ausläßt). Der vierte Badener ist Karl Mez aus Freiburg, und ich lasse mir entgegenhalten, daß andere Badener, Welcker etwa oder Soiron, in Frankfurt eine größere Rolle gespielt hätten als er. Aber Mez, dieser große Fabrikherr mit einem hellen Blick und einem Herz für die soziale Not, ist eine so bemerkenswerte Persönlichkeit, daß er in diese Galerie gehört. Mit Robert Mohl ist dann wieder ein Mann von hoher politischer Effizienz vertreten, Württemberger von Herkunft, Geburt und Bildungsgang, in Baden gewählt und in badischen Diensten alt geworden; seine von interessantem Material strotzenden Le-

benserinnerungen haben dazu beigetragen, ihn zu berücksichtigen.
Im übrigen war bei den Württembergern die Auswahl besonders problematisch, und sie hätte anders ausfallen müssen, wenn die politische Bedeutung allein gewogen worden wäre. Ein Lebensbild Ludwig Uhlands ist selbstverständlich. Ebensowenig glaubte ich auf F. Th. Vischer verzichten zu sollen, denn wenn er politisch nicht viel bewirkt hat – wem in der Paulskirche war das wirklich beschieden? – so war er doch einer der geistvollsten Köpfe jener Versammlung. Mit Wilhelm Zimmermann wurde ein heller, warmherziger und populärer Vertreter der entschiedenen Linken ausgewählt. Und Constantin Waldburg-Zeil, »der rote Fürst«, ist eine so eigentümliche, auch politisch interessante Erscheinung, daß ich diesen hochgeborenen Sohn Oberschwabens einer Reihe von Altwürttembergern, darunter Friedrich Römer und Gustav Rümelin, vorgezogen habe, deren praktische Bedeutung höher gewesen ist. Auf Paul Pfizer allerdings war nur deshalb zu verzichten, weil er nur noch den Beginn der Nationalversammlung erlebt hat. Übrigens war bei der Auswahl auch der Gefahr vorzubeugen, daß die Gleichförmigkeit des altwürttembergischen Bildungswegs in verschiedenen Lebensbildern ermüdend wirkte. – Die Hereinnahme zollerischer Abgeordneter war nicht vorgesehen. Die Begegnung mit Sprißler und Blumenstetter hat aber ein Kapitel gerechtfertigt. Womit am Ende der Parität, die im heutigen Land Baden-Württemberg ein Element der Regierungsweisheit ist, in diesem Buch – eigentlich unbeabsichtigt – bis zur Perfektion Genüge getan ist.

Friedrich Daniel Bassermann

Am 24. Februar 1811 wurde Friedrich Daniel Bassermann in Mannheim geboren. Die Stadt am Rhein und am Neckar hatte damals ihre Rolle als Hauptstadt und Mittelpunkt der alten, zu beiden Seiten des Rheins ausgebreiteten Kurpfalz gerade ausgespielt. Kurpfalz war von der politischen Landkarte verschwunden; was links des Rheins lag, war einstweilen französisch, das rechte Ufer zum nagelneuen Großherzogtum Baden geschlagen, und Mannheim mußte sich damit begnügen, in diesem gerade erst und nicht eben mit Geschick gebauten Staat die erste Handelsstadt zu sein. Badische Hauptstadt und Residenz ist es nicht geworden, wenngleich mancher im Land es gern gesehen hätte, darunter kein Geringerer als Johann Peter Hebel. – In Friedrich Daniel Bassermann finden wir das Mannheimer Patriziat verkörpert. Der Vater war einer der großen Kaufleute, Bankier dazu, und bekleidete den Rang eines Oberstleutnants in der Bürgerwehrkavallerie; der Vater der Mutter regierte damals als Oberbürgermeister die Stadt.

Nach der Familientradition wird der Junge Kaufmann, kommt mit fünfzehn in die Lehre, wird mit sechzehn zu befreundeten Handelshäusern auf Reisen geschickt, nach Le Havre und Paris. Er kehrt heim und bezieht die Universität Heidelberg, nicht um eine akademische Laufbahn einzuschlagen, sondern um seinen Kaufmannsberuf, den Drogengroßhandel, wissenschaftlich zu unterbauen; Vorlesungen also in Botanik, Chemie, Physik. Darüber hinaus, und auch das ist ganz im Sinne seiner Familie, belegt er allgemeinbildende Fächer, vor allem Geschichte. Einer seiner Lehrer ist Schlosser (von dem, nebenbei gesagt, das Wort stammt, alle Macht sei an sich böse – Jacob Burckhardt hat Schlosser zitiert). Nach dem gut genutzten Gastspiel an der Hochschule wird er Handlungsgehilfe in einem Nürnberger Geschäftshaus. Dort erkrankt er so schwer, daß die Mutter herüber eilt, um ihn zu pflegen. Als das »Nervenfieber« auf dem Höhepunkt ist, läßt es sich der Prinzipal nicht verdrießen, die vier Stiegen bis zur Kammer des jungen Menschen hinaufzusteigen, um den halb Bewußtlosen mit den Worten aufzurütteln: »Sie können morgen vor Gottes Strafgericht stehen, gedenken Sie Ihrer Sünden!« – ein groteskes Beispiel dafür, wie sich ein biedermeierlicher Firmenchef auch für die Seele seines Handlungsgehilfen verantwortlich fühlte ...

Fritz Bassermann hat es überstanden. Im nahen Erlangen verkehrt er im Haus der Witwe eines aus Mannheim stammenden Geistlichen namens Karbach und verlobt sich mit der gleichaltrigen Tochter. Es folgen Reisen – man könnte von kaufmännischen Bildungsreisen sprechen – nach London und Triest, beides Zentren des für seine Branche wichtigen Levantehandels. Im Alter von zweiundzwanzig Jahren kauft er eine ansehnliche Drogenhandlung und verlegt sie in sein elterliches Haus. Im Jahr darauf führt er seine Braut heim. Acht Jahre lang ist er nicht viel mehr als ein geachteter Kaufmann; allerdings wird er 1837 Mitglied des Bürgerausschusses.

Der Dreißigjährige tut den entscheidenden Schritt in die Politik. Sein Geschäft verkauft er an seinen jüngeren Bruder. Mit Karl Mathy gründet er einen bedeutenden, vielseitigen Verlag; einer seiner bekanntesten Autoren wird Berthold Auerbach. Vor allem: Bald nach der Erreichung des Mindestalters wird Bassermann in den badischen Landtag, in die zweite Kammer gewählt. Der badische Parlamentarismus genoß in ganz Deutschland einen guten Ruf. Sowohl in der ersten wie in der zweiten Kammer wurden in der Ära Metternich nicht nur Reden von hohem Niveau gehalten, sondern auch nützliche, voranführende Beschlüsse gefaßt. Bassermann war schon Mitglied der zweiten Kammer, als das 25. Jubiläum der Verfassung im ganzen Land begeistert gefeiert wurde, am stürmischsten in Mannheim, wo drei Säle kaum ausreichten für die freudig erregten Bürger. Hier nahm übrigens auch ein Ostpreuße das Wort: »Der glücklichste Zufall meines Lebens hat mich von Königsberg her zu einem Fest geführt, das nicht bloß ein badisches, sondern im bedeutungsvollsten Sinn des Wortes ein deutsches ist ... Auch in Königsberg, außerhalb der Grenzen des Deutschen Bundes, fühlen wir uns nahe und innig verwandt.«

Bassermanns Wirken in der zweiten Kammer war bestimmt durch fortschrittliches Denken und das Streben nach einem geeinten deutschen Vaterland.

Friedrich Daniel Bassermann

Da bekam er denn wohl von der Regierungsbank zu hören: »Der Herr Redner scheint mir von dem Gegenstand der Diskussion völlig abzuschweifen, wenn er von einem deutschen Parlament spricht. Wir haben hier nicht Deutschland zu organisieren, sondern nur für die badischen Interessen zu sorgen.« Das hat Bassermann nicht gehindert, auch im Landtag immer wieder auf die Notwendigkeit hinzuweisen, daß zunächst neben den von den Regierungen beschickten Bundestag eine deutsche Volksvertretung gehöre. – Bassermanns Fortschrittswillen ist von einem sicheren Gefühl für die Würde des Menschen getragen. Er gehört zu den noch nicht zahlreichen Politikern, die für die Übertragung gleicher Pflichten und gleicher Rechte an die Juden eintreten. Als er damit im Karlsruher Parlament einen Rückschlag erlebt, empfängt er eine Dankadresse der israelitischen Bürger seiner Vaterstadt. Es heißt darin: »Gestatten Sie daher, hochverehrter Herr Bassermann, daß wir Ihnen neben unserem Danke auch unsere Verehrung und Bewunderung zollen dafür, daß Sie nicht nur mit ungeschminkter Wahrheitsliebe und gänzlich vorurteilsfreier Liberalität unser gutes Recht – das wir stets nur als solches, nie aber als ein Verdienst ansehen, noch je ansehen werden – mutig verteidigten, sondern auch mit unerschütterlicher Standhaftigkeit die vorgefaßte Meinung mancher Ihrer ehrenwerten Kollegen und Freunde mit strenger Logik, mit unumstößlichen Beweisen und mit richtiger Beurteilung unserer Zustände bekämpften.«

In der »Deutschen Zeitung«, die seit 1847 sein wichtigstes Verlagserzeugnis wurde, hat Bassermann mit Mathy und Gervinus ein hervorragendes Organ für seine politischen Ziele geschaffen. Aus seinen Kammerreden sei der Satz festgehalten »Die Regierung ist um des Volkes willen da, nicht das Volk um der Regierung willen«; von Ministerseite wurde das als verletzend und unschicklich bezeichnet . . . Aber in Haushaltsdebatten mußte die Regierung die nüchterne Sachkunde des erfahrenen Kaufmanns anerkennen. – Im Herbst 1847 kamen in Heppenheim liberal gesinnte oder doch liberal gestimmte Männer aus deutschen Ländern zusammen, darunter Römer aus Württemberg und aus Baden Itzstein, Soiron, Mathy und Bassermann, um über die nächsten Schritte zur deutschen Einheit zu beraten. Aus dem Geist dieses politischen Freundeskreises entsprang im Februar 1848 Bassermanns damals berühmt gewordener Antrag, der mit den Worten beginnt: »Gut steht es nur dann um Deutschland, wenn die Vertreter der einzelnen Länder ein Herz haben für das gemeinsame Vaterland«; er klagt, das Streben nach deutscher Einheit werde bald als unpraktisch verspottet, bald als Staatsverbrechen gebrandmarkt, und er richtet einen Appell an die deutschen Fürsten, das Vertrauen des Volks in seine Regierungen wiederherzustellen. Es bleibe nicht viel Zeit. »An der Seine und an der Donau neigen sich die Tage, und nur das Gute und das Rechte sind die unsichtbaren Träger aller Herrschaft.« Zwei Wochen später brach in Paris die Februarrevolution aus, die Louis Philippe davonfegte. Auf Bassermann fiel ein Prophetenglanz, obwohl er nichts getan hatte, als das, was Tausenden im Herzen und auf der Zunge brannte, im Parlament förmlich vorzutragen. Aber es war das rechte Wort zur rechten Stunde, und die Wirkung auf ganz Deutschland war zum Staunen. Es wurde geschildert, welche Wirkungen die französische Februarrevolution rechts des Rheins, und zuerst im benachbarten Baden ausgeübt hat. Das rasche Einschwenken der Regierung Bekk auf eine Linie gemäßigter Liberalität, konstitutioneller Monarchie und Bereitschaft zur Mitwirkung an einer deutschen Einigung hat Bassermann in seiner vornehmen, maßvollen Haltung aus einem scharfen Opponenten zu einem fairen Partner der Regierung gemacht – und das wurde ihm weithin übelgenommen. Im Handumdrehen galt er als reaktionär. »Bassermann ist ganz gesunken; er soll sich ganz ministeriell zeigen. Der Brief, den er überall hinschrieb, worin er alle Begehren des Volkes als schon gewährt schilderte, wird ihm sehr übel genommen.« So schrieb eine Dame aus einer Kaufmannsfamilie. Bassermann: »Können wir in unserem kleinen Baden ein Musterbild aufstellen, wie mit der Freiheit, die heute anbricht, Ordnung und Gesetz gepaart sind, so werden wir für die Freiheit für alle Zukunft mehr ernten, als auf jede andere Weise.«

Anfang März trifft sich der liberale Kreis von der Deutschen Zeitung in Heidelberg und gibt den Anstoß dazu, daß die Bundesbehörden ein Vorparlament nach Frankfurt laden lassen, das eine konstituierende Nationalversammlung vorbereiten soll. Acht Tage später ernennt der Großherzog Welcker zum Gesandten am Bundestag und Bassermann zum Beauftragten für die Ausarbeitung einer neuen Bundesverfassung. Bassermann macht sich mit Überzeugung und Begeisterung an die große Aufgabe. »Dein glücklicher Fritz« unterschreibt er einen Brief aus Frankfurt an seine Frau. Indessen erlebt er, daß im Badischen sich die Freiheit durchaus nicht mit Gesetz und Ordnung paart; im März kommt es zu schweren Unruhen auf dem Land, besonders im Odenwald, im April nimmt Hecker – Bassermann als Mannheimer gut bekannt – seinen bewaffneten Zug durch den Schwarzwald. Nachrichten von schweren Unruhen kommen auch aus Berlin und Wien.
Als Bassermann im April aus dem Vorparlament zurückgekehrt war, hat er bezüglich der praktischen Arbeit eine Bilanz gezogen, die »ziemlich traurig und wenig ergiebig« aussah. Dennoch weht durch seinen Bericht vor der zweiten badischen Kammer ein Hauch warmen Gefühls: »Was wir jahrelang so sehnlichst gewünscht haben, den Traum unsrer Jugend verwirklicht zu sehen, es stellt sich uns schon lebendig vor. Ich kann das Gefühl nicht beschreiben, das mich belebte, als ich gemeinschaftlich mit Brandenburgern, Ostpreußen, Sachsen, Österreichern, Rheinpreußen, kurz mit allen Ständen Deutschlands in einem Saale saß. Der Tag, da wir in die Paulskirche zogen Arm in Arm, er wird mir unvergeßlich sein. Was war aber das Interessante an dieser Versammlung? Nicht die Beschlüsse, sondern zu hören, welche Gesinnungen in allen Teilen Deutschlands das Volk belebten . . .« Und auch in diesem Bericht ist sein Tenor: kein Umsturz, sondern der große Neubau des Vaterlandes. Mit den Radikalen, den Struwe und Hecker, war er gänzlich zerfallen.
Als die Wahlen zur Nationalversammlung heranrücken, ist die Volksstimmung in Baden den gemäßigten Liberalen nicht mehr sonderlich geneigt. Immerhin wird Bassermann in Karlsruhe ein Man-

dat angeboten, von dem er keinen Gebrauch machen kann, da er in Württemberg, im Wahlbezirk Mergentheim, aufgestellt ist. Dort unterliegt er aber gegen Robert Mohl. Im bayrischen Wahlbezirk Stadtprozelten hatte der Gewählte aus Gesundheitsrücksichten verzichtet. Da erscheint in der Würzburger Zeitung ein Aufruf: Friedrich Bassermann, Abgeordneter in Baden, der Mann, dem Deutschland so viel zu verdanken hat, ist noch nicht zum Parlament gewählt. Wahlmänner Prozeltens, ergreift die Gelegenheit! Er wird fast einstimmig gewählt, ohne auch nur einen der Wahlmänner gesehen zu haben. Übrigens war er auch in einem oldenburgischen Wahlkreis gewählt worden, ohne überhaupt von seiner Aufstellung zu wissen.

Die Nationalversammlung war am 18. Mai in der Paulskirche zusammengetreten. Bassermann wurde in den engeren Ausschuß gewählt, der den Entwurf der Bundesverfassung erstellen sollte. In seinen Erinnerungen schreibt er im Rückblick auf den Beginn seines Wirkens in Frankfurt, das ihn mit Männern wie Dahlmann, Gervinus, Uhland zusammengeführt hat: »Es gibt einen Stolz, der aus Demut, eine Eitelkeit, die aus Bescheidenheit entspringt. Wer sich von früh an etwas Großes weiß oder dünkt, der nimmt neue Ehre nur als etwas ihm Gebührendes auf: wer aber wie ich in seiner Jugend auf ganz anderen Gebieten tätig war und nicht geahnt hat, daß sein Schicksal ihn solche Wege führen könnte, der hat wenigstens eine Entschuldigung, wenn er sich über das Besteigen einer solchen Stufe freut, was ihn in seinem Innern um so mehr erheben muß, je anspruchsloser er sich wußte.« Er ist einer der besten Redner in der Paulskirche gewesen, trotz einer schwachen Stimme; Beifall und Protest gelassen abwartend, schnell und klar denkend, scharf und anschaulich formulierend.

Bassermann befand sich in der Nationalversammlung von Anfang an in einer Abwehrhaltung gegen die demokratische Linke. Sein tiefes Bedürfnis nach Ordnung, das er mit so vielen fein angelegten, verletzlichen Naturen teilt, hat ihn näher an die konservativen Gruppierungen in der Paulskirche herangeführt, als man nach seiner in Landtagskämpfen bewährten Liberalität vermuten konnte. Nur diejenigen unter seinen alten Mitstreitern, die ihn sehr gut kannten, haben ihm das nicht übelgenommen. Er, der die Pressefreiheit mit erkämpft und von Herzen begrüßt hatte, riet jetzt angesichts revolutionärer Aufrufe zu neuer Beaufsichtigung der Zeitungen. – Unter den zwei bestimmenden und bewahrenden Mächten, Österreich und Preußen, hat er frühzeitig für Preußen votiert, und man darf vermuten, daß er das nicht aus Sentiment getan hat – für einen Badener aus kurpfälzischer Tradition waren Wien und Berlin gleich nah und gleich fern – sondern aus politischer Vernunft. Es ist für seine Rolle als Politiker bezeichnend, daß seine beiden wichtigsten Missionen ihn nach Berlin geführt haben. – Die Wahl und die Ankuft des »Reichsverwesers«, des bürgerlich verheirateten Erzherzogs Johann, hatte die Spannungen zwischen radikal-demokratischen, liberalen und konservativen Gruppen momentan etwas gelockert. Das Volk hatte aus frohem Herzen gejubelt, und das Auftreten des alten Herrn war würdig und volkstümlich, den Erwartungen entsprechend. Bassermann, im Empfangstrubel: »Auch hier konnte ich wieder an mir wahrnehmen, daß die Nähe und der Anblick höherer Personen keinen Eindruck auf mich macht.« In des Reichsverwesers Kabinett wird Bassermann einer von zwei Staatssekretären im Ministerium des Innern. Er hat klug und verantwortungsbewußt seine Pflicht getan, aber ohne rechte Freude; er hat sehr bald erkannt, daß die Macht dieser Reichsregierung auf dem Papier stand, daß ihre Beschlüsse niemals gegen den Willen der deutschen Großmächte durchzusetzen waren.

Als im September die in ganz Deutschland bald hier, bald dort aufflackernden Unruhen Frankfurt am Main erfaßt hatten und Auerswald und Fürst Lichnowski (dieser geistvolle, spöttische Enkel des ancien régime) erbärmlich erschlagen wurden, befand sich Bassermann bei den Seinen in Mannheim. »Was brauchen wir erst nach Frankfurt ziehen, wir haben so einen hier, ich hab den Bassermann gesehen« – so war auf der Straße zu hören. In der Nacht wird sein Haus von einer Rotte angegriffen, die er und sein Diener mit

Jagdgewehren verjagen. Briefe aus jenen Tagen bezeugen den Mut und die Gelassenheit des in seiner Gesundheit schon erschütterten Mannes. Politiker der Linken haben in den folgenden Wochen die Morde an Lichnowsky und Auerswald mehr oder weniger gerechtfertigt. Als dies auch in der Paulskirche zum Ausdruck kam, hat Bassermann aus dem Stegreif eine seiner letzten großen Reden gehalten . . . »Jetzt soll die Tyrannei nicht mehr Tyrannei sein, weil sie von der anderen Seite kommt?«

Im weiteren Verlauf dieses unruhigen Herbstes wird Bassermann von seinem Ministerium nach Berlin geschickt, um dort eine Kardinalfrage des »Reichskabinetts« zu behandeln, das Verhältnis der Frankfurter Zentralinstitution zur preußischen Regierungsgewalt. Er findet Berlin unruhig erregt. »Spät kam ich an, durchwanderte aber noch die Straßen und muß gestehen, daß die Bevölkerung, die ich auf denselben, namentlich in der Nähe des Sitzungslokals der Stände erblickte, mich erschreckte. Ich sah hier Gestalten die Straße bevölkern, die ich nicht schildern will.« Vom letzten Satz aus seinem Brief an die Nationalversammlung kommt das geflügelte Wort von den »Bassermannschen Gestalten«.

Sein Argument bei der Verhandlung in Berlin ist die Interessengleichheit von Zentralgewalt und preußischer Regierung, und sein Ansinnen richtet sich auf eine wirksame Unterstützung der Reichsversammlung durch Preußen. Am 11. November, einem trüben Tag vor trübem Hintergrund, fährt er mit der Bahn nach Potsdam und wird in Sanssouci vom König empfangen (– wie sehr der von den Radikalen als Reaktionär Verschriene in seinem Herzen Republikaner ist, zeigt der Vermerk in seinen Erinnerungen, die Anrede »Majestät« sei ihm leichter gefallen als erwartet – eine Hemmung, die unsern Republikanern in Bonn fremd ist). Friedrich Wilhelm war auf ein kurzes Gespräch im Stehen vorbereitet, als sich aber Bassermann von vornherein Zeit für seine Darlegungen erbittet, begibt er sich schweigend in einen Raum, wo man sitzen kann. Bassermann spricht aufs ernsthafteste zur Sache, höflich, aber ohne Rücksicht auf das Selbstverständnis des Königs, betont die verbreitete republikanische Gesinnung, die überhandnehmen werde, wenn sich die Fürsten der Einigung widersetzten. Er schließt seinen Vortrag mit sehr weitgehenden Forderungen: gesetzliche Verkündigung der Reichsgesetze durch Preußen ohne Klausel, die Erklärung, daß Preußen die deutsche Verfassung, wie sie aus der Paulskirche hervorgehen wird, annehmen werde ... »Der König sagte mir nach sehr aufmerksamen Zuhören, daß so noch niemand zu ihm gesprochen habe, daß er mir zu antworten deshalb gar nicht vorbereitet sei, ging aber dennoch auf eine Erwiderung ein, welche des Geistvollen viel enthielt, aber den Beweis lieferte, daß er die Dinge weitaus nicht so ansieht wie wir.« So berichtet Bassermann am Abend jenes Tages an seinen Minister.

Der Eindruck, den Friedrich Wilhelm auf Bassermann gemacht hat: »durchaus nicht imponierend«, aber nichts »Komödienhaftes oder sonst Unedles«. Der Reichskommissär Bassermann wird noch einmal nach Potsdam, diesmal zur Tafel, geladen. Inzwischen ist über Berlin der Belagerungszustand verhängt, und in Potsdam ist der Hof im schwer bewachten Stadtschloß versammelt, da sich der König in Sanssouci, Prinz Wilhelm (der nachmalige König und Kaiser) in Babelsberg nicht mehr sicher fühlen. Man speist zeremoniell, der alte Alexander von Humboldt ist anwesend. Die Prinzessin von Preußen – die spätere Kaiserin Augusta – bekundet Bassermann in einer Extra-Audienz ein verblüffendes Vertrauen ... Er ist kein eitler Mann. Was er von Berlin mitnimmt, ist die erschütternde Einsicht, daß Vernunft und hochgespannter Wille in der Verworrenheit der deutschen Dinge kaum noch etwas auszurichten vermögen.

Bassermann hat in den preußischen Hof- und Regierungskreisen ein hohes Ansehen gewonnen. Die drastische Schwenkung der siegreichen österreichischen Reaktion, weg von Deutschland, hat seiner frühzeitigen Option für Preußen recht gegeben. Um so schwerer mußte ihn Friedrich Wilhelms Ablehnung der Kaiserkrone treffen; die Teilnahme an der Deputation war ihm erspart geblieben. Dafür wurde er im Mai 1849 noch einmal mit einer wichtigen Mission nach Berlin betraut. Er setzt nun ganz auf die preußische Karte. Wie ihm aber bei seiner zweiten Berliner Reise zumute gewesen ist, zeigt der Eintrag in sein Notizbuch: »Wissend sehend unverwandt müssen wir zugrunde gehen.« – Er kehrt zurück, der Paulskirche entfremdet. Am 26. Mai schreibt er an den preußischen Politiker von Beckerath: »Sie in Preußen sind glücklich. Sie sind dort etwas, auch wenn aus dem Ganzen nichts wird, aber wir arme Süddeutsche?«

Im Frühsommer 1849 schlagen preußische Truppen die badische Revolution nieder. Bassermann, wiewohl Ungezählte über den preußischen Sieg und die wiederhergestellte Ordnung im stillen froh waren, mußte sich im Heimatland isoliert fühlen. Mathy erwies sich als ein treuer Freund. Ein Nervenleiden, das sich auf die Augen schlägt, verdüstert die letzten Jahre. Er lebt mehr und mehr an Kurorten, in Sanatorien. Mathy reist mit ihm nach Südfrankreich, aber die südliche Sonne hat keine Macht gegen Schmerzen und Schwermut. Im Jahr 1854 tritt Bassermann aus der Verlagshandlung aus; Mathy übernimmt 8000 Gulden Schulden. Am 29. Juli 1855, nach der goldenen Hochzeit seiner Eltern, setzt Bassermann mit einem Pistolenschuß seinem Leben ein Ende.

»Der erste Kaufmann, der in einem deutschen Parlamente zu Ansehen gelangte ... in jungen Jahren schon unabhängig durch geschäftliche Erfolge, trat er gegen das alte System auf mit einer energischen Einfachheit, einer soliden Verständigkeit, einem guten Willen zum aufbauenden Schaffen, die überraschten; so mußte er bald ein führender Vertreter moderner deutscher Bürgerlichkeit gelten.« So Valentin in seiner Geschichte der deutschen Revolution. Und Heinz Gollwitzer, zu seinem 100. Todestag: »Das Schicksal Bassermanns und seiner edlen politischen Leidenschaft, die Tatsache, daß er über die Politik am gebrochenen Herzen gestorben ist, läßt sich nicht symbolisch auf das deutsche Bürgertum als Ganzes anwenden. Die bürgerliche Bewegung des ›tollen Jahres‹ hat nicht durchweg das geistige und menschliche Niveau Bassermanns erreicht ...«

War Friedrich Bassermann ein spätes, edles Reis

an einem alten bürgerlichen Familienstamm, ein Senator Buddenbrook? »Im Lichten und Wohlgefügten war Bassermanns Element, in einer reinlichen und klaren Atmosphäre fühlte er sich zu Hause« (Gollwitzer). Ein Bourgeois? Wenn man ihn so nennen will, dann war er einer von der edelsten Art. Von Dekadenz kann keine Rede sein. Seine fünf Kinder sind helle, kräftige Menschen gewesen und haben blühende Familien begründet. Zweien seiner Söhne verdanken der Weinbau in Deidesheim und die Spargelkultur in Schwetzingen ihren Ruf. In den verschiedensten Bereichen hat der Name einen guten Klang, auch im Theaterwesen, auch in der Politik. – In der Paulskirche, auf deren Bänken das deutsche Bürgertum in solcher Vielfältigkeit repräsentiert war, ist Friedrich Daniel Bassermann eine der würdigsten Erscheinungen gewesen und dazu, trotz seinem Scheitern, das ein Teil des allgemeinen Schicksals war, einer der fähigsten Politiker.

Karl Mathy

Friedrich Bassermann und Karl Mathy sind Freunde gewesen; einig in ihren Grundanschauungen, meistens auch in ihrem politischen Streben; trotz verwandter Charakterzüge sehr verschiedene Menschen. Es ist reizvoll, nach der Betrachtung von Bassermanns Leben und Wirken eine Skizze von Mathy zu entwerfen.

Karl Mathy ist am 17. März 1807 in Mannheim auf die Welt gekommen. Er entstammt aber nicht dem Bürgertum dieser Stadt. Sein Vater war aus Boppard, also vom Mittelrhein, als Jesuitenzögling nach Heidelberg an die Universität gekommen. Im Jahr des Bastillesturms, 1789, hatte er eine katholische Pfarrstelle in Mannheim erhalten. Von den Jesuiten gebildet, bei den aus Frankreich gekommenen »Lazaristen«, die die Rolle der inzwischen verbotenen Gesellschaft Jesu übernommen hatten, als Lehrer tätig, zuletzt in seinem Pfarramt, hatte der Vater einen für die Zeit typischen Weg aus den alten Vorstellungen und Ordnungen in die Aufklärung beschritten, aber auf eine sehr ernsthafte, bedächtige Art. Um die Jahrhundertwende legt er das Priestergewand ab, eröffnet eine Privatschule, erhält später eine Professur am Lyceum. Er heiratet, 51 Jahre alt, eine junge, tüchtige Frau, die bewundernd ihrem Professor anhängt und ihm sieben Kinder beschert. Karl ist das älteste Kind.

Er ist in einem Haus aufgewachsen, in dem die geistigen Ansprüche hoch gespannt und die materiellen bescheiden waren. »Je weniger Bedürfnisse, desto freier der Mann« war ein Grundsatz seines Vaters. Karl war ein ausgezeichneter Schüler, aber bei seinen Lehrern wegen seiner kritischen Freimütigkeit nicht eben beliebt. Er bezieht mit siebzehn die Universität Heidelberg, studiert gründlich Staatswissenschaften (Kameralia, wie es damals hieß), wird Burschenschafter, ficht und duelliert sich mit Elan, ohne sich doch allzu weit in die Burschenherrlichkeit treiben zu lassen. Nach dem Vater dürfte die Burschenschaft mit ihrem freiheitlichen und vaterländischen Streben seine Vorstellungen von Gesellschaft und Staat geprägt haben. Trotz einem glänzenden Examen zögert Mathy, in den Staatsdienst zu gehen. Er verschwindet eines Tages und taucht in Paris auf, von wo aus er sich ernsthaft bemüht, am Freiheitskampf der Griechen mit der Waffe teilzunehmen; er gibt den Plan auf, als er merkt, daß der griechisch-türkische Konflikt inzwischen eine Sache der europäischen Kabinette geworden war.

Etwas ernüchtert heimgekehrt, entschließt er sich nun für den Staatsdienst, praktiziert, wie üblich zunächst ohne Gehalt, in seiner Vaterstadt, und erhält dann eine besoldete Stelle in Karlsruhe, erst beim »Centralbureau für directe Steuern«, später bei der Steuerdirektion. Man merkt sehr bald, daß man in ihm nicht nur einen hervorragenden jungen Praktiker in Statistik und Steuerrecht hat, sondern auch einen hellen Kopf, der sich etwas Neues einfallen läßt und schreiben kann. Seine »Vorschläge für die Einführung einer Vermögenssteuer in Baden« erregen in der hohen Bureaukratie Aufsehen. – Nur, leider, schreibt der junge Beamte auch Politisches, äußert Gedanken, die er schicklicherweise für sich behalten sollte – in Cottas hochangesehener Allgemeinen Zeitung. Alsbald gibt er ein eigenes Blatt heraus mit dem bemerkenswerten Titel »Der Zeitgeist« (da er zu jung ist, um als Herausgeber zu fungieren, muß der Ausläufer des Blatts dafür herhalten!). Aber wenn ein Beamter schon schreibt, dann soll er das wenigstens im Sinne seiner Regierung tun. Der kluge Bökk, damals Finanzminister, bestellt den jungen Mann zu sich und redet ihm väterlich zu. »Wenn Sie sich entschließen können, Ihre ganze Kraft der Regierung zur Disposition zu stellen, sollen Sie eine Karriere machen, wie noch nie jemand in Baden.« Darauf Mathy: »Das heißt ja wohl, ich soll für die Regierung schreiben?« Bökk: »Allerdings.« Mathy: »Nun, Exzellenz, mit Ihnen wollte ich's wagen, wir beide würden miteinander fertig, aber Ihre Herren Collegen –«. Vor die Wahl gestellt: Karriere oder Freiheit – wählt Mathy die Freiheit. Er wird entlassen, bleibt noch Kameralpraktikant, etwa dem Referendar entsprechend, was Nebenbeschäftigungen bei den Finanzbehörden ermöglicht; einstweilen. Aber auch das nimmt ein Ende. Seine mutige Hilfe für verfolgte und flüchtige Demokraten stempelt ihn selber in den Augen der Regierung zum Staatsfeind. Unmittelbar vor seiner Hochzeit wird er für

C. Kolb.

einige Tage verhaftet. Im Jahr 1835 faßt er den bitteren Entschluß, auszuwandern. Über Straßburg wendet er sich in die Schweiz.

Die Schweiz war damals von politischen Flüchtlingen jeder Sorte, besonders aus Deutschland und Italien, überschwemmt. Mit offenen Armen wurde da keiner aufgenommen. Grobheiten, Mißtrauen, Denunziation waren das harte tägliche Brot. Wenn's erträglich war, so deshalb, weil die amtierenden Männer Freiheit genug hatten, nach Laune oder auch nach Einsicht Toleranz zu üben, weil es kaum eigentliche fremdenfeindliche Gesetze gab und weil zudem die Art, Fremde zu dulden, zu schikanieren, auszuweisen von Kanton zu Kanton, sehr verschieden war. Mathys Haltung verdient Respekt. Hilfreich gegen Emigranten, denen es schlechter ging als ihm selbst, aber keinerlei konspirative Tätigkeit; Bemühen, sich in die Schweizer Verhältnisse einzuarbeiten (er schreibt u.a. eine Geschichte der Berner Finanzen); die Herren in den Kantonen und Gemeinden lernen ihn als einen ehrlichen, höflichen und unerschrockenen Mann kennen. So erreicht ihn denn nach einem sehr kummervollen Jahr der Ruf der Gemeinde Grenchen, Kanton Solothurn, als Lehrer an die neu eröffnete Sekundarschule; es gab kein Gesetz, das einem Ausländer das verwehrt hätte. Noch während der Lehrerprüfung fahndet die Polizei nach ihm; doch läßt sich der Schulrat nicht einschüchtern. Die drei Jahre in dem schön im Schweizer Jura gelegenen Grenchen sind für den Mann und seine Familie vielleicht die besten gewesen. Rasch erwirbt sich Mathy das Vertrauen, die Zuneigung seiner Schüler; nicht ganz so glatt, aber doch erstaunlich bald auch den Respekt und das Vertrauen der Gemeinde, vollends, als er mit seinen Buben die eingeschlummerte Theatertradition des katholischen Dorfs wieder zum Leben erweckt. Bei der Schulaufsicht in Solothurn weiß man, was man an dem vortrefflichen Mann gewonnen hat, der dem unter der Aristokratenherrschaft verödeten Schulwesen lebendigen Geist und neue Ideen zu geben vermag. Grenchen ist die zweite Heimat des Vertriebenen geworden, nichts steht mehr einer Einbürgerung im Wege . . .

Immer häufiger kommt Besuch aus dem Badischen herauf, Verwandte, Bekannte, alte liberale Mitstreiter. Als ihm die Redaktorstelle einer in Karlsruhe geplanten Zeitung angeboten wird, sagt er ja. Es gibt einen tränenreichen Abschied von dem liebgewordenen Schweizerdorf und ein herzhaftes Dankschreiben vom Kanton – »Umso dankenswerter war Ihr Eifer, als Sie, zu einer größeren Laufbahn befähigt, einen Ehrenpunkt darein setzten, sich ungeteilt auch einem kleineren Wirkungskreise hinzugeben.« Bald nach der Rückkehr und der Aufnahme seiner Tätigkeit bei der neuen Zeitung stellt ihn das Schicksal auf die härteste Probe. Die Ruhr nimmt ihm zwei Kinder und beinahe auch die Frau. »Ich muß am Tag Zeitung schreiben, nachts wache ich.« Die Grenchener Idylle erscheint ihm wie ein verlorenes Paradies.

Mathys journalistische Tätigkeit findet ein neues Feld. Die »Landtagszeitung« unterrichtet die Bürger Badens in einer nie erlebten Weise über die parlamentarische Arbeit in Karlsruhe. Oft genug hätten die Redner Ursache, sich über die knappe, klare Zusammenfassung ihrer langen Reden beim Berichterstatter zu bedanken. Dieses Blatt – die denkbar beste Einübung in die parlamentarische Tätigkeit – bringt Mathy die Bekanntschaft und die Wertschätzung aller politischen Kreise des Landes. Von da an datiert auch seine Freundschaft mit Bassermann. »Mathy übte sogleich auf mich, wie auf jeden, der ihm nahe kam, die stärkste Anziehungskraft, daher ich von da an seinen Umgang suchte« schreibt Bassermann in seinen Lebenserinnerungen. Es ist fast selbstverständlich, daß Mathy bei der nächsten Wahl zur zweiten Kammer als Kandidat aufgestellt wird. Das ist im Mai 1842. Er wird in seinem Wahlbezirk Konstanz gewählt und zieht ins Parlament ein. »Hier bringe ich euch einen, wie ihr noch keinen gehabt habt«, sagt der alte Itzstein zu den Kollegen. Mathy wird der fleißigste Abgeordnete. Ganz bewußt empfindet er sich als Arbeiter an der Gesetzgebung und nicht als Redner. Seine Reden zwingen den Zuhörer zur Aufmerksamkeit und zum Mitdenken; sie haben wenig rhetorischen Glanz, sind aber bisweilen von schneidender polemischer Schärfe, die sich gleichermaßen gegen die Unbeweglichkeit der Regierung und ihrer Beamten richtet, wie gegen die hohlen Phrasen der Opposition.

Auch der Beruf hatte inzwischen Mathy mit Bassermann verbunden. Seit 1843 betrieben beide die gemeinsame Verlagsbuchhandlung, wobei für Mathy beträchtliche Arbeit abfiel. Der geschäftliche Erfolg war eher bescheiden. Nur mit dem jungen Schwarzwälder Dorfjuden Berthold Auerbach wird ein Autor gewonnen, dessen Werk weithin Beachtung findet. Mathy fühlt sich wohl im Umgang mit dem gutherzigen Mann. Er sieht sein eigenes glückliches Dorfleben im Schweizer Jura gespiegelt in den Schwarzwälder Geschichten des jüngeren Freundes.

Das Jahr 1846 bringt eine Mißernte, und das war noch immer ein folgenschweres Ereignis. Hunger und Teuerung fördern die Proletarisierung und Radikalisierung der kleinen Leute; grelle Agitationsschriften, die über den Rhein flattern, werden begierig aufgegriffen; bald bilden sich im Elsaß auch bewaffnete Banden, bereit, im Badischen nachzuhelfen. Es wird deutlich, wie die Opposition in einen konstitutionell-liberalen und einen radikalen republikanischen Flügel auseinanderzuklaffen beginnt. Die gemäßigte Gruppe, deren beste Köpfe im Land Mathy, Bassermann, Gervinus sind, schafft sich ein Organ in der »Deutschen Zeitung«. In das gleiche Jahr 1847 fällt die Zusammenkunft in Heppenheim mit Gleichgesinnten aus anderen deutschen Ländern. Dann schreibt man 1848, und die Stürme der Pariser Februarrevolution brausen über den Rhein und schütteln Baden mit voller Wucht. Zwischen einer unsicher gewordenen Regierung, einer feigen Beamtenschaft (von dem hilflosen Großherzog zu schweigen) und den ebenso kopflosen, aber tatendurstigen Revolutionären ragt aus der nun in die Mitte geratenen Schar der bürgerlichen Liberalen Mathy heraus durch Kaltblütigkeit, Courage und Tatkraft.

Das entlädt sich in einem Auftritt im Karlsruher Bahnhof. Fickler, der Wortführer der Revolution in Mathys Wahlbezirk Konstanz, hatte sich am Abend vorher in Mannheim lauthals gerühmt, er werde morgen zum Bodensee fahren, um dort den Aufstand zu entfachen. Wir zitieren nun den in seinem Alter mit Mathy befreundeten Gustav Freytag, der diesen Vorgang nach Mathys eigenen Worten schildert: »Als Mathy am 8. April früh auf den Bahnhof kam, erkannte er Fickler in einem Coupé auf dem Wege nach Konstanz. Er trat an das Coupé: ›Halt. Wo willst du hin?‹ Fickler erwiderte scheu: ›Das geht dich nichts an.‹ – ›Ich weiß, du willst dort hinauf.‹ – ›Ja, und ich will dir zeigen, was wir zu tun vermögen.‹ – ›Du gehst nicht, du bleibst hier.‹ – ›Du wirst mir's nicht wehren.‹ Da rief Mathy einen nahestehenden Polizeidiener und forderte diesen auf, Fickler festzunehmen. Der Polizeimann erbleichte vor Schreck, und war nicht im Stande, den Auftrag auszuführen. Fickler rief heftig zu den Bahnbeamten und zum Zugführer: ›Fort mit dem Zug!‹ Mathy aber trat an den Bahnhofsdirektor: ›Sie lassen den Zug nicht abgehen, bevor Fickler verhaftet ist.‹ – ›Gott, ich habe keine Befehle der Regierung!‹ – Mathy: ›Auf meine Verantwortung.‹ Es gab großen Lärm ...; endlich wurde ein Polizeikommissar herzugeholt und wagte zögernd die Verhaftung.« – Damit war das Tischtuch zwischen Mathy und der Linken zerschnitten, für immer. Auch gegenüber Hecker, mit dem er sich bisher trotz aller Gegensätze ganz leidlich vertragen hatte, gab es nur noch die blanke Feindschaft. – Sieht man sich die rechtlich gar nicht eindeutige Sache aus der Distanz von einhundertdreißig und mehr Jahren an, so erscheint uns als Mathys Hauptmotiv der Zorn über die unschlüssige, feige Haltung der Regierenden; in diesem Sinne wohl hat er ein Exempel statuieren wollen. – In Mannheim empfing ihn eine drohende Stimmung, die, als er vom Rathausbalkon herab Rechenschaft gab, in laute Zustimmung der Mehrheit umschlug.

Inzwischen wurde Mathy nach Frankfurt in den Fünfzigerausschuß gewählt und von diesem als einer von zwei Bevollmächtigten der schleswigholsteinischen Frage wegen nach Norddeutschland entsandt. Es war eine schnelle Reise von wenigen Tagen auf der Eisenbahn; die Stationen sind Berlin, Hamburg, Rendsburg, Hannover. Was ihn beeindruckte, war die Ruhe und Gelassenheit, die außerhalb Berlins im Norden herrschte, und die so sehr gegen die fiebrige Erregung seiner badischen Heimat abstach. – Als Mathy von seiner Mission und von Frankfurt heimkehrt, ist Heckers Zug über den Schwarzwald eben ruhmlos zu Ende gegangen. Die Regierung ernennt Mathy zum Staatsrat – er nimmt an. Hätte es noch eines Schrittes bedurft, um sich bei der Linken verhaßt zu machen (und manchem alten liberalen Freund verdächtig), so ist es dieser gewesen. Inzwischen ist er von dem württembergischen Wahlkreis Neuenbürg in die Nationalversammlung gewählt worden; seine Wähler dort stoßen sich an dem »Staatsrat« nicht.

Überblickt man Mathys Tätigkeit in der Paulskirche, so fällt auch hier dieser eigentümliche Zug auf, demonstrativ das Unpopuläre zu tun, wenn er es für richtig hält. »Ließ sich den Schild mit Pfeilen spicken, und tät nur spöttisch um sich blicken.« Mathy ist zwar kein »wackrer Schwabe« gewesen, sondern ein wackrer Mannheimer, aber diese Zeilen passen genau auf diesen Mann. »Wenn ich die Schmeicheleien höre, die jetzt so häufig der Masse gemacht werden, die Tugenden, die man ihr zu ihrem eigenen Erröten beilegt, so möchte ich eine solche Schmeichelei nicht minder unwürdig finden als das Knien vor dem Throne eines gekrönten Hauptes.« Oder ein anderes Beispiel: der alte Bundestag galt nicht ohne Grund als die Verkörperung der schlechten alten Zeit, mit der man schleunigst aufräumen müsse. Aber Mathy, in einer Rede Ende Juni, plädiert für seine Beibehaltung aus dem vernünftigen Grund, weil er zur Abwicklung der Geschäfte mit den achtunddreißig Regierungen von Nutzen sei, weil man da *eine* Adresse und zudem am Ort habe – Verlegenheit auf der Rechten, Wutschreie auf der Linken. Diesen Moment hat übrigens Gagern benutzt, um der Versammlung die Wahl eines Reichsverwesers vorzuschlagen.

Über den Redner Mathy bemerkt der kritische Robert v. Mohl in seinen Lebenserinnerungen: »Mathy sprach nur selten, dann aber trefflich. Von schärfstem Urteile, ruhigem Überblick, voll einschlagender Kenntnisse überdachte der schweigsame Mann die Fragen nach allen Seiten, bis ihm das Ergebnis klar und abgerundet vor dem Geiste stand. Dann sprach er sich in ruhig fließender, etwas eintöniger Sprache, in kristallhellem Gedankengange, mit einem leichten Anfluge von Humor in möglichst engem Raume aus. Es war die Art von Reden, wie sie im englischen Unterhause gefallen . . .«

Als ein höchst sachkundiger Mann wird er Unterstaatssekretär im Reichsfinanzministerium, unter Beckerath, einem preußischen Rheinländer, mit dem er sich gut versteht. Über große Summen hat man in diesem Ministerium nicht zu verfügen. Doch gelingt es immerhin, die nötigen Beträge für den Ankauf und Bau von Schiffen für eine deutsche Kriegsmarine aufzubringen. Bis zum Spätwinter versteht es der tüchtige Duckwitz von Bremen, zehn größere Fahrzeuge und einige 80 kleinere Kanonenboote zu erwerben; fünf Dampfkorvetten sind auf den Werften im Bau. Die Bemannung bleibt ein Problem für sich . . . Doch hat die durch den Dänenkrieg angeheizte Bemühung um eine Flotte wenigstens ein halbwegs positives Ergebnis. Dieser Flotte hat eine Reise gegolten, die Mathy später, es war im Herbst 1849, an die Weser gemacht hat, in Begleitung Gagerns, zu dessen Ehren ein in Vegesack auf den Helgen liegendes großes Schiff getauft werden sollte. Diese Weserfahrt bis hinunter nach Bremerhaven und anschließende Besuche in Hamburg und Kiel haben Mathys Sympathien für den deutschen Norden noch wachsen lassen. Die besondere Aufmerksamkeit galt Einrichtungen der jungen Flotte; Inspektion von Schiffen, Docks, Batterien. Der Eindruck war zwiespältig; vor Bremerhaven liegende nordamerikanische Kriegsschiffe stachen in Disziplin und Ausbildungsstand deutlich gegenüber den deutschen Schiffen hervor; halbwegs getröstet berichtet Mathy, daß wenigstens ein improvisiertes Ruderrennen zwischen den Yankees und einer deutschen Crew zugunsten der deutschen Farben ausging . . .

Zurück noch einmal zu Mathys Wirken in der Paulskirche und im Reichskabinett. Seine Tage waren ausgefüllt mit Arbeit; zwei, drei Stunden im Ministerrat, sechs, sieben Stunden im Parlament, Bureauarbeit, Besuche, Besprechungen. Immer ist Mathy ein Politiker mit Augenmaß gewesen, alle Phrasen verachtend, nüchtern das

Machbare anstrebend. Er hat frühzeitig erkannt, daß eine Lösung mit Österreich praktisch nicht zu erreichen sei, und hat konsequent auf eine Einigung unter preußischer Führung hingearbeitet. Er ist ein Mann ohne Illusionen gewesen. Anders als bei fast allen seinen Kollegen waren seine Hoffnungen nicht zu hoch gespannt; die großen Enttäuschungen hat er gelassener getragen als andere. Im badischen Krieg von 1849 steht Mathy mit Kopf und Herz im Lager der preußischen Armee. Als auf Initiative der preußischen Regierung der Versuch gemacht wird, in Erfurt ein deutsches Parlament zu versammeln, ist er dabei. Preußens diplomatische Niederlage durch Österreich in Olmütz mag für Mathy das Signal gewesen sein, sich aus der Politik zurückzuziehen.

Er kümmert sich um die Verlagshandlung und um den kranken Freund Bassermann. Er tut noch in der badischen zweiten Kammer seine Pflicht in der Budgetkommission. Dann folgen Jahre, in denen er als Privatmann und als Bankier, als sehr erfolgreicher übrigens, in Berlin, in Gotha, in Leipzig lebt. Im Alter kehrt er in die badische Heimat zurück und tritt noch einmal in den Staatsdienst. Er wird 1864 Handelsminister; als ein nun auch im Bankgeschäft hoch erfahrener Mann kämpft er energisch darum, die badische Wirtschaft unabhängiger von den Frankfurter Banken zu machen. Das Jahr 1866 bringt ihn in eine schwierige Lage; vergeblich versucht er, Baden in dem kriegerischen Konflikt neutral zu halten. Nach dem Sieg der preußischen Waffen hat Mathy sein Land beharrlich auf den Weg in den Norddeutschen Bund geführt. Das Jahr 1871, das für ihn die Krönung seiner konsequenten Politik gewesen wäre, hat er nicht mehr erleben dürfen. Am 3. Februar 1868 ist er gestorben.

Friedrich Hecker

Hat »der Hecker« einen Platz in einem Buch, dessen Gegenstand die Paulskirche ist? Ein Mann, der nur während des Vorparlaments in der Paulskirche in Erscheinung getreten ist, der später zwar in die Nationalversammlung gewählt wurde, sein Mandat aber nicht ausgeübt hat, und dem dieses Mandat noch im Sommer 1848 aberkannt worden ist? Es würde etwas fehlen, jemand fehlen, wenn wir nicht eine Würdigung dieses Volksmanns brächten, der zwar im Parlament nur eine Gastrolle gegeben hat, in dem aber der Zeitgeist eine charakteristische und unglaublich volkstümliche Verkörperung gefunden hat, dem, sonderbarerweise, auch eine Art Nachruhm beschert worden ist.

Der Schreiber dieses Buchs erinnert sich . . .

> In den dreißiger Jahren gab es in Freiburg unter den Wirtschaften, in denen Studenten für wenig Geld leidlich essen konnten, eine, deren Wirt frühzeitig in die Reihen der SA geraten und daher im Jargon jener Zeit ein »alter Kämpfer« war. Wirklich sah man ihn oftmals schwitzend im lehmgelben Hemd und hohen Stiefeln herumlaufen. Trotzdem suchte, wer sie hätte suchen wollen, in seiner Beize vergebens nach jener gerahmten Visage, die nach dem Willen der Partei jedes deutsche Haus und dreimal jede deutsche Bierwirtschaft zu zieren hatte. Statt dessen hing dort das vergilbte Bild eines schönen, bärtigen Mannes. »Sie, Herr K., wat is denn das für'n ulkiger Weihnachtsmann?« – wollte eines Tages ein norddeutscher Student vom Wirt wissen. Dessen braves Gesicht schwoll zornrot auf. »Der? Das ist *unser* Freiheitskämpfer!« – Es war der Hecker.

Wer ist dieser Demokrat gewesen, dessen man sich im Badnerland noch in der demokratiefeindlichsten Zeit mit Stolz erinnert hat? Friedrich Hecker wurde am 28. September 1811 in Eichtersheim im Kraichgau geboren, wo sein Vater im noch unlängst reichsritterschaftlichen Rentamthaus seines Amtes waltete. Fritz, der älteste von fünf Geschwistern, studiert Jura und läßt sich in

Mannheim als Rechtsanwalt nieder; Advokat in der politisch lebendigsten Stadt Süddeutschlands. Er wird in die zweite badische Kammer gewählt. Mathy, Bassermann, Hecker, alle von Mannheim ... man kennt einander, fühlt sich, wo nicht geradezu freundschaftlich, so doch über manche Unterschiede hinweg kameradschaftlich verbunden; anders aber als der noble Patrizier Bassermann, anders als der nüchterne Mathy ist Hecker, wiewohl Bürger nach Herkunft und Beruf, ein Mann des Volkes gewesen; ein Erzrepublikaner.

Noch Bassermanns berühmte Rede vom 12. Februar in der Kammer dürfte nach Heckers Geschmack gewesen sein, jedenfalls gutenteils. Es muß auch gesagt werden, daß Hecker, von den Wellen der badischen Volksbewegung im Februar und März mächtig emporgetragen, nicht nur seine Begeisterung, seine Kraft, seine männliche Beredsamkeit in den Dienst der blutjungen Demokratie gestellt hat, sondern daß er auch – anders als sein etwas makabrer Genosse Struwe – Ansätzen zu terroristischer Gewalt mutig entgegengetreten ist. Er war in jenen Wochen tatsächlich der mächtigste Mann im Großherzogtum Baden. Im April sehen wir ihn im Paulskirchen-Vorparlament. Sein Auftreten dort hat Heinrich Laube geschildert.

»Ganz anders (als Struwe) ist Hecker dem Volke, dem sinnlichen, näher. Das ist ... ein vollsaftiger, gesunder Mensch. Hier ist Unmittelbarkeit, wenn er auftritt und sein langes braunes Haar aus dem Gesicht schüttelt und mit einer kräftigen Baritonstimme zu reden beginnt. Man spürt sofort, daß hier einer redet, der nicht aus der Schreibstube, nicht vom Studium des Contrat social herkommt, sondern aus dem Kreise rüstiger Leute, welche eine tüchtige Veränderung wollen im Staatsleben ... ›Es ist die Zeit der fahrenden Habe gekommen‹, pflegt er zu sagen, und nichts sei mehr unbeweglich, auch nicht das Kapital und nicht der Besitz, der einst starr wie ein Fels gewesen ... Sein Angriff ist poetisch und nicht eigentlich sozialistisch; er stammt aus der ganzen menschlichen Regung, nicht aber aus den unabweisbaren Bedingungen einer Lehre ... Er scheint gutmütiger, sorgloser, mit einem Wort studentischer. An den Studenten erinnert er ganz

Friedrich Hecker

und gar, wie lange er auch schon in der badischen Kammer sitzt, und daraus erklärt sich, abgesehen von allem übrigen, seine ermunternde Einwirkung auf die jungen Männer des westlichen Deutschland.«

Das vermittelt ein anschauliches Bild von dem Volksmann in der Paulskirche. Es läßt aber nicht erkennen, wie unruhig, gequält sich Hecker in diesen wenigen Tagen gefühlt hat. Er hat begriffen, und er hat es leidenschaftlich ausgesprochen, daß von dieser Versammlung, in der liberale Bürger und konzessionsbereite Beamte der alten Regierungen den Ton angaben, eine radikale Änderung der deutschen Dinge nicht zu erwarten war. Zugleich hat ihn die Sorge gepeinigt, was in seiner Abwesenheit aus der Volksbewegung im Badischen werden sollte. Hecker fürchtet, weit vom Schuß den rechten Augenblick zum Losschlagen zu verpassen. Er reist ab – möglicherweise um einen Tag zu spät. Denn eben, am Morgen des 8. April, hatte Mathy die Verhaftung Ficklers erzwungen. Dessen politisches Revier, der Seebezirk, war als Operationsbasis vorgesehen; nun fehlte der wichtigste Mann an Ort und Stelle. Am 9. April fährt Hecker über Straßburg und Basel nach Konstanz. Es sieht nicht gut aus. Erfahrene politische Freunde raten ihm ab, jetzt loszuschlagen; vergebens.

Als Hecker am 13. April von Konstanz auszieht, folgt ihm ein Häuflein von einigen fünfzig Mannen. Die Bürger stehen mit Weib und Kind am Straßenrand, verwundert über die kleine Schar, aber nicht lange, denn es regnet, und sie ziehen sich in ihre trockenen Stuben zurück, indes Hecker mit den Seinen hinter naßkalten Schleiern verschwindet. Sie marschieren in den Hegau. Der Zuzug aus den Dörfern unterwegs ist weit geringer als erwartet, aber es kommt doch immer wieder ein Trupp, und als man in dem Städtlein Engen hält, sind es vierhundert Mann. Sie rücken auf Donaueschingen. Hier operierten zwei württembergische Bataillone, denn die badische Regierung hatte Bundestruppen angefordert. Als aber die Württemberger anrückten, hatte sich die Bürgerschaft, Fürst Fürstenberg an der Spitze, ihren Besuch verbeten. Die Truppen, durchaus nicht kampflustig, blieben

Das Hecker-Lied.

Das Guckkasten-Lied vom großen Hecker.

(Nach bekannter Melodei zu singen.)

1.
Seht, da steht der große Hecker,
Eine Feder auf dem Hut,
Seht, da steht der Volkserwecker,
Lechzend nach Tyrannenblut!
Wasserstiefeln, dicke Sohlen,
Säbeln trägt er und Pistolen,
Und zum Peter sagte er:
„Peter sei du Statthalter!“

2.
„Peter“, sprach er, „du regiere
„Constanz und den Bodensee,
„Ich zieh' aus und commandire
„Unsre tapfre Arimée;
„Mit Polacken und Franzosen
„Wird der Herwegh zu mir stoßen,
„Und der stirbt lebendig eh'r,
„Als daß er ein Hundsfott wär'.“

3.
Pflästerer und Schieferdecker,
Alles, niederig und hoch,
Alles jauchzte unserm Hecker,
Als er aus zum Kampfe zog.
Handwerksburschen, Literaten,
Tailleurs, Bauern, Advokaten,
Alles folgte rasch dem Zug,
Als er seine Trommel schlug.

4.
Rumbidibum, so hört' man's schlagen,
Rumbidibum Dumdumdumbum;
Und bei Straf' ließ Weißhaar sagen
Rings im ganzen Land herum:
„Thut euch schnell zusammenraffen,
„Gebt mir Mannschaft, Pferde, Waffen,
„Oder ich bring' Alles um;
„Rumbidibum Dumdumdumbum.“

5.
Durch die Baar that man jetzt wandern,
Und hernach in's Wiesenthal,
Und daselbst stieß man bei Kandern
Auf Soldaten ohne Zahl.
Edler Gagern, wackre Hessen,
Wollt ihr euch mit Hecker messen?
Gagern, du kommst nicht zurück,
Vivat hoch die Republik!

6.
Gagern wollt' parlamentiren,
Doch das ist nicht Hecker's Art;
„Ich, sprach er, „soll retiriren,
„Ich mit meinem rothen Bart!?“ —
Ach! nun hört' man Schüsse knallen,
General Gagern sah man fallen —
Und der tapf're Hinckeldey
Saß zu Pferde auch dabei.

7.
Und als Gagern war gefallen,
Fing man leider auf dem Rhein,
Zur Bekümmerniß uns Allen,
Unsern edeln Struwel ein;
Man that ihn in Eisen legen,
Aber von des Heckers wegen
Ließ der Oberamtmann Schey
Den Gefang'nen wieder frei.

8.
Kaiser, Weishaar, Struwel, Peter,
Alle trieb man allbereits
Gleichsam als wie Uebelthäter
In die schöne, freie Schweiz.
Doch der Peter, der kam wieder,
Legt die Statthalterschaft nieder,
„Denn, sprach er, ich werde alt,
„Und verlier' sonst mein' Gehalt.“

9.
Hecker, sag, wo bist du, Hecker?
Legst die Hände in den Schooß?
Auf nun, du Tyrannenschrecker,
Jetzt geht es auf Freiburg los.
Badner, Hessen und Nassauer
Stehen dorten auf der Lauer.
Doch wir kommen schon hinein,
Denn neutral will Freiburg sein.

10.
All die schönen Stadtkanonen,
Großer Hecker, sie sind dein;
Und man ladet blaue Bohnen
Nebst Kartätschen schnell hinein.
Langsdorf will recognosciren,
Läßt sich auf den Münster führen,
Und guckt durch ein Perspektiv,
Ob es gut geht oder schief.

11.
Oben her vom Güntersthale,
Hinter Wald und Hecken vor,
Kam im Sturm mit einem Male,
Siegel's wildes, tapf'res Corps.
Aber uns're Hessenschützen
Ließen ihre Büchsen blitzen,
Und das Corps zog sich zurück,
Aus war's mit der Republik!

12.
Denn hinein zu allen Thoren
Stürmte jetzt das Militär,
Und die Freischaar war verloren
Trotz der tapfern Gegenwehr;
Alle, die sich blicken ließen,
That das Militär erschießen;
Alle Führer gingen durch,
Und erobert war Freiburg.

13.
Doch nun kamen Herwegh's Schaaren,
Er und seine Frau kam nach,
Kamen in der Chais gefahren
Auf dem Weg nach Dossenbach.
Doch zu ihrem großen Aerger
Sah man dort die Würtemberger;
Miller, dieser grobe Schwab,
Kam von einem Berg herab.

14.
Hecker's Geist und Schimmelpfennig
Machten da den Schwaben warm:
Herwegh sah's, er fuhr einspännig,
Und es fuhr ihm in den Darm.
Unter seinem Spritzenleder
Forcht' er sich vor'm Donnerwetter;
Heiß fiel es dem Herwegh bei,
Daß der Hinweg besser sei.

15.
„Ach, Madamchen, that er sagen,
„Aus ist's mit der Republik!
„Soll ich Narr mein Leben wagen?
„Nein! für jetzt nur schnell zurück!
„Laß für meinen Kopf uns sorgen,
„Komm' ich heut nicht, komm' ich morgen;
„Ach, wie kneipt's mich in den Leib,
„Wende um, mein liebes Weib!“

16.
Und Madam hieß ihn verkriechen
Sich in ihren treuen Schooß,
Denn er konnt' kein Pulver riechen,
Und es ging erschrecklich los;
Schimmelpfennig ward erstochen,
Manche Sense ward zerbrochen,
Und erschossen mancher Mann,
Die ich nicht all nennen kann.

17.
Also ist's in Baden gangen;
Was nicht fiel und nicht entfloh,
Ward vom Militär gefangen,
Liegt zu Bruchsal auf dem Stroh —
Ich, ein Spielmann bei den Hessen,
Der kann Baden nicht vergessen,
Der den Feldzug mitgemacht,
Habe dieses Lied erdacht.

M. A. V.

Kat. F 37

Hecker im Gefecht bei Kandern – kurz vor der Umkehr.

stehen. Als aber unvermutet Struwe mit einer verwegen tuenden Schar auftauchte und Hecker mit den Seinen heranzog, flehten die Donaueschinger die Württemberger um Schutz an. Die setzten sich in Bewegung, ließen sich aber durch eine feindliche Kriegslist ganz gern aufhalten, während sich die Freischärler ihrerseits verdrückten . . . Bonndorf zu und weiter auf Lenzkirch – »Wo wir mit großer Freude aufgenommen werden. Ich sehe hier die schönsten Mädchen, die ich auf dem ganzen Marsche getroffen habe, und unterhalte mich sehr gut, während Hecker seine Reden an das Volk hält. Nachmittags drei Uhr marschieren wir wieder ab und ziehen bei gräßlichem Schneegestöber und Regen über den Feldberg, oft bis über die Knie im Schnee versinkend.« So erzählt einer, der dabei war (Mögling).

Man war nun etwa tausend Mann stark, im dicksten Schwarzwald, bei nachwinterlichem Wetter. In Bernau treten zwei Abgeordnete des Vorparlaments, Venedy und Spatz, dem Zuge entgegen. Sie warnen vor den aufmarschierenden Bundestruppen und bieten Amnestie, wenn die Freischärler die Waffen niederlegen und friedlich heimziehen, ein jeglicher zu den Seinen. Hecker, recht wie ein Räuberhauptmann, hört sie vor versammelter Mannschaft an und dankt ihnen ihre Mühe mit Spott und Hohn. »Zieht mit, statt in Frankfurt leeres Stroh zu dreschen!« Und brüllendes Gelächter von dem ganzen wilden Haufen. Wenn man will, kann man diesen Auftritt als den Höhepunkt des ganzen Heckerzuges bezeichnen.

Denn es kam nichts Gutes mehr . . . Man zieht weiter, über verschneite Höhen klimmend, dann hinunter ins Wiesetal und hinüber nach Kandern. Indessen sind in der Rheinebene Bundestruppen im Anmarsch, hessische Bataillone. Sie rücken in Schliengen ein. Zwischen Schliengen und Kandern liegt ein mäßiger Höhenzug. Heckers Leute besetzen die Höhe, die Hessen rücken bergauf. Man steht in Sicht-, in Rufweite einander gegenüber. Eine Weile sieht es so aus, als ob Heckers nicht ganz unrealistische Rechnung aufgehen sollte: daß nämlich das Militär, wo es mit ihm zusammentreffe, kampflos übergehen werde. Es wird hinüber und herüber gerufen. Kommandeur der Hessen ist

Dr. Friedrich Hecker auf der Anhöhe bei Kandern.

Friedrich von Gagern, General sonst in holländischen Diensten (er trägt deshalb Zivil, brauner Rock, grüne Mütze), ein gebildeter Mann, der ebenbürtige Bruder des Paulskirchenpräsidenten. Gagern bittet Hecker zu einem Gespräch, das wohl beiderseits im Sattel geführt worden ist, auf einer kleinen Brücke. Gagern: »Sie sind ein gescheuter, ein braver (= tapferer) Mann, aber ein Fanatiker –«. Ohne unhöflich zu werden, redet man aneinander vorbei. Zehn Minuten Aufschub nach dem Gespräch, dann rücken die Truppen gegeneinander. Wieder Rufe – Schießt nicht – deutsche Brüder – kommt zur Freiheit – dagegen Gagern: Legt die Waffen ab und geht nach Hause! Noch einmal scheinen die Soldaten zu schwanken. Da gibt der General den Befehl zum Angriff, reitet voraus, Schüsse fallen, die ersten treffen ihn selbst. Nun, da ihr General tot im Schmutz liegt, macht das Militär Ernst. Das Gefecht, kaum begonnen, löst sich auf in Flucht und Verfolgung. Die ungeübten, schlecht bewaffneten Freischärler springen und rennen um ihr Leben. Und irgendwo rennt auch der Hecker.

Die Affaire von Kandern hat Heckers Führungsrolle den entscheidenden Stoß versetzt; das Ende seiner märchenhaften Volkstümlichkeit bedeutet sie nicht. Für die bewaffnete Erhebung in Baden war Kandern ein böser Rückschlag, noch nicht das Ende. Freiburg, die wichtigste Stadt im badischen Oberland, war eben jetzt in der Hand der revolutionären Volksvereine; Handwerksburschen, Turner, Studenten, aufgebrachtes Landvolk beherrschten die Straßen; indes rückte ein Verband Freischärler unter der Leitung des tüchtigen Sigel von Süden heran (in Freiburg hieß es natürlich: der Hecker kommt). Die Lage der Regierungs- und Bundestruppen, zwischen der Stadt und Sigels Kolonne, war nicht die angenehmste. Freiburg war eingeschlossen, ein kochender Kessel; ». . . nur durch die hinteren Fenster hörten wir heulen und schreien und Sturmläuten – die Freischärler waren wie im Rausch« (Henriette Feuerbach in einem Brief). Doch als am Ostermontag Sigel von Günterstal heranrückt, wird er geschlagen, und darauf fällt auch die Stadt in die Hände des Militärs. Für einmal ist der Brand der bewaffneten Volkserhebung ausgetreten.

Der flüchtige Hecker hatte sich zunächst im Elsaß aufgehalten, müde, niedergeschlagen, verbittert. Mit den republikanischen Scharen, die sich im Grenzgebiet auf französischem und Schweizer Boden sammelten – Arbeiter, Handwerksburschen, Bräuknechte, Kellner, fahnenflüchtige deutsche Soldaten, polnische Emigranten – stand er nicht auf kameradschaftlichem Fuß. Als er, trotzdem, eine solche Freischar in Straßburg inspizieren wollte, wurde ihm das von der Polizei untersagt. Hecker begibt sich nun in die Schweiz, nach Muttenz, unweit Basel. Er richtet sich dort scheinbar auf längere Zeit ein – läßt stattliche Briefbogen drucken mit der Devise »Freiheit, Gleichheit, Verbrüderung«, darunter ein genaues Bild der Dorfstraße von Muttenz und ein Porträt seiner selbst, mit der Flinte in der Hand. Not muß er keine leiden, die Liebesgaben fließen reichlich . . . mancher arme Teufel von Emigriertem wäre an einem Bruchteil davon froh.

Inzwischen hatte der Wahlbezirk Tiengen am Hochrhein Fritz Hecker in die deutsche Nationalversammlung gewählt – angesichts der mehr als verwirrten Situation des Kandidaten nicht mit einer überwältigenden, aber doch mit einer klaren Mehrheit; von 142 Wahlmännern waren 134 erschienen, und 77 hatten ihre Stimme dem Hecker gegeben. Natürlich war nicht daran zu denken, daß der Gewählte sein Mandat ausübte. – Am 1. Juli befaßte sich die Nationalversammlung mit der Sache; das Datum mag dadurch motiviert sein, daß am Tag zuvor die Bundesversammlung der Schweiz eine strenge Besetzung der Grenze angedroht hatte, wenn die Schweiz den grenzüberschreitenden Aktivitäten der deutschen Emigranten nicht energischer entgegenträte. Die Nationalversammlung beriet nicht nur über eine Ungültigkeitserklärung von Heckers Mandat, sondern auch über Maßnahmen gegen den Bezirk, der den Hochverräter (so war die überwiegende Meinung in der Paulskirche) zu seinem Abgeordneten gewählt hatte. Nur auf der Linken, und auch dort nicht lauthals, erhoben sich Stimmen für Hecker. Der Abgeordnete Zitz: »Hecker ist kein Hochverräter. Heute ist das Volk souverän. Hochverräter ist nur, wer sich gegen das souveräne Volk vergeht.« Mit Getöse macht sich das anwesende Volk bemerkbar, so laut, daß der Präsident die Ruhe erst wiederherstellt, als er mit der Räumung der Tribünen droht. Übrigens wurde die Sache für so kompliziert erachtet, daß ein eigener Ausschuß dafür »niedergesetzt« wurde, der im August den Antrag stellte, Heckers Wahl für ungültig zu erklären. Simson von Königsberg begründete die Ausschußmeinung: »Wenn Heckers Tat ihm den Eintritt in alle Ehren- und Ruhmeshallen der Welt geöffnet haben sollte – in diese Hallen hat sie ihm den Eintritt verschlossen.« Und am Ende: »Erst nach langer ernster Sühne kann für ihn wieder ein Raum werden auf unserer vaterländischen Erde.« Mit 350 gegen 116 Stimmen beschließt die Versammlung, Heckers Wahl für ungültig zu erklären.

Bereits im Spätsommer reist Hecker ab nach Amerika. Aber obgleich nun zwischen ihm und der vaterländischen Erde der Ozean wogt, bewegt ihn die Nachricht von der badischen Erhebung im Jahr 1849, sofort nach der alten Heimat aufzubrechen. Doch als er in Straßburg eintrifft, ist auch diese Revolution bereits niedergeschlagen, und rechts des Rheins stehen die Preußen. Hecker kehrt um und fährt nach Amerika zurück. In der neuen Welt bewegt er sich zumeist in den Kreisen deutscher Auswanderer, die deutschen Fragen im Herzen und auf der Zunge. Immerhin gelingt es ihm mit Hilfe schon eingesessener Farmer deutscher Herkunft, in Illinois festen Fuß zu fassen. Er lebt sich ein in seinem neuen, großen und freien Vaterland. Im Wahlkampf für Lincoln sieht man ihn auf den Rednertribünen. Bald darauf bricht der große Krieg aus, in dem er sich mit Herz und Hand für die Sache der Nordstaaten – und das heißt wiederum: für die Sache der Freiheit – engagiert. Er führt zweimal deutschstämmige Regimenter, kämpft bei Gettysburg und bei Chattanooga. Der kriegerische Lorbeer, der ihm im Schwarzwald versagt blieb, wächst ihm auf den blutigen Schlachtfeldern Amerikas zu. Allerdings endet auch diese militärische Phase seines Lebens mit einem Mißklang. Hecker nimmt gekränkt seinen Abschied, weil man ihm nicht eine Division anvertraut.

Die Nachrichten vom deutsch-französischen Kriege versetzen den Mann im fernen St. Louis in helle Begeisterung, obwohl sie doch vor allem von den Taten derer melden, die einmal die badische Erhebung niedergeschlagen hatten; aber für den alt gewordenen, jung gebliebenen Ausgewanderten ist es der glorreiche deutsche Einigungskrieg. Zwei Jahre danach reist Hecker noch einmal nach Deutschland. Im Kreise alter demokratischer Mitstreiter – die Bärte waren nun grau geworden – schwärmt er vom neuen Deutschen Reich, das alle Träume habe wahr werden lassen, Einigkeit und Parlament und Flotte ... mit Staunen hören ihn die alten Demokraten. – Am 24. März 1881 ist Hecker in St. Louis, USA, gestorben.

Unter den Männern, die im Vormärz aus Deutschland flohen, war ein gewisser Sauerwein, ein armer, redlicher Mann, der zuweilen Gedichte machte. Eines seiner Lieder fand eine zündende Melodie und wurde alsbald von den deutschen Arbeitern, Handwerksburschen und Hausknechten in der Schweiz und in Frankreich gesungen, jahrelang, während der vergessene Dichter gelähmt und elend in Lyon im Hotel Dieu lag:

Wenn die Fürsten fragen:
Was macht Absolon?
Könnt ihr ihnen sagen:
Ei, der hänget schon.
Doch an keinem Baume
Und an keinem Strick,
Sondern an dem Traume
Von der Republik.

Und so fort ... Strophen voller Spott, Trotz und Schwermut. Es ist, als ob dieses Lied mit seinem raschen, eigentümlich drängenden Rhythmus seinen Mann gesucht hätte – und es fand ihn. Als Hecker berühmt wurde, noch vor dem Jahr 1848, hörte man plötzlich:

Wenn die Roten fragen,
Lebt der Hecker noch?
Sollt ihr ihnen sagen:
Ja, er lebet noch.
Er hängt an keinem Baume ...

So klang es landauf, landab. Bis dann, nach der Affaire von Kandern, ein anderes Heckerlied erklang, recht für Gassenbuben gemacht:

Seht, da steht der große Hecker,
Eine Feder auf dem Hut,
Seht, da steht der Volkserwecker,
Lechzend nach Tyrannenblut!

Wasserstiefeln, dicke Sohlen,
Säbeln trägt er und Pistolen,
Und zum Peter sagt er:
Peter, sei du Statthalter!

Und so fort durch siebzehn Strophen.
An Hecker haben sich die Hoffnungen, hat sich die Phantasie des Volkes, besonders des badischen, entzündet. Er sei ein Bruder des Kaspar Hauser und rechtmäßiger Anwärter auf den badischen Thron ... Er sei nicht nach Amerika, er sitze im Kyffhäuser und warte auf die Morgendämmerung der Freiheit ... Der Hecker hat etwas Tumbes an sich, etwas treuherzig Deutsches. Er ist dem Ritter Götz von Berlichingen nicht unähnlich, der ja nicht viel mehr als ein Strauchritter war, aber ein treuer Mann mit einem Herzen fürs Volk. Und es lodert etwas in Hecker von dem, was der junge Schiller in seinen Karl Moor gelegt hat. In seinem Zug durch den Schwarzwald lebt etwas vom Geist der »Räuber« in den böhmischen Wäldern ... »Izt sind wir frei – Kameraden! Ich fühle eine Armee in meiner Faust – Tod oder Freiheit!«

Karl Mez

Karl Mez wurde am 20. April 1808 in Kandern geboren, im Oberland der evangelischen Markgrafschaft Baden-Durlach, in dem Erdenwinkel, der auch die Heimat Johann Peter Hebels war. Unter den Vorfahren sind Pfarrer und Amtspersonen stark vertreten. Der Großvater, früh verwaist, hatte in Basel die Bandweberei erlernt und sie nach Kandern verpflanzt, wo er später Ortsvorsteher wurde; mit der Seidenbandweberei war im Markgräflerland etwas zu verdienen, dafür sorgte die anmutige, bis heute nicht ganz verschwundene Frauentracht. Karl Mez' Vater führte die Weberei weiter, der jüngste Bruder war nach Freiburg gezogen und betrieb dort einen Warenhandel. Zu diesem kinderlosen Onkel wurde Karl Mez geschickt, als er eben sieben Jahre alt war. Evangelischfromm wie im Elternhaus, dabei noch etwas strenger, ging es im Haus und Geschäft dieses Onkels zu; daß dieser Mann, damals der einzige Protestant mit Bürgerrecht in Freiburg, in den Gemeinderat berufen wurde, ist außergewöhnlich; es scheint, daß von ihm eine prägende Kraft auf den Jungen übergegangen ist, der dabei nichts von seiner angeborenen Munterkeit einbüßte. Frisch konfirmiert, vierzehnjährig, wird er in die französische Schweiz geschickt, nach Freiburg im Üchtland, wo er bei den Herren Girard frères eine kaufmännische Lehre durchmacht; hier lernt er gründlich Französisch, läßt sich auch von einem Kapuziner Unterricht im Italienischen geben. Nach drei Jahren kehrt er heim, nach Kandern und Freiburg; er macht damals mit der Edelsteinschleiferei in Waldkirch Bekanntschaft.

Dann zieht es den jungen Menschen wieder in die Ferne – es soll nach Italien gehen, er will sich dort eine Stelle als Commis suchen, nimmt auch ein Säcklein voll geschliffener Granaten mit, um sie unterwegs zu verkaufen. Zu Fuß marschiert er los, ein Siebzehnjähriger, nach Basel, Genf und über den Simplon. Der Versuch, in Mailand eine Stelle zu bekommen, mißlingt, er zieht weiter nach Verona, nach Florenz und endlich bis Neapel. Ein Spaziergang von Kandern nach Neapel, beinahe mit Seumes »Spaziergang nach Syrakus« zu vergleichen (der immerhin ein gestandener Mann war bei jenem Unternehmen). Hier nun endlich macht er kehrt und hofft, sein Glück in Rom zu machen. Er pilgert in Begleitung eines Mönchs zur ewigen Stadt, erleidet in den Pontinischen Sümpfen einen Malariaanfall, wird von seinem Wanderkameraden auf einem Fuhrwerk nach Rom geführt und im Kloster gesund gepflegt. Es ist ein sonderbarer Zug in Mez' Leben, daß er als tief überzeugter Protestant fast immer in katholischer Umgebung lebt und wirkt und mit der Majorität ausgezeichnet auskommt, nicht geduldet, sondern geachtet und beliebt. Mit einer Beschäftigung in Rom ist es nichts, Mez will heimziehen, findet aber dann in Mailand bei dem Fabrikanten Keller, einem Schweizer, eine gute Stelle; hier erlernt er die Seidenfabrikation von Grund auf. Als er heimkehrt, ist er erst zwanzig Jahre alt. Was für Lehr- und Wanderjahre!

Er tritt in Freiburg ins Geschäft seines Onkels ein, das aus einem Gemischtwarenladen und einer kleinen Bank bestand, erweitert es durch einen Seidenhandel. Auch sein Vater tritt dieser Firma bei, die nun »Gebrüder Mez« heißt. Jahrelang ist Karl Mez Handlungsreisender für dieses Haus, »Musterreiter«, denn zu Roß und mit seinem Musterkoffer ist er unterwegs, meistens im Badnerland und im Württembergischen; bringt nicht nur seine Ware an den Mann, sondern macht sich, landauf, landab reitend und mit Menschen aus allen Schichten im Gespräch, seine Gedanken; weder seine Geschäfte, noch die Schönheit des Schwarzwalds verstellen ihm den Blick für Elend und Ungerechtigkeiten. Im Familiengeschäft wird er Teilhaber, es wird auf die Fabrikation von Seidenzwirn ausgedehnt und wächst ins Große. Die Zwirnmaschinen, anfänglich von Hand geschwungen, werden vom Wasser der Dreisam betrieben. Im Jahr 1837 werden 1200 Menschen, meist Frauen, beschäftigt – nach den damaligen Maßstäben eine außerordentliche Zahl; bald werden Filialen eingerichtet, die erste in Villingen.

Eine sehr eigentümliche, im Bewußtsein der Verantwortung vor Gott verankerte Auffassung vom Sinn und Zweck der Fabriken prägt das Wirken dieses Mannes. Karl Mez sah in der Industrie ein Mittel zum »Glück und Wohlsein der Menschen«, was ungefähr dem entsprechen dürfte, was der

Carl Mez

aufgeklärte Absolutismus die Glückseligkeit der Untertanen genannt hatte: geregelte Arbeit und Freiheit von Hunger und Elend. Die wünschenswerte Vermehrung des allgemeinen Wohlstands führe jedoch zu einer erhöhten sittlichen Gefährdung, und dem müsse begegnet werden. Es wäre unrealistisch, diese zweite Maxime zu belächeln. Mez hatte oft genug beobachtet, wie der über das absolut Lebensnotwendige hinausreichende Verdienst des Fabrikarbeiters ins Wirtshaus getragen wurde und sich dort beim Saufen und beim Kartenspiel verflüchtigte, während die Familien auf einem Existenzminimum sitzenblieben oder gar völlig verkamen. – So sehr Mez in seiner Überzeugung und in seinem unmittelbar und rasch daraus ersprießenden Handeln ein Einzelgänger gewesen ist – bestaunt, geachtet, gelobt, aber kaum jemanden zur Nachfolge bewegend –, er ist keine gänzlich einsame Erscheinung. In den Vogesen, im Steintal, hatte eine Generation zuvor im gleichen Geist Pfarrer Oberlin die Industrie gegen Armut und Verrohung zur Hilfe gerufen und dabei in dem Bandfabrikanten Le Grand von Basel einen idealen Partner gefunden. Ein Zeitgenosse und Freund von Karl Mez war Gustav Werner, ein Stiftler, der als junger Mensch Oberlin begegnet war und der sich nun bemühte, in Württemberg die Fabrikarbeit aus christlicher Verantwortung zu verbreiten, der geradezu die Fabrik zum »Tempel Gottes« machen wollte – das Bruderhaus in Dettingen an der Erms ist daraus erwachsen.

Die im christlichen Geist organisierte und geführte Fabrik – das ist der Inhalt des Lebens dieses Mannes gewesen. Was seiner Fabrik, übrigens auch den meisten der Filialen, einen besonderen Charakter verlieh, war der Umstand, daß Hunderte von meist auswärtigen Arbeiterinnen mit der Fabrik durch eine Wohngemeinschaft verbunden waren, eine »Anstalt für Kost, Wohnung und Überwachung«, wie Mez es in der nüchternen Art seiner Zeit nennt. Betrachtet man diese Anstalt, ihre Führung und Ordnung, so wäre es verfehlt, sie nach heutigen Maßstäben zu messen. Sie kann nur vor dem Hintergrund der Zeitverhältnisse, den Anfängen der Fabrikarbeit, dem Armenwesen, dem Status von Lehrlingen und Gesellen im

Handwerk, von Knechten und Mägden in der Landwirtschaft und den außerordentlich verbreiteten häuslichen Diensten gewürdigt werden. Dann wird man dieser christlichen Fabrik gerecht werden, von deren Hausordnung Mez selbst bemerkt: »Es wird nicht eine tyrannische Durchführung derselben verlangt, aber der Geist der Ordnung muß im allgemeinen herrschend sein.«

Es ging freilich einfach zu, nach dem Grundsatz »Bete und arbeite«. Wenn von Überwachung die Rede ist, so ist damit das Bestreben gemeint, die Mädchen von abendlichen Gängen, Wirtshäusern, Wachtparaden, Tanzböden fernzuhalten. Die Grundsätze für die Verköstigung waren vernünftig, aber ziemlich spartanisch, übrigens war dabei den Arbeiterinnen ein Mitspracherecht eingeräumt. Es wurde Wert darauf gelegt, daß die Mädchen sich außer der Fabrikarbeit im Haushalt und Garten betätigten. Die damals übliche sehr lange Arbeitszeit von zwölf Stunden war dreimal durch Pausen mit Mahlzeiten unterbrochen. Bei der Arbeit war Plaudern untersagt, Singen erlaubt. Fortschrittlich war die Vorsorge für Hygiene und Sauberkeit: gute Belüftung von Schlafräumen und Fabriksälen, Turngerät, für die Zeit ganz ungewöhnliche Vorkehrungen zum Waschen und Baden (mit dem ausgesprochenen doppelten Zweck der Reinlichkeit und Abhärtung), Abwechslung zwischen sitzender und stehender Arbeit. – Ein ungewöhnlicher, für Mez bezeichnender Zug ist die Aufnahme behinderter Mädchen, die keinerlei Chance im häuslichen Dienst haben. »Nicht nur die gesunden, sondern auch die vielen schwächlichen, krüppelhaften, ja die taubstummen, welche uns gebracht werden, leben gemütlich beisammen und kräftigen sich im Hause innerlich und äußerlich.« Die Fürsorge im Krankheitsfall, die Einrichtung einer Sparkasse (Verzinsung von 5%) ergänzen das Bild einer pietistisch gefärbten, für jene Zeit großen und wohlorganisierten sozialen Einrichtung. »Herr im Haus« war freilich auch ein Fabrikant wie Karl Mez, und er wollte es sein – selbst wenn er jeden Morgen um 6 Uhr mit eigener Hand die Fabrikglocke läutete.

Im Jahr 1844 wird Karl Mez in die zweite Kammer des badischen Parlaments gewählt. Er sitzt auf der Linken, Parteifreund der Mathy, Bassermann, Hecker. Was hat diesen tief gläubigen Christen, dessen volkserzieherische Vorstellungen man als erzkonservativ bezeichnen könnte, und der ein selbstbewußter großer Fabrikherr war, zur Linken gezogen? Sein soziales Empfinden, das ihn zum Handeln drängte, und sein starkes Gefühl für Gerechtigkeit. Seine erste Kammerrede anläßlich eines Berichts Mathys über die Motion Bassermanns auf Einführung einer Kapitalsteuer ist eine religiös motivierte Anklage gegen soziale Ungerechtigkeit, wie man sie in diesem Saal noch nicht vernommen hatte.

»Groß ist die Kluft zwischen Armen und Reichen und täglich wird sie noch größer. Durch den Übermut der einen wächst stündlich das Elend der andern. Denken Sie, meine Herrn, an Schlesien (gemeint ist der Weberaufstand) . . . So hatte es der Herr freilich nicht gemeint, als Er mit gütiger Hand reiche Gaben über unsre Erde streute und Menschen erschuf, sie zu genießen. Der Menschen Werk ist es, das Werk der Finsternis und der Lüge, daß einige wenige so ungeheur viel und viele andere so blutwenig besitzen.« Das Fortissimo dieser Rede mündet dann in einer vernünftigen, das momentan Machbare richtig einschätzenden Stellungnahme: er begrüßt die Einführung einer Kapitalsteuer, möchte aber den Satz von 6 Kreuzer für 100 Gulden auf 15 Kreuzer hinaufgesetzt sehen (was immer noch äußerst zurückhaltend war).

Eigentlich paßte ein Mann wie Mez in keine politische Richtung. Doch arm sind Volksvertretungen, die nicht solche ganz auf sich gestellten Originale, unabhängig und von hohem sittlichen Rang, in ihren Reihen haben. Man wußte in der Kammer, wer Karl Mez war und schätzte ihn hoch, auch wenn er in keine Schablone paßte und sein politisches Gewicht leichter war als sein moralisches. Er kam persönlich gut aus mit seinen Parteifreunden. Und es ehrt beide Männer, daß er sich mit Fritz Hecker merkwürdig gut verstand; freilich mußten sie im entscheidenden Moment zu entschiedenen Gegnern werden. Für ihr Verhältnis zueinander spricht eine Anekdote aus dem badischen Parlament, die wir nach Joh. Kober zitieren. »Als einst vom Ministertisch aus, im Verlauf einer heftigen Debatte, welche Heckers fortwährende Angriffe auf die Regierung hervorgerufen hatte, der Name des Teufels gebraucht wurde, rief Hecker dem Minister zu, wie er sich den Teufel vorstelle – er selbst glaube nicht, daß es einen Teufel gebe. Sofort bat Mez um das Wort, um seinem Freunde Hecker diese Frage zu beantworten, und erklärte, daß er an den Teufel glaube und sich ihn vorstelle als ein von Zorn und Haß erfülltes Wesen, etwa wie sein Freund Hecker zuweilen erscheine, wenn er über seine politischen Gegner herfahre. Hecker ließ sich diese Zurechtweisung gefallen, da Freund Mez den Nagel auf den Kopf getroffen hatte.«

Das Streben nach sozialer Gerechtigkeit hatte Mez zur Linken geführt, und in sozialen Fragen war er ein eifriger und zudem sachkundiger Mitstreiter der Radikalen. Er wandte sich aber schlagartig von ihnen ab, als sie zur Gewalt griffen; es zeugt von seiner Vertrauensseligkeit, daß er den Hecker und Struwe keine Umsturzabsichten zugetraut hatte und daß er die ersten Nachrichten davon für falsch hielt. Als er dann erkennen mußte, wie weit die Dinge wirklich gediehen waren, hat er mit großem persönlichen Mut, aber erfolglos, versucht, in Freiburg die Anführer der Aufgeregten von Gewalttätigkeiten abzubringen. Besonderen Mut hat Mez bewiesen, als er den von den Aufständischen gefangenen Bürgermeister seiner Heimatstadt Kandern, Schanzlin, vor der Hinrichtung bewahrte. – Von den Radikalen, von den Republikanern trennte ihn sein Eintreten für die bestehende Ordnung. Aber man kann ihn auch nicht zu den Liberalen rechnen, die mit den kompromißbereiten Märzregierungen zusammenwirkten und in ihren klügsten Köpfen, wie Mathy und Bassermann, die preußische Lösung der deutschen Dinge voraussahen; mochten sie in mancher Hinsicht die politisch Erfahreneren sein, in der sozialen Frage war Mez ihnen voraus; sein christliches Gewissen und seine keineswegs auf die heimatlichen Verhältnisse beschränkten Erfahrungen waren mit liberalen Grundsätzen nur mühsam in Einklang zu bringen.

Karl Mez hat seinen Platz in der Paulskirche eingenommen. Ein auf dem mittleren Schwarzwald gelegener, übrigens stark überwiegend katholischer Wahlbezirk hatte den im ganzen Land hochangesehenen Mann einstimmig in die Nationalversammlung gewählt. In einem Dankschreiben an seine Wahlmänner bekannte er sich zu einer Politik, die man radikal christlich nennen könnte. »Der Mensch ist von seinem Schöpfer zur Freiheit erschaffen« und Christi Gebot »Liebet euch untereinander, denn ihr seid Brüder« als Maxime des Handelns – in seinem Munde wahrhaftig keine Phrasen. Daß er damit im deutschen Parlament von der Rechten bis zur Linken allein blieb, ist nicht zu verwundern. Er ist in der Paulskirche auch kaum hervorgetreten, abgesehen vom Eröffnungstag, wo er einer der wenigen war, die den Vorschlag des Bischofs von Münster ernst nahmen, man solle die Sitzungen mit einem Gebet beginnen.

Nicht in der Paulskirche, sondern in der zweiten Kammer zu Karlsruhe, wo sein Mandat nicht ruhte, hat Mez am 30. November 1848 eine Rede gehalten, deren Bedeutung auch ein politisch versierter Kopf wie Mittermaier hoch eingeschätzt hat – seine Motion »die Ursachen der überhandnehmenden Verarmung betreffend«. Die Rede ist ein höchst merkwürdiges Dokument der Zeit und des Mannes, von dem hier die Rede ist. Mez wirft einen Blick auf das neben dem äußersten Luxus vegetierende englische Großstadtproletariat und das Ackerbauproletariat in Irland, um dann ein präzises und fundiertes Bild der Verelendung in den vergleichsweise idyllischen Verhältnissen des heimatlichen Staats zu entwerfen. Die Dinge sind mit dem klaren Blick eines erfahrenen Fabrikanten, der in verschiedenen Landschaften Filialen betreibt, gesehen und mit den Einsichten eines gewissenhaften Abgeordneten in die Nöte seines Bezirks. Er spricht von Gemeinden, in denen ein Drittel der Bürger von Unterstützung lebt, ein weiteres Drittel keine Steuern zu zahlen vermag und das letzte Drittel für alles aufkommen muß. Er vergleicht Löhne und Konsum nach internationalen Maßstäben. Er weist auf die Notwendigkeit hin, »Kenntnisse, Fertigkeiten und Einrichtungen« der heimischen Industrie zu entwickeln und befürwortet Schutzzölle, bis das eigene Gewerbe international konkurrenzfähig ist. Zu den Maßnahmen, die Mez empfiehlt, gehören Steuergerechtigkeit, vor allem progressive Steuern, und Sparsamkeit in den öffentlichen Ausgaben; »Fabrikgesetze«, also soziale Gesetzgebung, wobei er besonders das Verbot der Kinderarbeit im Auge hat. Man findet den verblüffenden Ausspruch: »Das Fabrikwesen hat sein rein monarchisches System gehabt, es wird bald in ein konstitutionell-monarchisches übergehen, und ich zweifle nicht, daß es in späteren Zeiten auch die edle republikanische Form erreiche, dann, meine Herren, wird das Fabrikwesen die herrlichste Gelegenheit zu einer brüderlichen Association darbieten ...« Doch bilden ein Hauptstück der Motion volkserzieherische Empfehlungen aus pietistischem Geist und patriarchalischer Gesinnung, »väterliche Beaufsichtigung von seiten der bürgerlichen Behörden« und heftige Worte gegen das Wirtshausunwesen, das »den Armen noch ärmer« macht.

Als im Frühsommer 1849 die Preußen nach der Zerschlagung der revolutionären badischen Armee auf Freiburg rücken, und sowohl die versprengten Demokraten als auch der kopflose Regierungspräsident fliehen, übernimmt Mez im Namen des Gemeinderats provisorisch die Regierungsgewalt. Die preußischen Truppen unter dem Kommando von Prinz Wilhelm (dem späteren König und Kaiser) rücken ungehindert ein. Wilhelm bestellt den Gemeinderat zu sich, bespricht sich aber zunächst mit dem inzwischen zurückgekehrten Regierungspräsidenten. Mez, mit den Gemeinderäten auf dem Korridor stehend, läßt dem Prinzen ausrichten, sie seien nicht gewohnt, vor der Tür zu warten. Bald darauf erscheint Wilhelm und spricht mit den Gemeinderäten, auch mit Mez, der wahrscheinlich als einziger kein Blatt vor den Mund nimmt. Wilhelm »merkt sich den Mann«, läßt sich vom Regierungspräsidenten den Namen sagen und befiehlt »Schaffen Sie diesen Herrn aus der Gemeindeverwaltung«. So geschah es. Elf Jahre lang hat Mez keines der öffentlichen Ämter angenommen, die ihm angetragen wurden.

Auch ohne politische Mandate und Ehrenämter

war der Tag dieses Mannes gefüllt. Zwei Söhne und zwei Töchter wuchsen heran, die Firma dehnte sich aus, in Freiburg wurde eine zweite Hauptfabrik erstellt, acht Filialen waren in Betrieb, bis hinunter nach Karlsruhe und hinüber in den württembergischen Schwarzwald (Christophstal). Eine Einkaufsfiliale in Amasia in der Türkei führte Mez wiederholt auf Orientreisen. In New York wurde eine Verkaufsfiliale eröffnet.
In den 1860er Jahren nimmt Mez auch wieder förmlichen Anteil am bürgerlichen Leben seiner Stadt; im Bürgerausschuß, dann im Stadtrat, auch im Kreisausschuß, wo er sich um die landwirtschaftliche Berufsausbildung kümmert. Im Jahr 1859 hatte er eine Anstalt ins Leben gerufen, die ihm in seinen Altersjahren besonders am Herzen lag: das Evangelische Stift. Es wurde zunächst in einem Haus an der Herrenstraße eingerichtet; nach und nach wurde das Grundstück, das sich bis an den Fuß des Schloßbergs zieht, bebaut – Waisenhaus, Diakonissenstation, Witwen- und Altenheim, Kinderschule, Mädchenheim, Gesellenherberge, eine Badeanstalt. Seine tätige Nächstenliebe und sein Organisationsgenie hatten ein ideales Betätigungsfeld gefunden. – Das Ansehen dieses Mannes war derart gewachsen, daß ihm das Amt des Bürgermeisters seiner damals noch fast rein katholischen Stadt angeboten wurde. Er hat es nicht angenommen, mag das aber als die höchste der Ehrungen empfunden haben, die ihm im Alter reichlich zuteil wurden.
Ein Patriarch von biblischem Zuschnitt. Er starb am 28. Mai 1877. Seine Familie, seine Firma, sein Stift blühen noch heute.

Robert von Mohl

mit einem Blick auf seinen Bruder Moritz

Robert Mohl (geadelt wurde er im Alter) kam am 17. August 1799 in Stuttgart zur Welt. Der Vater war »Akademist«, Absolvent der hohen Karlsschule, und wie viele seinesgleichen ein hervorragend befähigter Staatsdiener im alten und später im größeren neuen Württemberg. Da der Vater von Mutterseite ein Enkel des berühmten Landschaftskonsulenten Johann Jacob Moser war und die Mutter eine geborene Authenrieth, multiplizierte sich in Robert Mohl und seinen Brüdern das Erbe der altwürttembergischen Ehrbarkeit. Seine Schulbildung erhält er am Gymnasium illustre, das wir heute Eberhard-Ludwigs-Gymnasium nennen. Ein Erzwürttemberger, der aber zu hohen Ämtern und Würden im Großherzogtum Baden kommen soll. Intelligent von Natur und vom Ehrgeiz des Vaters bedrohlich überwacht, absolviert er das Gymnasium mit Bravour.

Es folgt das Jurastudium an der Universität Tübingen, die sich in einem recht armseligen Zustand befand. Robert Mohl, zu dessen literarischen Fähigkeiten die Kunst der Porträtskizze gehört, hat Charakteristiken der wunderlichen Greise hinterlassen, die damals an der Landesuniversität Jura lehrten, oft in ihren Wohnungen, »in einer Nankingjacke und mit einem Schoßhündchen auf dem Arme« et cetera. Aus einer Schilderung des geselligen Lebens im biedermeierlichen Tübingen aus Mohls Feder haben wir in einem vorhergehenden Kapitel zitiert. Er lernt, was zu lernen ist und macht sich auch in der Universitätsbibliothek nützlich. Er beendet sein Studium, gegen die Regel, im Ausland, nämlich in Heidelberg, wo in der juristischen Fakultät hellere Lichter brennen, wie der damals berühmte Pandektenlehrer Thibaut. Heimkehr nach bestandenem Examen, und von Ellwangen aus, das inzwischen Sitz der Eltern geworden ist, der Dr. iur. an der Universität Tübingen.

Es lag im elterlichen Erziehungsplan, daß jeder der vier Söhne nach Abschluß des Studiums eine längere Reise »zur Vollendung der Bildung« machen solle. Das erste Ziel von Roberts Reise ist München. Dann geht es über Nürnberg nach Frankfurt, wo sich der junge Jurist, an den württembergischen Bundestagsgesandten Freiherrn von Wangenheim empfohlen, mit dem Bundesrecht zu befassen hat; Mohl hat Gelegenheit, sich mit den Protokollen der Karlsbader Konferenz genau bekanntzumachen. Im Winter nimmt der strebsame junge Herr auch am geselligen Leben teil, das durch die vielen Gesandtschaften einigen Glanz erhält, in dem sich ein wenig ancien régime spiegelt; ein Hauch von Welt weht durch dieses Frankfurt. In der schönen Jahreszeit geht es über Kassel nach Göttingen, wo auf der Bibliothek gearbeitet wird, dann durch den Harz nach Sachsen, nach Böhmen und nach Berlin, und wieder zurück nach Göttingen. Von dort reist er im Winter nach Paris; kommt im Januar 1823 an und bleibt bis April 1824. Das Wort »Bildungsreise« sagt nicht zu viel. Wen durfte dieser junge Mensch, kreuz und quer durch Deutschland reisend, persönlich kennenlernen! In Erlangen Schelling; in Kassel die Brüder Grimm; in Leipzig den Buchhändler Brockhaus; in Dresden Karl Maria von Weber; in Berlin Savigny, Schleiermacher, den Buchhändler Reimer; daß er in Weimar sich ohne Empfehlungsschreiben nicht zu Goethe getraut hat, hat er zeitlebens bedauert.

Robert Mohl beklagt in seinen Erinnerungen, daß er seine Unterrichtung in Paris nicht systematisch betrieben habe. Nun – schlecht hat er diese kostbare Zeit nicht angewendet. Das französische Staatsrecht hat er gründlich kennengelernt. In der Deputiertenkammer hat er glänzenden Rednern zugehört. Er begegnet Alexander von Humboldt. Aufs freundlichste aufgenommen wird er von dem großen Naturwissenschaftler Cuvier, alter Mömpelgarder und Karlsschüler, Cuvier spricht mit dem Sohn seines alten Akademiekameraden mit Vorliebe deutsch, »und zwar in dem entsetzlichsten Stuttgarter Dialekte«. Erwähnen wir noch, daß Robert Mohl beim amerikanischen Konsul verkehrt und daß er in Paris eine Studie über das amerikanische Bundesrecht schreibt, so dürfen wir ihn wirklich einen jungen Herrn von Welt nennen.

Der Ruf an die Universität Tübingen, bei dem der einflußreiche Vater nicht unbeteiligt war, ist für den kaum Fünfundzwanzigjährigen ehrenvoll, bedeutet freilich eine Heimkehr aus der Welt ins engste Nest. Robert Mohls Tätigkeit an der

Robert Mohl

gedr. v. Ed. Gust. May in Frankfurt a. M.
nach Biow's Lichtbild
Verlag u. Eigenthum der S. Schmerber'schen Buchhandlung
(Nachfolger H. Keller) in Frankfurt a. M.

Landesuniversität dauert einundzwanzig Jahre, bis 1845. Er war in dieser Zeit ein tüchtiger und gesuchter Staatsrechtslehrer und hat sich Verdienste dabei erworben, die alte Universität allmählich den Erfordernissen der Zeit anzupassen. Das gilt vor allem für die Bibliothek – er wird 1836 zum Oberbibliothekar ernannt –, die unter seiner Leitung aus Rückständigkeit, Armut und Schlamperei herausgeführt und zu einer der angesehenen Universitätsbiliotheken in Deutschland gemacht wird. Er mag bei seinem Wirken im engen Rahmen der kleinen Universität bei all seiner Intelligenz, Bildung und Energie nicht der angenehmste Kollege gewesen sein. Er war ein kritischer Kopf, schmallippig, mit einem scharfen Blick für die Schwächen und Flecken seiner Mitmenschen; manche seiner brillanten Porträtskizzen sind Karikaturen.

Übrigens sind die arbeitsreichen Jahre im engen Tübingen durch bemerkenswerte Reisen unterbrochen. Eine führt nach Belgien; das Hauptziel sind die Bibliotheken und Archive in Brüssel, von deren wenig erschlossenen Schätzen Mohl einen Begriff erhält; bei einem Besuch in Gent wird er Zeuge eines schweren Arbeiterkrawalls. Seine schwankende Gesundheit gibt den Anlaß zu einer ausgedehnten Reise nach Unteritalien. Der tüchtige Mann benutzt seinen Aufenthalt in Neapel zu Einkäufen für seine Universitätsbibliothek; doch lernen wir diesen trockenen Zyniker in seinen Aufzeichnungen über die italienische Reise auch als einen Menschen kennen, der zur Begeisterung und zu feinem Lebensgenuß fähig ist. Im Jahr 1844 wird Mohl als Vertreter der Universität Tübingen zu einer Jubiläumsfeier der Universität Königsberg geschickt; unter seinen Reiseeindrükken sticht hervor eine kritische Beobachtung und Beurteilung des preußischen Königs – für einen Mann, der später in der Paulskirche eine Rolle spielt, eine wertvolle Einsicht.

Das Jahr 1845 markiert einen Bruch der bisher geradlinigen Laufbahn dieses Mannes. Es ist dies seine Hinwendung zur Politik. Als führender württembergischer Staatsrechtslehrer, der die Parlamentsarbeit genau zu verfolgen pflegte, war er diesem Bereich ohnehin nahe genug. Der Teilnahme am politischen Leben durch ein Landtagsmandat stand aber die seltsame Verfassungsbestimmung entgegen, daß nicht gleichzeitig Vater und Sohn Abgeordnete sein dürften; da der Vater Mitglied der ersten Kammer war, konnte sich Robert Mohl erst nach dessen Tod – das war 1845 – um einen Sitz in der zweiten Kammer bewerben. Allgemeine Wahlen standen nicht heran, doch war in Balingen eine Neuwahl ausgeschrieben. Der brennende Wunsch, im Parlament mitreden zu dürfen, hat den sonst so lebensklugen Professor – der sich zur Kur in Baden-Baden aufhielt und die Sache von dort aus bewerkstelligen wollte – zu der törichtsten Form der Bewerbung verleitet, was weitere Irrungen und Wirrungen nach sich zog mit der Folge, daß die Regierung ihm die Professur entzog und ihn nach Ulm an die Regierung des Donaukreises strafversetzte. Darauf quittiert Robert Mohl den württembergischen Staatsdienst, in den er quasi hineingeboren war.

Die folgenden Monate bilden einen merkwürdigen, fast abenteuerlichen Abschnitt im Leben dieses sonst so selbstsicheren Menschen. Gespenstisch mutet eine Begegnung mit dem seinem Ende zutreibenden Friedrich List an, der ihn in Augsburg als einen Schicksalsgefährten, Opfer württembergischer Regierungsintrige, begrüßt (wenig später hat List sich erschossen). Aufgeregt greift Mohl nach jeder sich bietenden Gelegenheit, sich in den Landtag zu zwängen, fällt in Urach durch und reüssiert endlich in Tuttlingen. Einen für ihn so ehrenvollen wie vorteilhaften Ruf an die Universität Berlin schlägt er deswegen aus. Mohl ist nun im Landtag – er hat es sich viel kosten lassen! Aber der mit einschlägigen Kenntnissen glänzend versehene Abgeordnete hat keine Fortüne. Ein jahrzehntealter Traum ist verwirklicht, aber der Apfel, in den er beißt, erweist sich als wurmig. Da erreicht ihn ein Ruf an die Universität Heidelberg. Berlin wäre mehr gewesen, aber jetzt greift Mohl zu, unter Verzicht auf sein Landtagsmandat. Er ist nun achtundvierzig Jahre alt.

Sein Selbstbewußtsein hatte nicht gelitten. Er hatte sich der badischen Regierung gegenüber eine fast halbjährige Reise nach England vor der Aufnahme seiner Lehrtätigkeit ausbedungen. Man hat den Eindruck, daß sein ausgeprägtes Talent für Bildungsreisen sich nirgends so gut bewährt hat wie bei den Briten, mit deren Lebensweise er sich bekannt macht von der Hofgesellschaft, den Universitäten Oxford und Cambridge, dem Athenaeum-Club und dem feudalen Landleben bis zum Studium der Polizei, der Armenpflege, des Fabrik- und Hafenwesens und dem Augenschein in den elendesten Slums. Ausgelüftet und belehrt nimmt er seine Tätigkeit in Heidelberg auf. Aber erst im Wintersemester 1849 auf 1850 wird er zu einem geordneten Lehrbetrieb kommen.

Kaum von einer Krankheit, die ihn im ersten Heidelberger Winter befallen hatte, genesen, wird Mohl nach Frankfurt ins Vorparlament berufen. Dort hat er als Mitglied im Fünfziger-Ausschuß großen Anteil an der Ausarbeitung der Geschäftsordnung, die dann von der Nationalversammlung sofort in Kraft gesetzt werden wird. Zu seiner eigenen Überraschung ist es dann ein württembergischer Wahlbezirk, Mergentheim-Gerabronn, der ihm die Kandidatur für die Paulskirche anbietet und ihn wählt. Der Zufall hatte es gewollt, daß er dort gegen Bassermann kandidieren mußte. Ein Bild von dieser Wahl gibt uns kein anderer als Eduard Mörike in einem Brief vom 26. April aus Mergentheim: »Am Sonntag Abend fuhr Professor Robert Mohl von Heidelberg, als eingeladener Bewerber wegen Frankfurt, unter Vivatruf hier ein; am Ostermontag gingen viele Wagen und Chaisen, mit deutschen Fahnen geschmückt, zur Volksversammlung nach Niederstetten; sie sammelten sich vor dem Hirsch; ich sah mit der Mama vom Eckzimmer zu ... Die Versammlung war im Schloßgarten zu Stetten, die breite Steintreppe war die Tribüne. Mohl hatte zwar die Mehrzahl auf seiner Seite, fand aber, wie sich hoffen ließ, viel Widerstand, zumal durch die Pfarrer, die man nur nicht zu Worte kommen ließ. Seine Verteidigung und Erklärung soll unbestimmt, zweideutig, ohne Kraft gewesen sein; dennoch ist kaum zu zweifeln, daß seine Wahl durchgesetzt wird. – Seit gestern weht zu Ehren dieser Angelegenheit eine große, schwarzrotgelbe Fahne vom Kranz des Stadtkirchturms herab ... große Gruppen Wähler vom Land stehn auf dem Markt zwischen den

Kramständen umher ... Habt Ihr Gelegenheit, von den hiesigen Bezirkswahlen zu sprechen, so könnt Ihr versichern, daß nur Mergentheim für Robert Mohl, die Mehrzahl der übrigen Wähler jedoch entschieden für Bassermann ist. Die wenigen hiesigen Anhänger des letzteren ... werden schlimm angesehn; gestern hieß es, sie würden Katzenmusik erhalten; ist das nicht abscheulich? Weil drei oder sechs angesehne Bürger einen voreiligen Mißgriff durch Einladung des verdächtigen Heidelberger Professors getan, so halten sie's für Ehrensache, diese Wahl um jeden Preis durchzusetzen ...«

Man sieht, der Dichter war Partei. Es war ein seltsamer Zufall, daß in diesem abgelegenen Bezirk zwei so bedeutende politische Köpfe zur Wahl standen. Beide werden sich im Reichskabinett wiederfinden. Es sei übrigens angemerkt, daß der stets sehr kritische Robert Mohl in seinen Lebenserinnerungen mit großem Respekt von Bassermann spricht.

Bevor wir von Robert Mohls Tätigkeit in der Paulskirche reden, die fast identisch ist mit seinem Wirken als Justizminister, soll sein jüngerer Bruder Moritz erwähnt werden, der ebenfalls Abgeordneter der Nationalversammlung gewesen ist. Alle vier Brüder dürften ebenso intelligente wie schwierige Männer gewesen sein. Während Robert Mohl es im großen und ganzen verstanden hat, durch Welt- und Menschenkenntnis seine Fähigkeiten zur Geltung zu bringen und verderblichen Klippen auszuweichen, ist es seinem kaum weniger begabten, gewiß nicht weniger arbeitsamen Bruder Moritz nicht vergönnt gewesen, seine Natur ins Gleichgewicht zu bringen. Im Privatleben hat er das Bild eines skurrilen Junggesellen geboten, in der Politik war er von einer unbelehrbaren Einseitigkeit, auf fixierte Grundsätze eingeschworen und unfähig, andere Gesichtspunkte zu erfassen. Trotzdem hat er durch große Kenntnisse, namentlich in der Volkswirtschaft, eisernen Fleiß und absolute Redlichkeit sich einen gewissen Ruf als Politiker errungen. Eingefleischtes Mißtrauen gegen Preußen, eine versteinerte Ablehnung der Judenemanzipation, eine übertriebene Vorstellung vom Nutzen der Schutzzölle haben seine Haltung in der Nationalversammlung bestimmt. Moritz Mohl ist einer der Unentwegten im Rumpfparlament, wurde dann Abgeordneter im württembergischen Landtag und zuletzt, von 1871 bis 1874, im Reichstag; er hat dort erfolgreich an der Schutzzollgesetzgebung mitgewirkt, und das mag ihn mit dem neuen Reich unter Preußens Führung ausgesöhnt haben. Er ist in sehr hohem Alter gestorben.

Zurück zu Robert Mohl. »Meine Stellung in der Versammlung übertraf meine Erwartungen«, schreibt er im Rückblick auf die Paulskirche. Als Redner ist er nicht besonders hervorgetreten, das war nicht seine Stärke. Er wurde aber sogleich in den wichtigsten, den Verfassungsausschuß, gewählt, dessen Vorsitzender Bassermann war. Am 9. August 1848 wurde er Reichsjustizminister und blieb es mit einer kurzen Unterbrechung bis September 1849. Die Verhandlungen bei der Bildung der ersten Reichsregierung (dem Reichsministerium, wie es hieß) waren recht mühsam. Das im Württemberger Hof tagende »linke Centrum«, zu dem Robert Mohl gehörte, ließ sich gehörig umwerben und schraubte seine Forderungen hoch. So wurde denn Robert Mohl Justizminister, und seine engsten politischen Freunde Fallati und Wiedenmann wurden als Unterstaatssekretäre untergebracht. Diese drei waren es übrigens, die zunächst opponierten, als sich das übrige Reichskabinett, schweren Herzens, gezwungen sah, dem von Preußen eigenmächtig mit Dänemark in Malmö geschlossenen Waffenstillstand zuzustimmen. Nachdem sie in einer Droschke mehrmals um die Stadt gefahren und sich in diesem schwankenden Lokal über die möglichen Folgen ihres Alleingangs ausgesprochen hatten, schlossen sie sich dann doch der Meinung ihrer Kollegen an.

Daß Mohls Wirken als Reichsminister mit Ausnahme der Reichs-Wechselordnung kaum bleibende Spuren hinterlassen hat, ist im Gang der Ereignisse begründet. Seine Tätigkeit ist gekennzeichnet durch ordentliche Geschäftsführung und durch eine politische Haltung, die zwischen rechts und links einen ziemlich genauen Mittelkurs hält. Einmal hatte er Gelegenheit, sich männlich zu bewähren. Bei der Niederschlagung der blutigen

Septemberkrawalle in Frankfurt waren im Keller der Hauptwache, hineingestoßen und hineingeschmissen, zahlreiche Gefangene aufs übelste zusammengepfercht. Mohl, zufällig des Weges kommend, sah sich in Begleitung herbeigerufener Offiziere die Sache an, telegraphierte mit dem Gouverneur von Mainz und sorgte dafür, daß die Gefangenen aus dem Loch herausgeholt und in einem gesicherten Transport in die Festung verbracht wurden; sie wären sonst jämmerlich zugrunde gegangen. – In jenen Tagen beauftragte, einem Antrag Bassermanns folgend, die aufgeschreckte Nationalversammlung das Justizministerium, ein Aufruhr-, Press- und Vereinsgesetz für ganz Deutschland vorzulegen. Trotz Bassermanns Drängen und Mahnungen seitens des Reichsverwesers blieb die Sache, schwer zu begreifen, unerledigt liegen. »Die Linke fühlte rasch, daß die am 18. bewiesene Energie keine Nachhaltigkeit hatte« (Bassermann). Es mutet seltsam an, daß Robert Mohl in einer bürgerkriegsähnlichen Situation auf offener Straße mehr Entschlossenheit bewiesen hat als in der Stille seiner Kanzlei.

Unter den zahlreichen Chronisten der Frankfurter Nationalversammlung ist es Mohl, der besonders betont, wie rasch fast alle gealtert sind, die damals die Verantwortung getragen haben. Im Herbst 1849 kehrt er nach Heidelberg zurück, genauer: zunächst zu seiner vor dem badischen Revolutionskrieg ins Rheinland geflohenen Familie. Die Lehrtätigkeit in Heidelberg leidet einige Semester lang unter dem bleischweren Druck der Reaktion, die sich nach dem Scheitern der großen demokratischen Anstrengung über ganz Deutschland ausbreitet. Als Liberaler war Mohl genugsam ausgewiesen. Aber er hat die schwierige Zeit mit Anstand und Klugheit durchgehalten; auch gewann eine maßvolle Liberalität im weiteren Verlauf der 50er Jahre in Baden wieder Ansehen. Als Vertreter seiner Universität wird Mohl in die erste badische Kammer berufen, und er wird später deren Präsident – das war wohl der höchste protokollarische Rang im Staate nach dem Großherzog, eine Ehre, die jedoch im alten Baden mit keinerlei Einkünften oder Bequemlichkeiten verbunden war; dazu wird ihm der erbliche Adel verliehen. Als badischer Gesandter beim Bundestag kehrt er noch einmal nach Frankfurt zurück – eine etwas gespenstische Sache. Nicht so sehr Mohl war ein Revenant, sondern der ungeliebte Bundestag, im Sommer 1848 scheinbar in der Rumpelkammer der Geschichte gelandet, war auf Initiative Österreichs wiedererstanden, noch unpopulärer als einst, aber eben doch, wie die deutschen Dinge lagen, nicht unnütz und besser als gar nichts. Wiederum spielten sich die Geschäfte in dem gleichen Palais Taxis ab, in dem sich anno 48 das »Reichsministerium« eingenistet hatte, und das nun wieder dem alten Zweck diente.

Robert von Mohl hat nach dem endgültigen Hinscheiden des Bundestags dem Großherzogtum Baden noch von 1867 bis 1871 als Gesandter in München gedient. Die Antrittsaudienz bei dem jungen König Ludwig II. ließ erst lange Zeit auf sich warten, bis sie plötzlich Hals über Kopf anberaumt wurde . . . Übrigens war der Posten in München in den Jahren zwischen Königgrätz und Sedan keineswegs uninteressant. Die nächste Stelle des alt gewordenen Professors und Politikers ist die des Präsidenten der badischen Oberrechnungskammer. Am Ende seines Lebens nimmt er noch einen Platz im Reichstag ein. »Das neue Deutsche Reich hatte keinen eifrigeren und aufrichtigeren Anhänger als mich.« Er stirbt am 4. November 1875 in Berlin.

Robert von Mohl hat eine Fülle gedruckter Werke hinterlassen, über das württembergische Staatsrecht, über die Verantwortlichkeit der Minister in konstitutionellen Monarchien, über Polizeiwissenschaft; eine große rechtsvergleichende Geschichte der Staatswissenschaft – der Titel sind viele. Wer sich mit der Geschichte der Staatswissenschaften befaßt, wird an seinen Arbeiten nicht vorübergehen. Jeder Freund der deutschen Geschichte aber wird ihm für seine voluminösen Lebenserinnerungen dankbar sein. Sie sind prall gefüllt mit bemerkenswerten Details und sie zeigen uns, mögen sie auch an vielen Stellen einseitig, nicht selten ein wenig boshaft sein, einen Mann von Weltkenntnis und klarem Verstand.

Friedrich Theodor Vischer

Am 30. Juni 1807 hat Fritz Theodor Vischer in Ludwigsburg das Licht der Welt erblickt; wie vor ihm Justinus Kerner und Mörike und ein Jahr später David Friedrich Strauß. Der Vater war Stadtpfarrer; er starb 1814 als Soldat Christi und brav am Lazarettyphus; ließ die Familie in Armut zurück. Und da der Sohn ein heller und fleißiger Bub war, öffnete sich ihm die Laufbahn eines württembergischen Seminaristen. Im Seminar zu Blaubeuren gehört er mit Strauß, Gustav Pfizer und Wilhelm Zimmermann zu der »Geniepromotion«, bei der die seltene Note 1a viermal verliehen wurde. Dann nimmt ihn das Tübinger Stift auf. Vischer studiert Theologie, ohne religiöse Neigung, aber fleißig und mit seinem hellen Kopf. Während die Blaubeurer Zeit ihm später durch jugendliches Schwärmen verklärt erscheint, ist ihm das Stift als dumpf und eng in der Erinnerung geblieben. Aber er macht auch die theologische Dienstprüfung mit 1a. Vikariat in Horrheim, neben den Amtsgeschäften philosophisches Studium und allerlei literarische Produktion. Es folgt ein Jahr als Repetent am Seminar zu Maulbronn und darauf die herkömmliche Magisterreise. Es geht nach Göttingen, Berlin, Dresden, Prag, Wien; zu Fuß durchs Gebirge, über München zurück. Was ihm von diesem ersten Blick in die Welt bleibt, ist vor allem eine Neigung zu Österreich, seiner Vielfalt und der Farbigkeit seines Volkslebens. Vischer wird 1833 Repetent am Stift, eine Auszeichnung für den jungen Wissenschaftler. Als er von dort fast zufällig auf eine ansehnliche Pfarrstelle geraten wäre, zuckt er zurück. Es wird ihm klar, daß er zwar ein belesener Theologe, aber kaum mehr ein Christ ist. Im Jahr 1836 zieht er die Konsequenz, tritt aus dem Kirchendienst aus und etabliert sich in Tübingen als Privatdozent für Ästhetik und Literatur.

An Vischers geistiger Entwicklung war sein Freund D. Fr. Strauß stark beteiligt. Der hatte im Jahr 1835 sein »Leben Jesu« veröffentlicht, im Grunde nichts anderes als ein scharf durchdachtes, auf das Neue Testament bezogenes philologisches Werk, das jedoch eine gewaltige, von ihm nicht beabsichtigte Wirkung hatte. Die wissenschaftlich begründeten Zweifel an den Evangelien rissen vieles nieder, was Gewohnheit und fromme Scheu wider mancherlei Vermutung aufrechterhalten hatten. Die Wirkung war lodernder Zorn bei den kirchlichen Oberen, Grauen und Gram bei den Pietisten und bei den Liberalen eine gewisse Verwirrung und Verlegenheit. Strauß, ein zarter, scheuer Mann, war Gegenstand höchsten Aufsehens und wütender Angriffe geworden. Mit Scharfsinn, Courage und wollüstiger Angriffslust hat sich Vischer in den Kampf für den Freund geworfen. Diese »Straußenfehden« haben Vischers Weltvorstellungen und seine spätere Politik entscheidend geprägt.

Trotz seiner entschiedenen, bisweilen rabiaten Parteinahme für den in kirchlichen Kreisen geradezu geächteten Strauß gewann sich der junge Privatdozent mit seinen geistreichen, witzigen Vorlesungen und Publikationen über Malerei, über das Nibelungenlied, über Shakespeare und über den Faust ein solches Maß an Achtung, daß er mit dreißig Jahren zum a.o. Professor ernannt wurde. Zu seinem Tübingen hat er, damals wie zeitlebens, eine Art von Haßliebe entwickelt, in der man die Liebe etwas mühsam suchen muß. Er lechzte nach Welt, und da er immer, wenn möglich, dem Gedanken die Tat folgen ließ, machte er sich 1839 auf eine lange Reise, die ihm wirklich ein Stück Welt erschlossen hat; Italien, Griechenland. Seine Briefe aus Italien zeugen von einem hellen Schönheitssinn, von der Beglückung, Bücherwissen durch die Anschauung zu überhöhen; aber leider auch von bornierter Überheblichkeit – die Italiener sind Dreckspatzen, Faulpelze, Tierquäler – und überall wimmeln Pfaffen herum, die unser Reisender nun einmal nicht riechen kann – er ist streng, der kleine Herr aus Deutschland, und zeigt es jedem, der es zu verdienen scheint, daß mit ihm nicht gut Kirschen essen ist. Vischer hat sein Leben lang einen Kampf gegen engstirniges, engherziges Spießertum geführt, hitzig, witzig, großartig bisweilen; aber er selbst ist nicht ganz frei davon.

In sein Tübingen zurückgekehrt, wird er nach Begabung und Absicht zu einem der bemerkenswertesten Köpfe an der kleinen Universität. Er leistet das bis dato Unerhörte, alle seine Vorlesun-

Friedrich Theodor Vischer

gen ohne Manuskript, und zwar gut, zu halten. Sein Selbstbewußtsein, das er überflüssigerweise auch durch höchsteigene Modeschöpfungen unterstreicht, ist freilich verletzlich, auch sachlicher Widerspruch reizt ihn zum Zorn, die kleinste Störung in der gewohnten Umgebung irritiert ihn. Robert Mohl hat vielleicht recht mit der Bemerkung: es sei Vischers Pech, daß er nicht ein Stück länger gewachsen sei, »dann würde er nicht immer notwendig finden, vor seiner Ehre Schildwache zu stehen«. Er sprühte von Geist, aber es war schwer mit ihm auskommen; er hat übrigens geheiratet, zu seinem Unglück und besonders zum Unglück für die schöne junge Frau aus Österreich.

Im Jahr 1844 erfolgt Vischers Ernennung zum ordentlichen Professor für Ästhetik und deutsche Literatur; dies, obwohl er sich in jenem Jahr mit besonderer Schärfe, nicht ohne Gehässigkeit, mit den Pietisten angelegt hatte. Seine Antrittsrede, wie immer rhetorisch glänzend, war ein Peitschenknallen gegen alle seine Widersacher, und er genierte sich nicht, als Inhaber eines Lehrstuhls für Ästhetik, die unästhetische Erscheinung mancher Kollegen zu kommentieren. Die entzückten Studenten brachten ihm einen Fackelzug. Die Getroffenen appellierten dringend an die Regierung in Stuttgart, gegen den Unverschämten einzuschreiten. Der Kompromiß, den man sich in der Regierung abrang, zeigt das Ausmaß der Verlegenheit. Es wurden ihm für die Dauer von zwei Jahren alle Vorlesungen an der Universität verboten – bei Fortzahlung des Gehaltes, was bei der berühmten altwürttembergischen Sparsamkeit sehr außergewöhnlich war und den Schluß nahelegt, daß einige der maßgebenden Beamten im fest verschlossenen Busen ihre Freude an dem unverschämten Professor hatten. Vischer seinerseits hat nicht seinen Abschied genommen, wobei die Sorge ums Brot wohl mitgesprochen hat. In seinem Lebensrückblick meint er »Von da an erst ist mir der ganze Haß gegen Pietismus, Kirchen- und Pfaffentum in die Seele eingebrannt. Wer nicht an sich selbst erfahren hat, wie ihr Stich tut, mag leicht von Duldung sprechen . . .« Wie stark er das selbst provoziert hatte, das einzusehen, war ihm nicht gegeben.

Es braucht keiner besonderen Einfühlungsgabe, um sich vorzustellen, wie die Stürme des Jahres 1848 auf Vischer wirken mußten. »Trunken, wie billig, vom Weine der Zeit« hat er sich selbst in jenen Märztagen gesehen. Als die Nachricht vom Sturz Metternichs Tübingen erreicht, ist Vischer der erste Redner in einer Volksversammlung auf dem Schloßhof. Es reißt ihn geradezu fort: »Brave Jünglinge und Lehrer der Universität, brave Bürger der Stadt Wien! Er ist fort! Er soll irren wie Kain! Zerbrochen ist der Bau der Lüge, der Verdorbenheit, der rohen Gewalt! Glückauf! Wir kannten euch nicht; wir wußten, daß in verborgenen Kreisen der Geist der Freiheit euch bewegte, aber nicht, in wie viel Herzen freie Gedanken gewaltig waren . . . Da wagt ihr frisch und kühn den schweren Kampf . . . Ihr habt die Bluttaufe bestanden! Ihr habt gesiegt für uns alle. Nehmt hin unsern heißen Dank, das Hochgefühl der Bewunderung! Jetzt gehören wir uns, wir dürfen uns lieben . . .« und so fort.

Er wirft sich in die Politik, strebt nach einem Mandat für die Nationalversammlung. Das ist nicht schwer, denn die Männer der ehemaligen Kammeropposition, mit denen er seit Jahren Fühlung gehalten, haben jetzt in Stuttgart die Regierung gebildet. Den Freunden Strauß und Märklin hat er einen bündigen Brief geschrieben: »Ich befehle Euch beiden im Namen des Vaterlandes, daß Ihr alle Blasiertheit, alle Skrupel und falsche Bescheidenheit abwerft und Eurer Pflicht gehorcht, Euch um Abgeordnetenstellen umzutun!«

In der Folge ergibt sich zwischen Vischer und Strauß ein merkwürdiger Disput. Strauß hat sich dem Appell zwar nicht verschlossen; als Landtagskandidat in seiner Geburtsstadt Ludwigsburg stellt er zu seiner eigenen Verwunderung fest, daß er in der Lage ist, auch in einer Volksversammlung zu bestehen. Aber im Grund seines Herzens ist Strauß durch die revolutionäre Bewegung verstört und abgeschreckt. Ihm war, wie er dem Freund unverblümt schreibt, »unter dem alten Polizeistaat viel wohler, wo man doch Ruhe auf den Straßen hatte.« Freiheit, ja. Aber vom Verkünden auf allen Gassen, vom »Ausguß des Geistes auf Mägde und Knechte« hält Strauß durchaus nichts; solchem demokratischen Streben gegenüber verhält er sich, nach seinen eigenen Worten »schneidend, ironisch, schnöde verachtend«. Vischer versucht ihn mit einem »hier gilt es Pflicht« in der Politik zu halten. Aber zu seiner eigenen großen Erleichterung fällt Strauß bei der Wahl durch. Vischer, seinerseits, erringt in dem erzdemokratischen Wahlbezirk Reutlingen-Urach nach einem scharfen Wahlkampf mit knapper Not das Mandat für die Paulskirche.

Der Abgeordnete Vischer ist ein überaus gewissenhafter und entschiedener, aber von widerstreitenden Empfindungen zerrissener Mann. Er nimmt seinen Auftrag bitter ernst und hat von der Nationalversammlung als Institution einen hohen Begriff. Aber der parlamentarische Alltag ist dem tatendurstigen Mann zuwider – »das trübe Bild der Hindehnung der einfachsten Dinge durch eitle Geschwätzigkeit, klebriges ... Gezerfe«. Sein Platz ist auf der Linken. Aber die »unheimlich unreinen Elemente«, die dort vertreten sind, machen ihn schaudern; er mißtraut den Demagogen und ist empfindlich gegen jeden »unpatriotischen« Zungenschlag. In seiner ersten Rede drängt Vischer auf rasche und konkrete Arbeit des Parlaments. »Ich bin gewiß nicht der einzige, dem die Sohlen der Füße brennen, im Bewußtsein, daß Massen hungernder Bauersleute, verworren aufgeregter Arbeiter, verzweifelnder Gewerbs- und Kaufleute uns über die Schultern sehen und in gerechter Ungeduld Eile verlangen.« Das ist ganz im Blick auf die Männer gesagt, die ihn nach Frankfurt entsandt haben, und gewiß in ihrem Sinne. Aber auch mit seinem Wahlbezirk kommt er später über Kreuz, als man ihm Weisungen erteilen will gegen seine Überzeugung. »Es kann Euch nicht entgehen, daß Ihr an einem Abgeordneten, den Ihr zwingen zu müssen oder zwingen zu können glaubt, keine rechte Freude mehr haben könnt.« Und: »Ich achte den Volkswillen, aber befehlen lasse ich mir nur im Amte nach vorschriftsmäßigen Formen!«

Vischer schließt sich der Fraktion des »Württemberger Hofs« an, dem sogenannten linken Centrum. Valentin sagt von dieser parlamentarischen Gruppierung: »Hier trafen sich die innerlich Zerbrochenen von der Rechten und die eigentlichen Linken . . . hier war auch der rechte Platz für die Maßvollen, die ethisch und rational gebundenen Träger der revolutionären Idee.« Valentin zählt zu den Letztgenannten ausdrücklich Gabriel Riesser, einen hochgeachteten Israeliten aus Hamburg, und F. Th. Vischer. Ehrgeiz, Rechthaberei und besondere parlamentarische Betriebsamkeit haben im Württemberger Hof ihre Blüten getrieben.

Vischers wichtigstes Arbeitsfeld im Parlament ist der Wehrausschuß. In diesem von ehrgeizigem Tatendrang erfüllten, sein Leben lang aber fast nur mit der Feder wirkenden Mann steckt etwas von einem ewig verhinderten Feldhauptmann. Turnen, Reiten, Fechten waren nur ungenügende Ventile, persönliches Zuschlagen war ihm ein selten, aber doch gelegentlich befriedigtes Herzensbedürfnis. Mit Feuereifer hat er in Frankfurt an den Beratungen über eine Wehrverfassung mitgewirkt; mit Feuereifer, aber auch mit Sachverstand. In den deutschen Staaten gab es die stehenden Heere, von denen aber nur das preußische und das österreichische ernsthaft zählten. Daneben gab es überall die volkstümlichen Bürgerwehren, die von naiven Gemütern maßlos überschätzt wurden. Schon allein sein scharfer Blick für das Ridiküle hat Vischer vor einer unrealistischen Einschätzung der Bürgerwehren gefeit. Was er anstrebte, war ein Volk in Waffen, eine freiheitlich gesinnte, militärisch gut ausgebildete und modern bewaffnete Volkswehr. Vischer hat sich, keineswegs abwegig, eine große volkspädagogische Wirkung davon versprochen. Zudem wäre das ein Machtmittel in der Hand einer demokratischen Zentralgewalt gewesen.

Vischers Arbeit im Wehrausschuß hat ihm Respekt verschafft. Eine Wirkung mußte ihm versagt bleiben. – In der Debatte über die Grundrechte meldet er sich zu Wort, wo es sich um die Abschaffung der kirchlichen Aufsicht über die Schulen handelt. Er redet gut und mit Überzeugung – vor einem halbleeren und angstvoll abgelenkten Haus, denn man schreibt den 18. September, und der Aufstand tobt vor den Türen der Paulskirche – Mißgeschick für den Redner, sein Pech, wie er es so häufig hat. – Seiner Neigung zu einem Deutsch-

land samt dem ganzen großen Österreich hat er einmal Ausdruck geben können: »Die einen wollen ein wohnliches, klar umgrenztes Wohnzimmer aus Deutschland machen; sie verzichten auf das Weite und Freie, weil sie keine Freunde verschwimmender Grenzen, unklarer Fernen sind . . . Die andern öffnen Tür und Fenster, sie blicken in das Weite, ihr Auge folgt sehnsüchtig der Donau zum Schwarzen Meer und den Bahnen des Handels zum Adriatischen.« Schön gesagt.
Es fehlt bei diesem Abgeordneten scheinbar an nichts: Gewissenhaftigkeit, Fleiß, Tüchtigkeit, solide Vernunft, Sprachgewalt – wäre er nur ein wenig ein anderer gewesen, er hätte ein Führer der Linken im Parlament werden können. Aber es liegt in diesem Mann etwas Unbedingtes, ein Hochmut (nur zu sehr der Haltung des Freundes Strauß ähnlich), der ihn isoliert. Er sieht die Parteien aus der Vogelperspektive unter sich liegen, und sie widern ihn an – freilich, aber so kommt man in der Politik nicht voran. Auch in der Paulskirche ist Vischer kein Politiker geworden, in dem »Marterjahr«, wie er es im Rückblick genannt hat. An Welterfahrung, Menschenkenntnis, politischen Einsichten war er reicher geworden, als er aus der »schlaffen, bleiernen, gipsigen« Luft Frankfurts heimgekehrt war in sein wenig geliebtes Tübingen; und mit der Last einer großen Enttäuschung. Wohl, er hat später einmal geschrieben, so blind sei er nicht gewesen, daß ihm nicht »schon in den ersten Wochen ein Instinkt des Denkens gesagt hätte: wir werden nichts zu Stande bringen«. Resigniert hat er dennoch nicht. »Aus dem Jahre 1848, aus der dunklen Verwirrung seiner Parteien und der allgemeinen Niederlage seiner Bestrebungen war mir das Ziel der politischen Einigung der Nation als heiliges stilles Anliegen tief im Herzen geblieben.«
Vischer hat sich in der Politik nicht mehr aktiv engagiert; losgelassen hat sie ihn nicht. Und es soll noch ein Wort davon gesagt werden, denn sein Weg, der mühsame Weg eines österreichisch orientierten Württembergers ins preußische Lager, ist exemplarisch. Einstweilen ist anzumerken, daß trotz aller Anerkennung seiner ästhetischen und literaturkritischen Arbeiten diese Tübinger

Zeit nach der Paulskirche bis zum Ersticken erfüllt war von Mißtrauen, Zänkerei und erbärmlichem Klatsch; verdunkelt schließlich von einer zugrunde gerichteten Ehe. Tragödie und Satyrspiel hatten noch ein Gegenstück in der Ehe, die D. Fr. Strauß mit der schönen Schauspielerin Agnese Schebest eingegangen war. Die brieflichen Beratungen zwischen den beiden Schwierigen, die nie hätten heiraten sollen, gehören zum Lächerlich-traurigsten, was sich in der deutschen Geistesgeschichte finden läßt. Im Jahr 1855 ergreift Vischer die Flucht vor seiner häuslichen und akademischen Misere. Ein Ruf ans Polytechnikum nach Zürich hat ihn daraus erlöst.

Die elf Zürcher Jahre haben kühlend und klärend gewirkt, trotz allen Verdrießlichkeiten, wie sie eine improvisierte Junggesellenwirtschaft und anscheinend miserable Wirtshauskost mit sich brachten. Vischer erfreut sich in der Schweiz »trotz dem gefährlichen Fortschreiten des Geldgeistes« an der »Ungebrochenheit der Charaktere, wie sie nur eine gesunde Republik erzeugt«. Er hat mit Gottfried Keller Freundschaft geschlossen (der war übrigens bewundernder Zeuge einer Prügelei auf offener Straße, die Vischer mit wuchtigen Hieben zu einem Ende brachte) – sie haben im Künstlerischen wie im Politischen einander gut verstanden; auch das gemeinsame Schicksal gehabt, zu kurz geraten zu sein.

Der mäßige Abstand, in dem Vischer von Zürich aus die deutschen Dinge sah, haben sein politisches Mitdenken eher gefördert. Als man ihn 1866 unter recht ehrenvollen Bedingungen nach Württemberg zurückholt, hat er nichts von einem Emigranten, der sich erst wieder mühsam zurechtfinden muß. Es war das Jahr jenes von Moltke so glänzend geführten Krieges, den man in Anwendung eines heutigen Sprachgebrauchs den deutsch-deutschen nennen könnte. Bisher hatte sich Vischer in seinen großdeutschen Vorstellungen nicht erschüttern lassen, trotz der besonders schmerzlichen Enttäuschungen, die man in der Paulskirche gerade in der österreichischen Frage gemacht hatte. Sehr zögernd klingt es noch in den »Epigrammen aus Baden-Baden«, 1867 –

Nur durch blinde Partei'n bewegt die Geschichte sich vorwärts; Diesmal gehör ich – verzeiht! – keiner und beiden zugleich. Steure nun hin, mein Schiff, ins preußische Wasser! es gibt ja Nicht auf der weiten Welt irgend noch anderen Schutz;

Hätten wir es vermocht, vermöchten wir's heute, zu schaffen Etwas Bessres, so schwer strafte der Himmel uns nicht. Fahre denn zu, doch bemannt mit widerstrebenden Herzen . . .

Nur der Stärke vertrau'n wir uns an, was zu euch uns Zögernde führet, das ist einzig die eiserne Not.

Der Rest von grollender Zurückhaltung zerschmilzt im Kriege 1870/71. Insoweit ist Vischer »Auch Einer« unter vielen. Der alte Herr holt sogar seinen verstimmten Leierkasten aus der Jugendzeit hervor, auf dem er einst im Bänkelsängerton als »Schartenmeyer« Mordtaten aus dem biedermeierlichen Württemberg besungen hatte. Jetzt, versteht sich, stimmt der alte Schartenmeyer das Lied von den glorreichen Kriegstaten an, unzählige Strophen. Die Leute jubelten. Hier war der Herr Professor Mensch, hier durft' er's sein . . .

Vischer, nun hoch angesehen in Stuttgart etabliert, Professor am Polytechnikum, führend im geistigen Leben der Stadt, hat das neue Deutsche Reich fast so lange erlebt wie der alte Kaiser. Seinen kritischen Geist hat er auf die Literatur, auf lockere Sitten und besonders auf die Mode konzentriert. Im politischen Bereich hat er aus vollem Herzen »Ja« gesagt zu dem, was er im Reich unter Bismarcks Führung erlebte.

Sein 80. Geburtstag, im Sommer 1887, wird in der Liederhalle und auf der Silberburg aufs schönste öffentlich gefeiert. Dann geht der alte Herr auf die Reise, es zieht ihn noch einmal nach Venedig. Aber unterwegs verlassen ihn die Kräfte. Er liegt in österreichischer Erde begraben, in dem Land, das er geliebt hat, und aus dem auch seine Frau gekommen war.

Ludwig Uhland

Ludwig Uhland ist einer der deutschen Dichter, die Unvergängliches geschaffen haben. Einige seiner Balladen gehören zum Bestand, solange deutsch gesprochen oder verstanden wird. Der spröde, verschlossene Mann hat in manchen seiner Lieder den Ton des Volkslieds so rein getroffen wie nie ein anderer. Er hat zu seinen Lebzeiten in ganz Deutschland sich einer Beliebtheit beim Volk erfreut wie kaum je ein deutscher Dichter, obwohl er niemals das Geringste getan hat, um sich populär zu machen, einzuschmeicheln, anzubiedern. Seine Beliebtheit als Dichter ging zusammen mit seinem Ansehen als Streiter für das, was er als das alte gute Recht seiner württembergischen Landsleute empfand, und auch diese regionalen Verfassungskämpfe haben ihn in Deutschland als einen Kämpfer für Freiheit und Recht berühmt gemacht. Als alter Herr in der Paulskirche ist er wahrscheinlich der vom Volk am meisten geliebte, am höchsten geachtete Abgeordnete gewesen.
Ludwig Uhland wurde am 27. April 1787 in Tübingen in einem der hohen alten Häuser an der Neckarhalde geboren als Sohn des Universitätssekretärs Dr. Johann Friedrich Uhland; seine Mutter war eine geborene Hoser, gleichfalls von Tübingen. Er wird frühzeitig auf die Lateinschule geschickt, lernt tüchtig (als Achtjähriger vermag er dem Vater einen langen lateinischen Neujahrsgruß zu präsentieren) und ist, zusätzlich durch Privatstunden präpariert, imstande, mit vierzehn die Universität, die heimische natürlich, zu beziehen. Das war damals möglich, vollends, wenn der Vater Universitätssekretarius war. Er muß Jura studieren, doch bleibt ihm der Umgang mit altdeutscher und altfranzösischer Dichtung unverwehrt. Als er seine Examina hinter sich gebracht hat, ist er immerhin einundzwanzig. Er wird Advokat.
In den Jahren der Französischen Revolution war er ein kleines Kind, mag als Hosenmatz zugeschaut haben, wie die Studenten um den Freiheitsbaum sprangen, schwerlich zur Freude seines Papas. Die Unruhe der folgenden Jahre, die zwar gewaltlose, aber grobe Vereinfachung der politischen Landkarte – in der Nachbarschaft von Tübingen hörte Reutlingen auf, Reichsstadt zu sein, war Rottenburg gestern noch österreichisch und heute würt-

tembergisch –, der rasche Aufstieg Napoleons zum Herrn Europas, Protektor auch des eigenen Heimatstaats, all das hat der Heranwachsende mit wachen Sinnen erlebt. Im Oktober 1805 sieht er in Stuttgart »den Kaiser, Murat usw. und Soldaten ohne Zahl«, wie er an den Freund Justinus Kerner schreibt. Als die Rheinbundtruppen 1809 gegen die aufständischen Tiroler ins Feld ziehen müssen, versorgt sie kein geringerer als Johann Peter Hebel mit »schönen, neuen Kriegsliedern«; gedruckt »zum besten der Invaliden des Feldzuges«. Uhlands Beitrag trifft zu spät bei Hebel ein, es sind drei Strophen, sie beginnen mit den Worten »Ich hatt' einen Kameraden ...« seltsame Geburtsstunde des volkstümlichsten deutschen Soldatenliedes, über vielen tausend Gräbern gesungen.

Es ist nicht verwunderlich, daß die Bildungsreise des jungen Uhland in die Kapitale jener Jahre geführt hat, nach Paris. Am 6. Mai 1810 macht er sich auf den Weg, erst den Rhein hinunter, Karlsruhe, Mainz, Koblenz, von dort in drei Tagen über Luxemburg nach Metz; dann in einer halben Woche in einer einspännigen Diligence zu vier Plätzen über Verdun und Chalons nach Paris. Die ersten Tage vergehen mit dem Suchen und Finden schwäbischer Landsleute, Seeger, Gmelin, Vellnagel, Pregitzer, Schickardt, Schubart ... später folgen die Visiten bei Württembergern von Rang, beim Grafen Zeppelin, Grafen Taube, Legationsrat v. Schott. Wirklich war Paris in der kurzen Spanne zwischen 1805 und 1813 für die Deutschen, die jungen zumal, soweit sie nicht nach Wien oder Berlin gehörten, so etwas wie die große gemeinsame Hauptstadt. Was hat er getrieben, studiert? Den Code Napoléon, gewiß; vor allem aber in den Bibliotheken die Handschriften alter Lieder, Sagen, Volksromane – Magelone, Melusine, Haimonskinder. Das Mittelalter zieht ihn mächtig an, das deutsche, dem er auch hier begegnet, das französische – »die altfranzösische Poesie ist herrlich, wenn man zu ihrem eigentlichen Kerne dringt«; auch für das Spanische erwacht sein Interesse. Und er läßt die große Stadt auf sich wirken, Paläste, Kirchen, Gemäldesammlungen, botanischer Garten, Menagerie, Spitäler, Paraden, Oper und Ballett; Illuminationen von den Tuilerien über die Place de la Concorde bis ans Ende der Champs Elysées. Helle, offene Augen hat dieser junge Jurist und Poet aus Tübingen – aber da ist kein seliges Schwimmen, kein Rausch. Nach einem Riesenfest, das die Garde dem Kaiserpaar gab, schreibt er einem Bäsle »Ich schicke Dir in Gedanken das Brillantbouquet, das die Kaiserin am Feste getragen . . .« nett und sparsam. Man fragt sich, was ein Justinus Kerner (der seine Reise nach Hamburg, Berlin und Wien machte) an seiner Stelle erlebt hätte . . . Es war gleichwohl Uhlands Begegnung mit der Welt, und in dieser Welt auch mit Deutschen, die ihm in Tübingen nicht leicht begegnet wären. »Man lernt in Paris einigermaßen auch Teutschland kennen, indem man hier Leute aus allen teutschen Provinzen trifft.« Zu seinen Bekannten dort zählen auch Varnhagen und Chamisso. Er bleibt, während die meisten abreisen, noch über Weihnachten (»hier eine Art Carneval«, aber überfüllte Mitternachtsmessen in den sonst so leeren Kirchen).

Im tiefsten Winter erfolgt die Rückreise, diesmal über Straßburg. Das Münster ergreift ihn mit einer Wucht, wie ein Menschenalter zuvor den jungen Goethe. Er schreibt darüber so begeistert wie präzis; sehr eigentümlich: »Das Pflanzenartige, Jugendliche des Turms.« In Karlsruhe besucht er wieder den Onkel Hoser. Und der, ein guter Menschenkenner, schreibt nach Tübingen an die Eltern: »Wir alle wünschen Euch herzlich Glück zur erwünschten Zurückkunft eures l. Louis. Es freute uns ausnahmend, ihn wieder so wohlbehalten bey uns zu sehen, und wahrzunehmen, daß er unverändert geblieben ist und die französische windige Luft so ganz keinen nachteiligen Einfluß auf seine Denkungs- und Handlungs-Weise gehabt hat. Wer einmal so solid, wie er ist, der verleugnet seinen Charakter so leicht nicht mehr.« So kehrt er in sein Tübingen heim.

In seiner Anwaltskanzlei findet er leidlich Arbeit, aber wenig Freude. Schaut man sich den verschlossenen, herben Mann an, so erscheint er wahrlich von der Natur nicht zu einem Advokaten geschaffen. Im Dezember 1812 erhält er eine Beschäftigung im kgl. Justizministerium in Stuttgart. Nach einer Probezeit berichtet der Minister selbst an den König, lobt Uhlands Brauchbarkeit und Fleiß und schlägt ihn zur festen Anstellung vor. Ludwig Uhland wäre so an den Fuß einer soliden Karriere im Staatsdienst gekommen. Aber schweren Herzens teilt er seinen Eltern in einem Brief vom 10. Mai 1814 den Entschluß zum Verzicht mit.

»Nicht als ob es mir unerträglich geworden wäre, mich mit Dingen zu beschäftigen, die mir von Natur fremd, ja widrig sind, oder als ob es mich zu sehr geschmerzt hätte, die Entwicklung sonstiger Fähigkeiten, die Gott in mich gelegt, gänzlich gehemmt zu sehen ... allein in denjenigen Geschäftsverhältnissen, worin ich hier immer tiefer verwickelt werden sollte, hätte ich, je mehr ich äußerlich vorgeschritten wäre, um so mehr an Seelenruhe und innerer Selbständigkeit verloren.«

Es ist die Probe auf den Charakter des nun siebenundzwanzigjährigen Mannes – lieber ärmlich und ins Ungewisse leben, als gegen seine Überzeugung einem Staat dienen, dessen Prinzipien er ablehnt. In dieser Entscheidung ist auch die Bereitschaft zum Betreten der politischen Arena enthalten.

Mit Staunen vermerkt man das feine Verständnis der Eltern – und das hieß damals: das Verständnis des Vaters – für diesen Gewissenskonflikt und diesen Verzicht. Die Erklärung findet man darin, daß die Familie tief in der altwürttembergischen »Ehrbarkeit« wurzelt, in jenem Geflecht von Sippen, die seit Jahrhunderten die ständischen Posten und Pfründen fest in ihren Händen hielten, und für die das auf dem Tübinger Vertrag von 1514 gegründete »alte gute Recht« ein Heiligtum war; nicht zuletzt deshalb, weil es das Fundament ihrer Macht und ihres Wohlstands war – gewesen war. Denn Friedrich, der regierende Herr, von Napoleon zum König erhöht, hatte es gewagt, den Tübinger Vertrag zu Weihnachten 1805 außer Kraft zu setzen, um nun den fast aufs Doppelte vergrößerten Staat im Geist eines aufgeklärten Absolutismus mit einer modernen Verwaltung zu reagieren. Das war für die landständische Ehrbarkeit ein ungeheurer Frevel. Ludwig Uhlands von Liedern begleiteter Kampf ums alte gute Recht war also ganz und gar im Sinn der Sippe, im Sinn des Vaters; es war der Kampf ums ererbte und

Ludwig Uhland

Uhlands Neujahrswunsch 1817:
»Wer redlich hält zu seinem
Volke ...«

verbriefte Alte, in dem freilich ein demokratischer Kern steckte. Dennoch ist es für den Politiker Uhland ein langer Weg vom Kampf ums alte Recht der Heimat bis zum Eintreten für die deutsche Demokratie in der Paulskirche.

Der Kampf ums alte Recht konnte erst entbrennen, als Napoleons Herrschaft in Europa erschüttert war und damit im Land die Macht des Königs, wenngleich dieser sich wie die meisten Rheinbundfürsten rechtzeitig von dem nicht mehr allmächtigen Protektor getrennt hatte. Friedrich von Württemberg war ein intelligenter und energischer Herr. Schon während des Wiener Kongresses handelte er nach dem Grundsatz, daß der Angriff die beste Verteidigung ist, gab zu Beginn des Jahres 1815 die Grundsätze einer neuen Verfassung bekannt und setzte eine Kommission an die Arbeit, so daß das Verfassungswerk am 15. März einem Landtag vorgelegt werden konnte; zur Annahme, versteht sich. Aber der Landtag verweigerte die Annahme. Damit war eine totale Konfliktsituation gegeben: der König hatte sowohl eine nach dem alten Recht rufende bürgerliche Opposition als auch die gekränkten mediatisierten Fürsten und Grafen gegen sich. Eine Weltminute lang schwankt die Waage, als der gestürzte Napoleon Elba verläßt und noch einmal nach der Herrschaft greift. Aber wenige Tage nach Waterloo wird der König von Ständen bedrängt – »dafür haben die Völker nicht so vieles gelitten, daß sie am Ende ihres Rechtszustands verlustig werden«. Verhandlungen, Abbruch der Verhandlungen, neue Gespräche, so geht es das Jahr 1815 hindurch und in das Jahr 1816, das die entsetzliche Mißernte und am 30. Oktober den Tod des Königs bringt. In dieser Zeit ist Uhland zu einem Sänger und Mitstreiter der württembergischen Verfassungskämpfe geworden.

Wer redlich hält zu seinem Volke,
Der wünsch' ihm ein gesegnet Jahr!
Vor Mißwachs, Frost und Hagelwolke
Behüt uns aller Engel Schar!
Und mit dem bang ersehnten Korne,
Und mit dem lang entbehrten Wein,
Bring' uns dies Jahr in seinem Horne
Das alte, gute Recht herein!

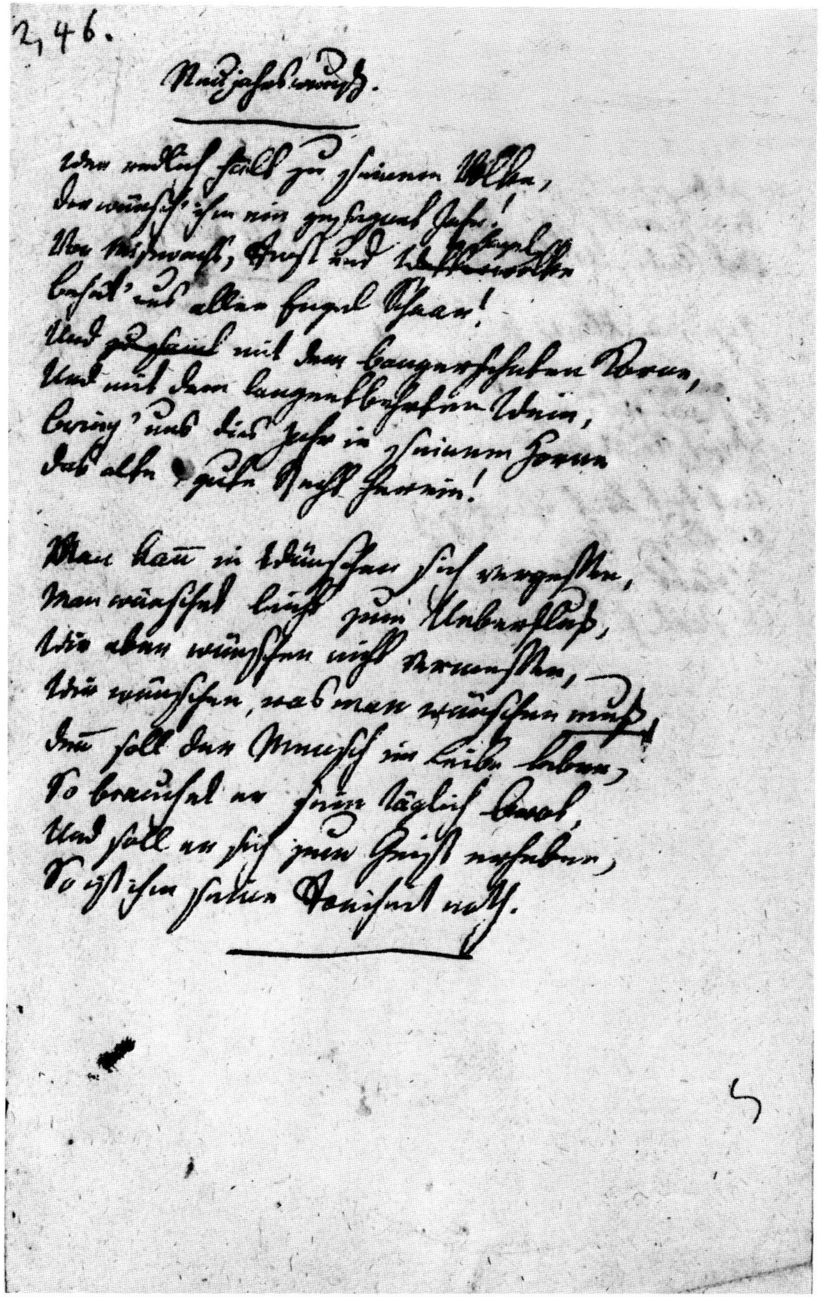
2,46.
Neujahrswunsch.

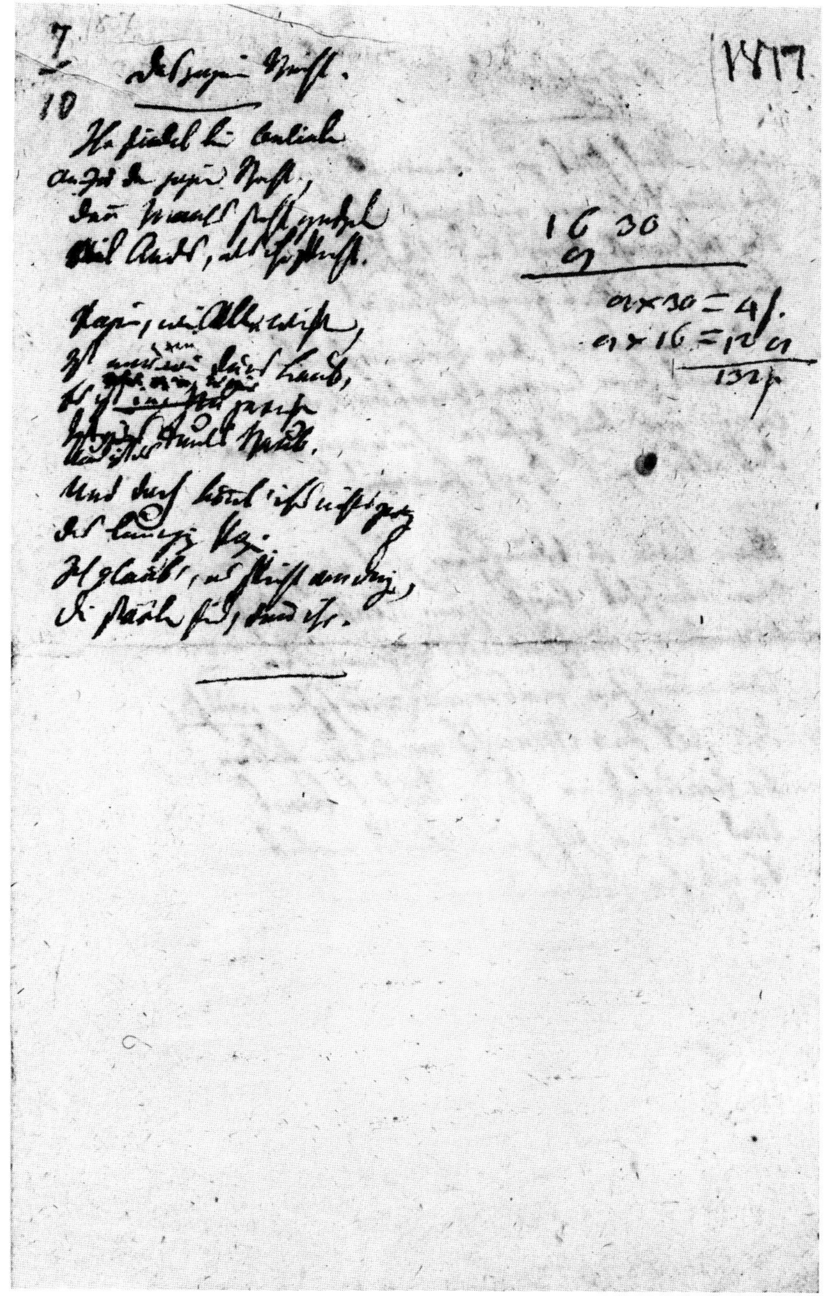
1817

Das ist die erste Strophe seines Gedichts »Neujahrswunsch 1817«. Es klingen darin die Schrekken der Unglücksernte und die Hoffnung auf die Verständigung zwischen dem Volk und seinem jungen König Wilhelm. Dieser, der wahrscheinlich auch Uhlands vaterländische Gedichte geschätzt hat, war zweifellos für die Stände ein besserer Partner, schon aus dem Widerspruch zu seinem Vater, dessen herrische Natur auch den Sohn bedrückt hatte. Aber bald wird klar, daß zwar der Ton von oben freundlicher geworden, in der Sache aber kaum eine Änderung eingetreten ist. Vor allem halten König und Regierung am Zweikammersystem fest, das den Kämpfern fürs alte Recht zuwider ist. Uhlands Texte in dieser Auseinandersetzung zeichnen sich durch Schärfe in der Sache und Anstand in der Form aus. Ein eigentümliches Verhältnis gegenseitiger Sympathie bei gleichzeitigem scharfen Gegensatz in der Sache verbindet ihn mit dem Minister v. Wangenheim. Für sich selbst lehnt Uhland jede Anstellung, auch eine Professur, ab und bleibt dabei, »vor Erstellung des Rechtszustandes auf jede Stelle zu verzichten«. Varnhagen, der mit ihm in Verbindung steht, begreift den rückwärts gewandten Eigensinn seines Kampfes nicht, ist aber von seinem Mut und seiner Redlichkeit beeindruckt.

Am 25. September 1819 wird die lang umstrittene, endlich ausgehandelte Verfassungsurkunde vom König den Ständen übergeben. Diese Verfassung war ein anständiger Kompromiß zwischen altrechtlichem Gedankengut und neuen konstitutionellen Lehren, zwischen monarchischer Gewalt und alten und neuen demokratischen Ideen. Uhland war kurz zuvor für das Oberamt Tübingen in den Landtag eingezogen. Er vertritt mit außerordentlicher Zähigkeit seinen Standpunkt, stimmt aber am Ende – »es ist wirklich viel Gutes darin enthalten« – der Verfassung zu.

Es wird heller in seinem Leben. Sein Ruhm als Dichter verbreitet sich über ganz Deutschland. Cotta hatte 1815 die erste Sammlung seiner Gedichte herausgegeben; es gibt Neuauflagen über Neuauflagen (1853 schon die dreißigste!). Im Verfassungsjahr wird im Hoftheater sein Trauerspiel »Herzog Ernst von Schwaben« mit gutem Erfolg aufgeführt. Im Mai 1820 heiratet er Emilie Vischer von Calw, ein schönes Mädchen aus reichem Hause. »Die Trauung wird vermutlich Nachmittags stattfinden« schreibt er an die Eltern, »damit keine Störung durch die Landtagsgeschäfte eintrete« (er ist trotzdem nach der Trauung noch einmal auf einen Sprung ins Ständehaus zurück . . .).

Die Jahre 1819 bis 1838 sind besonders von seiner Tätigkeit im Landtag geprägt. Eine gewichtige Lebensstufe ist die Professur für altdeutsche Literatur an der Universität Tübingen, eine sinnvolle Basis für den Abgeordneten wie für den Dichter – er ist immerhin dreiundvierzig Jahre alt, als sie ihm zuteil wird. Seine langjährige Landtagstätigkeit kann und soll hier nicht ausgebreitet werden. Er war kein glänzender Redner, eher verhalten und stockend. Aber von seiner Gabe, schön und bündig zu formulieren, hat der Landtag oft Gebrauch gemacht. Er ist in seiner lauteren Redlichkeit und seiner Unerschrockenheit das verkörperte gute Gewissen des württembergischen Parlaments gewesen. Justinus Kerner, der so gänzlich anders geartete Freund, hat freilich auch von dem »ihm angeborenen, wunderkalten Starrsinn« Uhlands gesprochen – auch dieses Wort sei hinzugesetzt.

Seine Zivilcourage, seine unverblümte Freimütigkeit hat Uhland mit dem zeitweiligen Verlust seiner Professur büßen müssen. Schon 1836 war er nahe daran, verbittert und resigniert sein Landtagsmandat zurückzugeben. »Ist die württembergische Staatsregierung in dem Grad unfehlbar, daß ihr gegenüber der Tadel gleichbedeutend mit Verunglimpfung ist?« Dieses Wort aus einer Kammerdebatte erhellt, was ihm die Arbeit im Parlament verleidet hat. Im Jahr 1838 scheidet Uhland aus dem Landtag aus. – Fast zehn Jahre hindurch enthält er sich jeder aktiven politischen Betätigung. Er unternimmt einige Reisen, nach Wien, ins Elsaß, in die Schweiz. Aus der vielfältigen, überwiegend wissenschaftlichen Korrespondenz jener Jahre fällt auf, daß er die Anfrage eines im Bruchsaler Zuchthaus einsitzenden Gefangenen, die Volkspoesie der Letten betreffend, nicht nur sorgfältig beantwortet, sondern daß er auch unter dem Vorwand, die Auslagen für Porto und Papier

zu ersetzen, dem Direktor einen ansehnlichen Geldbetrag für den Briefschreiber übermittelt.
Seit seine Gedichte in der gebildeten Welt wie beim einfachen Volk bekannt geworden waren, seine Lieder gesungen wurden, seit sein Auftreten fürs gute alte Recht ihn, mehr oder weniger genau, als Freiheitskämpfer berühmt gemacht hatte, war sein Name in ganz Deutschland ein Begriff. Es ist bekannt, mit welch hohem Respekt Goethe wie Heine sich ausgesprochen haben über diesen Poeten, der sich der Politik verschrieben hat. Ein Bremer Reeder tauft ein Schiff auf seinen Namen . . .
Im März 1848 wurde Ludwig Uhland wieder in die Politik gerissen, es konnte nicht anders sein. »Der Sturm, der in die Zeit gefahren ist, hat die politischen Zustände Deutschlands, in ihrer ganzen unseligen Gestalt, Allen erkennbar, bloßgelegt« – so beginnt die von ihm verfaßte Adresse einer Tübinger Bürgerversammlung, die mit mehr als tausend Unterschriften an die Regierung in Stuttgart ging. Wenige Tage später gesteht er zwar dem Freunde Paul Pfizer brieflich, wie mißvergnügt er auf seine parlamentarische Tätigkeit zurückblickt: »Die einfache Ursache davon ist, daß Politik, Staatsrecht, Rechts- und Staatskunde nie meine Lebensaufgabe waren, nur als Freiwilliger, als Bürger, als Einer aus dem Volke trat ich an. Allerdings ist jetzt wieder ein Augenblick des Umschwungs vorhanden, eines gewaltigen Umschwungs.« Er soll nach Frankfurt als einer der von der Regierung ernannten Vertrauensmänner beim Bundestag; dem entzieht er sich nicht. Er schreibt gelassen, in einem fast zuversichtlichen Ton, aus Frankfurt an seine Frau (deren Briefe an ihn, dies nebenbei gesagt, in ihrer Klarheit und Warmherzigkeit eine erquickliche Lektüre sind). Inzwischen wird im Bezirk Tübingen-Rottenburg seine Wahl zur Nationalversammlung betrieben. Am 26. April wird er mit sehr starker Mehrheit (7086 von 7682 Stimmen) gewählt; gewissermaßen ein Geschenk zu seinem 61. Geburtstag.
»Als gewissenhafter Abgeordneter erscheint Uhland täglich an seinem Platze und auch einige Male auf der Rednerbühne. Das ganz lichte Auge unter lichter Braue sieht über die Menge hinweg ins

Leere, es haftet an keines Menschen Blicke, es erwidert keinen, und wie ein Einsiedler spricht der Mann mit herber, schwäbisch akzentuierter Stimme da oben, als ob ihn niemand hörte. Keine Spur von Dramatik! Langsam, in kleinen Pausen, klimmt ein Satz nach dem andern hervor, und die Paulskirche gewöhnt sich bald daran, die politische Ansicht seiner Rede zu übersehen, einige schöne Bilder aber und Vergleiche, die nie in seiner Rede fehlen, mit Beifall auszuzeichnen.« So berichtet Laube, anschaulich, aber vielleicht dem Mann doch nicht ganz gerecht – Laube, wie mancher andere hatte offenbar von dem berühmten Dichter hinreißende Reden erwartet; und Beredtheit war Uhlands Stärke nicht.

Dafür stand hinter dem, was er sagte, seine unerschütterliche Überzeugung. Im Oktober gibt er der Verbundenheit mit Österreich Ausdruck. »Man hat wohl gesagt: Österreich hat den großen providentiellen Beruf, nach dem Osten hin mächtig zu sein, nach dem Osten Aufklärung und Gesittung zu tragen. Aber wie kann das deutsche Österreich Macht üben, wenn es selbst überwältigt ist? ... Jetzt soll Österreich von uns losgerissen werden? Jetzt, wo es eben jung wie ein Adler, mit den frischen Wunden der März- und Maikämpfe zu uns herangetreten ist, um den neuen Bund der Freiheit zu schließen?! Man sagt, die alten Mauerwerke seien darum so unzerstörbar, weil der Kalk mit Blut gelöscht sei. Österreich hat sein Herzblut gemischt in den Mörtel zum Neubau der deutschen Freiheit ...« Das war den Süddeutschen aus dem Herzen gesprochen, einige nüchtern-moderne Mannheimer wie Mathy und Bassermann ausgenommen. Übrigens hat Uhland in der Paulskirche nicht nur seine Vaterstadt Tübingen vertreten, sondern auch das katholische und noch ein Menschenalter zuvor vorderösterreichische Rottenburg. In der Antwort auf eine Rottenburger Adresse betont er später noch einmal, »daß ich das bisherige österreichische Bundesgebiet durchaus nicht von der neuen deutschen Einigung ausgeschieden wissen will«.

Monatelang sind Uhlands Briefe aus Frankfurt von einer zuversichtlichen Gelassenheit, die man bei ihm kaum erwartet. Er begrüßt die Art, wie der »frischkräftige Gagern« die Zügel der Versammlung ergreift. Bei aller pedantischer Pflichttreue fehlt es nicht an Geselligkeit und Ausflügen; »selbst für meine Studien fällt hie und da ein Span ab«. Den Sommer hindurch ist es merkwürdigerweise seine Frau, die skeptischer ist. Sie schreibt vom »Unglaube, ob überhaupt etwas zustande kommen könne« und voller Unbehagen von »dem politischen Treiben, in das Du gezogen wurdest aus Deiner behaglichen Studierstube und dem lieben Garten«. Bei ihm klingen erst im späten Herbst ernstlich besorgte Töne in den Briefen auf. Im November an einen Freund: »Wann und wie dieses sturmgeschlagene, von unsichern Händen geführte und von einer sich bitter bekämpfenden Mannschaft besetzte Fahrzeug landen oder stranden wird, weiß niemand zu sagen. Ich ziehe einstweilen ausharrend an meinem Ruder fort.«

Ludwig Uhland hat sich keinem Club angeschlossen. Sein Platz im Parlament war auf dem »linken Centrum«, was seinem politischen Standort ziemlich entsprach. Wenn Robert Mohl, wahrscheinlich sein einziger Feind in der ganzen Versammlung, von der »Schande für einen gebildeten Mann« spricht, sich zur äußersten Linken zu halten, so ist das unrichtig. (Der sonst so selbstsichere Mohl muß einen Uhland-Komplex gehabt haben; gekränkte Überheblichkeit des Fachmanns in Staatsdingen, Neid auf Uhlands Ruhm und wahrscheinlich Zufälle persönlicher Art in der engen Tübinger Gesellschaft mögen die Ursachen bilden.) Uhlands Stellung zwischen den Parteien wird am besten gekennzeichnet mit dem Stoßseufzer (seine Frau hat ihn notiert): »Wenn mir an einem Tage die Linke recht gründlich verleidet, so wird mir am nächsten Tage die Rechte zum Eckel.« Es ist des Nachdenkens wert, daß der »Eckel« vor dem parlamentarischen menschlich-allzu menschlichen Alltag seine Einsicht in die Notwendigkeit des parlamentarischen Systems niemals getrübt hat.

Nach seiner Österreich-Rede ist Uhland noch einmal in der Paulskirche hervorgetreten. Im Januar 1849 nimmt er in einer Rede Stellung zur Frage des Reichsoberhaupts, in der er sich gegen die Erblichkeit »und die damit zusammenhängende

Unverantwortlichkeit« und für seine periodische Wahl durch die Volksvertreter ausspricht. Aus seiner Rede klingt nicht nur die Abneigung gegen ein erbliches Kaisertum, sondern es schwingen darin Zweifel an der Monarchie überhaupt. Durch seine Balladen reiten die alten Könige und Grafen – der Politiker prüft die Tradition kühlen Herzens an den Erfordernissen der Gegenwart. »Daß diese demokratische und protestantische Gesinnung bei ihm echt und lauter ist,« schreibt Heine in der Romantischen Schule, »bewies Herr Uhland durch die großen persönlichen Opfer, die er brachte; hatte er einst den Dichterlorbeer errungen, so erwarb er jetzt den Eichenkranz der Bürgertugend. Aber eben weil er es mit der neuen Zeit so ehrlich meinte, konnte er das alte Lied von der alten Zeit nicht mehr mit der vorigen Begeisterung fortsingen ...« Uhland endet jene Rede – indem er offenläßt, daß sich die Mehrheit der Versammlung für das Kaisertum entscheidet – mit den Worten: »Glauben Sie, meine Herren, es wird kein Haupt über Deutschland leuchten, das nicht mit einem Tropfen demokratischen Öls gesalbt ist!«

An diesen Satz sind zwei Bemerkungen anzuknüpfen. Es ist für die Rolle Uhlands im Bewußtsein des Volkes, auch nach seinem Tode, bezeichnend, daß von den hunderttausend Sätzen, die in der Paulskirche gesprochen worden sind, kaum ein anderer so lebendig in der Erinnerung geblieben ist. Das ist das eine. Das andere: Auf dem im Schiller-Nationalmuseum aufbewahrten Redekonzept heißt es »kein Haupt ... das nicht mit einem *vollen* Tropfen demokratischen Öls« – das Wort »vollen« ist von Uhlands Hand ausgestrichen. Das charakterisiert den skeptischen Mann.
Konsequent versagt bei der Abstimmung über die Kaiserwahl Uhland dem Preußenkönig seine Stimme. Er hält aus in der bald abbröckelnden Versammlung. Er verfaßt Ende Mai einen sehr gedämpften Aufruf an das deutsche Volk, in dem er den trostlos gewordenen Zustand der Nationalversammlung wenigstens zu erklären sucht. Kurz darauf beschloß die Restversammlung ihre Verlegung nach Stuttgart, weil die württembergische Regierung die Reichsverfassung angenommen hatte und man dort sicherer zu sein glaubte; die

meisten württembergischen Abgeordneten, darunter Uhland, hatten abgeraten. Aber der Umzug fand statt. In Stuttgart gab es weder ein würdiges Versammlungslokal noch Wohnungen. Eine Art Hauptquartier wurde das Hotel Marquardt (damals Ecke Königstraße und Neue Brücke). Für die Sitzungen hatte man anfänglich den Ständesaal, dann ein Bierlokal, zuletzt die eilends ein wenig geschmückte Fritz'sche Reithalle.
Am 6. Juni tagte dieses »Rumpfparlament«, es waren 105 Mannen, zum erstenmal. Darunter befand sich, merkwürdig genug, der amtierende württembergische Minister Römer; »wie das böse Gewissen« soll er ausgesehen haben – in der Tat befand er sich in einem argen Gewissenskonflikt, den er in Kürze zugunsten seiner Ministerfunktion entschied. Als die Mehrheit des Rumpfparlaments – Uhland stimmte dagegen – einen Regentschaftsrat zur Durchführung der Reichsverfassung einsetzte und damit dem Anschein nach einen Konflikt mit mehreren deutschen Mächten, vor allem Preußen, heraufbeschwor – als gleichzeitig in Baden und der Pfalz der Bürgerkrieg brannte und preußische Truppen dorthin rückten – da mußte Römer das württembergische Hemd näher sein als der löchrige Reichsrock. Uhland ist neben Vischer einer der wenigen gewesen, die Römers Situation und die der Regierung verstanden haben; er nahm ihn, unter heftigem Widerspruch der Versammlung, gegen den Vorwurf des Verrats in Schutz.
Als das Rumpfparlament, wieder gegen Uhlands Stimme, die Bewaffnung der Volkswehr beschließt, antwortet die Regierung mit dem Verbot, diesem Beschluß nachzukommen, und untersagt dem Parlament die weitere Tätigkeit auf württembergischem Boden. Trotzdem wird eine Sitzung auf den Nachmittag des 18. Juni anberaumt. Während die Abgeordneten noch zu Tisch sitzen, hört man Marschtritt und Hufeklappern des Militärs, das in Richtung auf das Reithaus rückt. Nun ist es Uhland, der den zögernden Präsidenten Löwe dazu bewegt, daß er die Parlamentarier demonstrativ zu ihrem Versammlungslokal marschieren läßt; Löwe voraus mit Uhland und Schott (ein Schwiegersohn Römers). Sie ziehen durch die

Lange Straße. Dann stehen sie vor einem Infanteriekordon. Ein Beamter erklärt namens der Regierung, daß keine Sitzungen mehr stattfinden – und schlüpft eilends zwischen die Soldaten zurück. Löwe will sprechen, Trommelwirbel übertönen ihn. Und nun reiten aus einer Nebenstraße Dragoner an. Ob sie ihre Säbel geschwungen haben, ist umstritten, geschlagen wird nicht, aber sie reiten im Schritt vor und drängen den Zug auseinander. Ein Infanterieoffizier, um Uhland besorgt, will ihn zwischen seine Männer stellen – der lehnt ab. So mußten die letzten der deutschen Nationalversammlung der Gewalt, wenn auch einer gezügelten, weichen. Das war das Ende vom Lied.

Für den Rest seines Lebens hat sich Uhland von der Politik völlig zurückgezogen. Ein Wort gegen die nach der Niederschlagung des badischen Bürgerkriegs tätigen Standgerichte war sein letztes. – Mit Schreiben vom 5. Dezember 1853 teilte ihm Alexander v. Humboldt freudig bewegt mit, König Friedrich Wilhelm habe ihn zum Ritter des Ordens Pour le mérite für Wissenschaft und Kunst ernannt. Nun hatte Uhland aber bereits davon gehört und am 2. Dezember an Humboldt geschrieben, er werde eine solche Ehrung ablehnen »nach dem Schiffbruch nationaler Hoffnungen, auf dessen Planken auch ich geschwommen bin« und angesichts so vieler Mitstreiter, die Heimat, Freiheit oder ihr Leben dabei verloren hätten. Humboldt erhält diesen Brief am Abend des 5. und beeilt sich, noch in der Nacht Uhland brieflich zu beschwören – »In meinem 84jährigen Leben ist mir wohl nie etwas mehr Unerwartetes vorgekommen!« Uhland beantwortet beide Briefe mit bescheidenen, herzlichen Worten – aber in der Sache unerbittlich.

Der Ordensbriefwechsel zeigt uns noch einmal diesen Charakter in hellem Licht. Es ist sehr merkwürdig, daß diesem spröden, aufrechten Mann die Liebe eines ganzen großen Volkes gehört hat. Die kommt an seinem 75. Geburtstag rührend zum Ausdruck. Der Gefeierte ist bereits ein kranker Mann. Er stirbt am 13. November 1862 in seinem Tübingen.

Zwei aus Hohenzollern

Die Fürstentümer Hohenzollern-Sigmaringen und Hohenzollern-Hechingen waren die einzigen süddeutschen Zwergstaaten, die die große Flurbereinigung zu Beginn des Jahrhunderts überlebt hatten, Sigmaringen sogar vergrößert. Das war kein Zufall; vorteilhafte Beziehungen zur Familie Bonaparte und die Verwandtschaft mit dem preußischen Königshaus haben eine Rolle gespielt. Fürsten und Volk waren's zufrieden; statt Volk kann man auch Völklein sagen, denn um die Mitte des Jahrhunderts hatte Hohenzollern-Sigmaringen 40000 Einwohner, Hohenzollern-Hechingen ungefähr die Hälfte. Mit dem inneren Frieden in den beiden Zwergstaaten war es nicht so weit her; aber mit der Sonderexistenz war alles einverstanden. Niemand wollte den Anschluß an das ringsum gelegene Württemberg, ebensowenig an Baden, mit dem Sigmaringen eine gemeinsame, sehr verschnörkelte Grenze hatte; und das Königreich Preußen lag fern. Beide Fürstentümer waren souveräne Staaten, erst im Rheinbund, danach im Deutschen Bund. Demgemäß erhielten sie auch 1848 je einen Sitz in der Nationalversammlung. Man mag sich ausrechnen, wie hoch die Bevölkerung solcher Zwergstaaten – in Mitteldeutschland gab es deren noch mehrere – überrepräsentiert war. – Es war ein Freundespaar, das die zollrischen Lande ein halbes Jahr lang in der Paulskirche vertreten hat, liebenswürdige Erscheinungen beide. Bevor wir ihre Person, ihre Lebensläufe skizzieren, einige Worte darüber, wie sich die deutsche Volksbewegung in diesen beiden Zwergstaaten ausgenommen hat. Die Lage war verschieden.

Hohenzollern-Sigmaringen, obwohl arm und mit wirtschaftlichen Nöten belastet, war ein wohlgeordnetes kleines Staatswesen. Der bis 1831 regierende Fürst Anton Alois hatte sein Land umsichtig durch die Stürme gesteuert, hatte es bewahrt und gemehrt und hinterließ es in guter Ordnung. Der Sohn und Nachfolger Karl war ein gebildeter Mann und ein sachkundiger, sparsamer Regent. In den ersten Jahren seiner Regierung bekam das Land eine ziemlich fortschrittliche Verfassung. Nur die heikle Domänenfrage blieb ungelöst; das fürstliche Haus behielt diese Güter, unter gewissen Beschränkungen, als Privateigentum. Verfassung, Fürst und Staatsverwaltung waren fast fortschrittlicher, als es der Gemütslage und dem Denkhorizont des durchweg bäuerlichen Volkes entsprach. – Hohenzollern-Hechingen dagegen bot lange Zeit ein Bild, das man »verlottert und fidel« nennen könnte. Dieses kleine Staatswesen glitt bereits hoch verschuldet in den Strudel der Napoleonischen Zeit, und als es heil daraus auftauchte, betrug die Schuldenlast 300000 Gulden, eine enorme Summe für das Ländchen. Fürst Friedrich, der bis 1838 regierte, war ein kultivierter Herr, verstand aber nichts von den Geschäften. Sein Nachfolger, Friedrich Wilhelm Constantin, hatte Gefühl und Geschmack, war aber unsicher und unstet. Einem flüchtigen Besucher mochte dieser Erdenwinkel wie eine Idylle vorkommen. Hector Berlioz notiert 1842: »Der Herr dieser malerischen Landschaft ist ein geistreicher, lebhafter junger Herr, den auf der Welt nur zweierlei zu beseelen scheint – der Wunsch, seine Untertanen so glücklich wie möglich zu machen, und die Liebe zur Musik. Gibt es wohl ein schöneres Dasein als das seine? Rings um sich her erblickt er nur Zufriedenheit, seine Untertanen vergöttern ihn . . .« Sie vergötterten ihn nicht und hätten auch wenig Grund dazu gehabt; eher verdiente das die jung verstorbene Fürstin, die den Bedürftigen tatkräftig Hilfe brachte. Es hatte sich seit 1838 manches gebessert. Ein Teil der die Bauern drückenden Feudallasten war abgeschafft; die Staatsschuld hatte merklich abgenommen.

Es ließ sich leidlich leben in diesen kleinen, ein wenig kauzigen Fürstentümern, nicht schlechter als in Württemberg, Bayern, Baden, aber schwerlich besser. Und es wäre eine absurde Vorstellung, die großen Beben und Erschütterungen, die durch Europa, durch Deutschland liefen, hätten solche Spitzwegischen Winkel unberührt gelassen. Wenn es in Paris krachte, dann klirrten auch in den zollrischen Residenzen und sogar in den Dörfern ringsum die Fenster. Es mutet seltsam an, daß ein in Sigmaringen erscheinendes Blättchen »Der Erzähler« am 22. Februar 1848 die Revolution in Paris ankündigt, die am 24. Februar ausbricht. In den Märztagen wird in beiden Fürstentümern laut randaliert und Forderungen, wie man ihnen soeben in Baden entsprochen hatte, drohend an Regenten und Regierungen gerichtet. In Sigmaringen wird der Fürst – den sein Minister ein wenig hintergeht – nicht persönlich belästigt, wohl aber in Hechingen, wo der Herr genötigt wird, sich höchstselbst durch das Menschengewühl auf das Rathaus zu begeben, wobei nicht alle Umstehenden sich höflich aufführten. Das niemanden verwundernde Ergebnis sind die gleichen Konzessionen, wie sie die Märzministerien Bökk in Karlsruhe und Römer in Stuttgart gemacht haben; doch haben die Zusammenrottungen und Drohungen deutlich genug gezeigt, daß man hier keineswegs auf friedlichen Inseln im sturmbewegten Meer lebte. Die Wahlen zur Nationalversammlung fallen auf zwei linke, aber nicht radikale Volksmänner; beide Priester, »Haierle« wie man noch heute dort sagt.

Joseph Sprißler war der Abgeordnete von Hohenzollern-Sigmaringen. Er ist am 6. März 1795 zu Inneringen geboren, wurde zum katholischen Geistlichen bestimmt und geriet während seines Studiums unter den Einfluß des damals im Bistum Konstanz mächtig wirkenden Generalvikars Freiherr von Wessenberg. Der »Wessenbergianismus« hat ihn ebenso wie seinen Freund und Paulskirchengenossen Blumenstetter geprägt. Es war der Versuch, die Gedanken der Aufklärung in der Kirche wirksam werden zu lassen; kein eben schüchterner Versuch, er richtete sich gegen das Zölibat und gegen das Mönchswesen, gegen die Ohrenbeichte, die lateinische Sprache im Gottesdienst, die Heiligenverehrung, die Wallfahrten. Diese Reformgedanken haben in Süddeutschland damals viele Priester bewegt und ergriffen, aber auch eine starke Abwehr hervorgerufen, die am Ende die Oberhand behalten hat. – Sprißler war von 1821 bis 1834 Pfarrer zu Veringenstadt. Er war ein hochbegabter Mann, ein glänzender Prediger, ein politischer Kopf. Er wird 1832 in die erste konstituierende Landesversammlung gewählt und vom Fürsten zu deren Direktor ernannt; später ist er wiederholt für längere Zeit Sekretär im Landtag. Als auf die Dauer dieses gewichtige politische Amt sich mit seinen geistli-

Pfarrer Josef Sprißler

chen Pflichten unvereinbar erweist, erhält er seinen ehrenvollen Abschied aus dem Landtag; der Fürst hat den klugen Mann nicht ungern gehen sehen. Sprißlers Ruf hätte ihm beinahe eine Professur an der theologischen Fakultät der Universität Freiburg verschafft; doch hat der Erzbischof (aus dem für Hohenzollern zuständigen Bistum Konstanz war inzwischen das Erzbistum Freiburg geworden), nachdem er sich von Sprißlers nicht zu erschütternder aufklärerischer Gesinnung hatte überzeugen müssen, die Zustimmung versagt. – Es versteht sich fast von selbst, daß 1848 dem weitum hochangesehenen, dabei volkstümlichen Mann die Kandidatur für die Paulskirche angetragen wird.

Er nimmt seinen Platz auf der Linken, obwohl er sich gegen die Republik erklärt. Eine schwere Erkrankung lähmt im Spätsommer seine Aktivität. Ein Gesuch seiner Pfarrgemeinde, er möge heimkehren und die Seelsorge wieder übernehmen, mag ihm nicht unwillkommen gewesen sein. Er legt im September sein Mandat nieder. Aber seine Tätigkeit als Abgeordneter zieht ihm die Ungnade der kirchlichen Obrigkeit zu. Er hat dem § 15 der Reichsverfassung aus Überzeugung zugestimmt: »Niemand darf zur Erfüllung religiöser Pflichten gezwungen und Niemand kann wegen Nichterfüllung oder Verletzung derselben mit weltlichen Strafen belegt werden.« Sprißler hat in diesem Zusammenhang vom Ungeist der Bürokratie und des Polizeistaats in der Kirche gesprochen und geschrieben. Als er dann noch, in einer evangelischen Kirche, Ende November eine Trauerrede auf Robert Blum hält, ist für das Erzbistum das Maß voll. Er wird von seinem kirchlichen Amt suspendiert und gerät dadurch in bittere Not. Sein Freund Blumenstetter, der Abgeordnete für Hechingen, nimmt sich seiner an; er sorgt nicht nur für ihn, sondern auch für Sprißlers illegitimen Sohn, der unter seiner Obhut zu einem tüchtigen Mann heranwächst. Später wurde Sprißler wieder in den Kirchendienst aufgenommen. Hochbetagt ist er am 17. Juni 1879 gestorben.

Joseph Blumenstetter kam am 2. April 1807 in Schlatt zur Welt als Sohn des Müllers; doch wurde

Pfarrer Josef Blumenstetter

über seine Herkunft gemunkelt, die Mutter soll einem hohen Herrn gefallen haben. Er wird aufs Gymnasium nach Konstanz geschickt, wo er das Wessenbergsche Gedankengut aufnimmt, um es nie mehr zu vergessen; studiert dann in Tübingen. Dank seiner glänzenden Zeugnisse erhält er die Priesterweihe vor der Zeit, wird Stadtkaplan an St. Lutzen in Hechingen. Im Alter von 26 Jahren erhält er die Pfarrei in Boll (Zollern). Er widmet sich dem kirchlichen Leben dieser etwas heruntergekommenen Gemeinde mit Ernst und Eifer, aber im aufgeklärten Geist seines Mentors Wessenberg. Der geistreiche, kraftvolle und umtriebige Mann ist tätig weit über den Kreis seiner geistlichen Pflichten hinaus. Er berät seine Bauern in allen möglichen praktischen Fragen – Wegebau, Tierkrankheiten, Hagelversicherung, Obstbau, Bienenzucht. Er gibt ein Blatt heraus, »Volksfreund«, das solche praktischen Ratschläge enthält, aber auch kräftigen politischen Zuspruch – weswegen es von der Zensur verboten wird. »Heute erscheint der Volksfreund zum letzten Mal. Ist dereinst die Gedankensperre und die Mauth des freien Wortes aufgehoben, kann und darf man des Volkes wahrer Freund sein, so wird er vielleicht wiederkommen.«
Das war 1836 und geschah ungeachtet der Tatsache, daß Blumenstetter trotz seiner Jugend bereits im Hechinger Landtag saß, als kräftiger Fürsprecher der Volkswünsche und scharfer Kritiker der Staatsausgaben. Im Landtag ist er auch entschieden für die Gleichberechtigung der Juden eingetreten, die Menschen seien, so gut als alle anderen. – Es gehört zu dem Bild dieses Mannes, daß er auch unpolitische Geselligkeit herzhaft genossen hat. Da wird eine Gesellschaft »Biedermannia« gegründet, in der Musik von Haydn, Mozart, Schubert gepflegt, aber auch gewaltig geschmaust wird – wahrhaft barocke Festmähler vom Schnekkengericht über alles erdenkliche Schweinerne bis zum Kaffee mit Kirschwasser. Als er 1847 die Pfarrei wechselt, dürfte ein Grund dafür ein Kind gewesen sein – überempfindlich in solchen Dingen war man nicht, die Volksmeinung schon gar nicht; übrigens waren er sowohl wie sein Freund Sprißler erklärte Gegner des Zölibats.
Auch für Blumenstetter ist die Wahl in die Natio-

nalversammlung die logische Folge seines Ansehens und seiner Beliebtheit im heimatlichen Staatswesen. Wie in Sigmaringen hatte auch in Hechingen der von der fürstlichen Verwaltung empfohlene Gegenkandidat keine Chance. Als Blumenstetter nach Frankfurt abreist, ist seine ganze Gemeinde auf den Füßen, Bürgermilitär mit Musik begleitet ihn. In Hechingen trifft er Sprißler; sie machen die Fahrt gemeinsam. Miteinander sitzen sie auf der Linken in der Paulskirche. Uhland, aus dem benachbarten württembergischen Wahlbezirk, war neugierig auf diesen Kollegen; als er ihn dann sieht, groß und breit, meint Uhland: Da komme das ganze Hechinger Ländle daher. – Blumenstetter hat enge Fühlung mit seinen Wählern gehalten; er hat ihnen, etwa in der Reichsverweserfrage, auch juristisch komplizierte Sachverhalte genau erklärt. Aber er hat auch Veranlassung, seine Stimme mahnend zu erheben, da im Zeichen der neuen Freiheit ganze Gemeinden sich weigern, ihre Abgaben zu entrichten, Privatleute weder Steuern noch Schulden zahlen wollen. »Ihr seid Mitglieder der bürgerlichen Gesellschaft, und müßt die Gesetze des Staates befolgen, wenn derselbe nicht in unglückselige Verwirrung geraten soll.« Das hörten manche Leute nicht gern – »Unser Reichstagsabgeordneter, der behäbige Pfarrer von Burladingen, sitzt zwar auf der Linken . . . aber das, was er bisher gesprochen hat, verkündet den Volksmann nicht.« Doch durfte er die Mehrzahl seiner Wähler hinter sich wissen. Blumenstetter hat sich dem gemäßigt linken Club angeschlossen, der in der Westendhall tagte. – Während der bösen Septemberkrawalle hat er den Platz mit einem verängstigten Kollegen getauscht, der in der Nähe des Eingangs saß. Der traute seinen Augen nicht, als Pfarrer Blumenstetter einen mit zwei Bleikugeln verstärkten Gummiknüppel, einen sogenannten Totschläger, aus der Rocktasche zog . . . der Eingang war also wohl bewacht. Ende Oktober legt Blumenstetter sein Mandat nieder. Zu einem Antrag des Abgeordneten Moritz Mohl, der die Souveränität der kleinen Länder sehr einengen sollte, hat er seine Haltung eingenommen, die seinen Wählern mißfiel. Das mag den Ausschlag gegeben haben.

Blumenstetter und Sprißler waren Brüder im Geist und Brüder im Schicksal. Mehr Kraft besaß Blumenstetter, und er hat dem sensibleren, härter geprüften Freund warmherzig und selbstlos geholfen. Eine freundliche Fügung läßt sie nebeneinander auf dem Hechinger Friedhof ruhen.
Sie haben beide den Fortgang der Geschichte in diesem Ländchen noch lange miterlebt, Blumenstetter in seinem Hechingen noch immer politisch engagiert; kirchlich ein unbeugsamer Wessenbergianer, bürgerlich zunehmend konservativ gestimmt. – Im Herbst und Winter beruhigten sich die erhitzten Gemüter etwas. Im darauffolgenden Frühling und Frühsommer war es dann der Krieg in Baden, der alles wieder in stürmische Unruhe versetzte. Es versteht sich, daß die revolutionären Bewegungen in diesen engen ländlichen Bezirken nicht zu einem verzehrenden Feuer ausarteten. Es ging aber hitzig genug zu, um beiden Fürsten, so verschieden sie waren, jegliche Lust am Fortregieren zu nehmen. Sie entschlossen sich, auf ihre Souveränität zugunsten des preußischen Hauses Hohenzollern zu verzichten. Aber diese freiwillige Mediatisierung war ein mühsames und langwieriges Unterfangen. Man zeigte sich preußischerseits durchaus nicht pressiert. Fürst Karl mußte in Berlin monatelang antichambrieren. Im Dezember 1849 willigte Preußen schließlich ein, im April 1850 wurde die Übertragung der Souveränität feierlich vollzogen. Nun wandte auch der neue Herr, König Friedrich Wilhelm IV., der Wiege seiner Väter ein romantisches Interesse zu; er hatte sie bereits als junger Kronprinz einmal aufgesucht. Schon 1850 begann der Ausbau der alten Stammburg in neugotischem Stil.
Unsere beiden zollrischen Paulskirchenmänner haben die Fertigstellung der neuen Pracht auf dem alten Berg erlebt. Blumenstetter ist noch kgl. preußischer Schulkommissar für Hechingen geworden, obwohl das Erzbistum allerlei Einwände machte. Erlebt haben beide auch das neue Deutsche Reich. Und im preußisch gewordenen Hohenzollern konnte man nun mit stiller Zufriedenheit vermerken, daß es auch mit der Souveränität des Königreichs Württemberg ein Ende gefunden hatte.

Wilhelm Zimmermann

Wilhelm Zimmermann war einfacher und armer Herkunft, konnte aber auf dem klassischen württembergischen Bildungsweg über Seminar und Stift aufsteigen. Er wurde am 2. Januar 1807 in Stuttgart geboren. Der Vater war Wagenlackierer, Sohn eines Weingärtners, und das waren in Stuttgart meist arme Leute; die Mutter war Tochter eines Dieners. Er selbst schreibt später in einem »Lebensabriß« von seinen Eltern: »arme, rechtschaffene Leute, welche sich durch einen fast ins Unglaubliche gehenden Fleiß neben meiner und zweier Schwestern Erziehung ein kleines Vermögen nach und nach, wiewohl sehr spät erst, erwarben«. Er sollte eigentlich ein Handwerk erlernen, wird aber im elften Lebensjahr auf den Rat eines Onkels aufs Gymnasium geschickt, wo er seinen Altersgenossen alsbald voraus ist. Als Vierzehnjähriger kommt er aufs Seminar nach Blaubeuren – es ist der berühmte Jahrgang der Vischer, Strauß und Pfizer – und, anno 1825, der noch berühmteren »Geniepromotion«, in der er, Wilhelm Zimmermann, unter den vier »Genies« am glänzendsten abschneidet. In seiner Seminarzeit spielt er, obwohl schon ein ganzer Kerl, mit »barockem Humor« begabt, die Rolle eines Mittlers zwischen Lehrern und Schülern. Wo die Lehrer, vor allem in Geschichte und deutscher Literatur, nicht durchdringen, bringt Zimmermann, wißbegierig, enthusiastisch, mitteilungsfreudig, seine Kameraden in Bewegung.

Im Herbst 1825 dann also ins Tübinger Stift – ein junges Genie, mächtig angezogen von Mörike und ganz besonders von Waiblinger, dem hochbegabten, launischen, unruhigen. Wie Waiblinger und Mörike fühlt sich auch er vom Dasein des in seinem Turm dämmernden Hölderlin stark angerührt. Zimmermann glänzt im Stift mit seinen Kenntnissen, haut aber immer wieder über die Schnur, erhält Strafen über Strafen »wegen beharrlicher Verachtung aller Ordnung des Instituts, dessen Wohltaten er genießt«. Schließlich wird ihm das Ultimatum gestellt, und als auch das nichts fruchtet, erfolgt im Frühjahr 1829 seine Entlassung aus dem Stift. Dessenungeachtet konnte Zimmermann der Reihe nach seine Examina ablegen, sowohl die kirchlichen als auch den Dr.

phil. Er wird Vikar in einem entlegenen Winkel des Landes, in Schweindorf, Oberamt Neresheim; quittiert dann den Kirchendienst für einmal, um als Schriftsteller zu leben.
Er heiratet, eine Pfarrerstochter, und obgleich es eine ziemlich süffisante briefliche Bemerkung Mörikes über das Brautpaar gibt, scheint es eine besonders gute Ehe geworden zu sein. Die etwas ältere, kluge und tüchtige Frau gibt dem geist- und kraftvollen, aber unfertigen, auch ungehobelten Manne, was ihm gefehlt hat. – Das erste große Produkt seiner Feder ist ein Buch über die Hohenstaufen. Dieses 1838 erschienene Werk zeigt ihn schon ganz in seiner volkstümlichen, aber gar nicht kleinen Art: er schreibt farbig, plastisch, voll Lust am Erzählen, »natürlicher Bereitschaft zu bewundern« (A. Rapp); dabei wissenschaftlich gründlich, soweit ihm das Material zugänglich ist, und durchaus kritisch; mit einem für jene Zeit ungewöhnlichen Sinn für soziale Zusammenhänge, die er wohl der eigenen Herkunft verdankt. Den Höhepunkt seines volkstümlichen historischen Schaffens bildet, bereits 1843 vollendet, seine Geschichte des Bauernkrieges. Für Württemberg hat er dabei aus den Quellen schöpfen können; das Staatsarchiv hat ihm einschlägige Bestände jahrelang ins Haus ausgeliehen; an die Quellen aus anderen Territorien kam er nur mühsam oder gar nicht heran – da läßt er denn auch wohl seine Intuition walten. Wie selbständig er gedacht und geschrieben hat, beweist sein heller Blick für Thomas Münzer; der junge Ernst Bloch nennt in seiner Schrift über Münzer Zimmermann eine liebenswerte Ausnahme von der sonst üblichen Verdammung dieser Figur.
Bei allem Fleiß und aller Begeisterung für die historische Forschung und Darstellung hat Zimmermann sich doch immer wieder nach einem geistlichen Amt umgesehen; man wird dahinter unschwer die Sorge der Frau um die Existenz der rasch wachsenden Familie erkennen. Im Jahr 1840, mitten in den Bauernkriegsstudien, erhält er nach langem Bemühen ein kirchliches Amt, und zwar ein doppeltes: Helfer in Dettingen und zugleich Pfarrer in dem benachbarten, aber hoch auf der Alb gelegenen Dorf Hülben. Acht Jahre ver-

Wilhelm Zimmermann

sieht er diese Ämter, trotz seiner gewichtigen Nebentätigkeit, getreulich; er ist ein beliebter Pfarrherr. Aber er wird es doch als eine Befreiung empfunden haben, als er zum Professor für Geschichte und Literatur am Polytechnikum in seiner Vaterstadt ernannt wird; das war 1847; eine schöne Anerkennung seiner historischen Arbeiten. In dem vorhergegangenen Schriftwechsel hatte sich Zimmermann gegenüber dem Minister Schlayer auch über seinen politischen Standpunkt äußern müssen – »Ich gelte für freisinnig. Ich bin es im edlen und reinen Sinne des Wortes, nicht destruktiv, sondern konservativ.« Das Wort konservativ (»konstruktiv« hätte eher gepaßt) war ihm wohl nicht gänzlich absichtslos aus der Feder geflossen . . . Die Professur am Polytechnikum hätte für Zimmermann die Basis für eine weitwirkende Tätigkeit werden können. Aber die Zeitläufte haben dafür gesorgt, daß er hier nicht zur Ruhe kam.

Die Märzstürme des Jahres 1848 treiben ihn in die Politik. Seine Bücher, vor allem der »Bauernkrieg«, haben ihn im Land bekannt gemacht. Aus Hall erreicht ihn der Ruf, sich als Kandidat für die Nationalversammlung zu bewerben. Er reist hin und wirft sich begeistert in den Strom der Ereignisse, »trunken vom Wein der Zeit« auch er. »Ich wollte nur, Du wärest hier und freutest Dich des Mannes, den Du gebildet« schreibt er an die Frau. Er gefällt den scharfen Haller Demokraten und den Bauern ringsum, die er an ihre aufrührerischen Ahnen erinnert. Der Bezirk Hall–Gaildorf–Crailsheim sendet ihn nach Frankfurt.

Es ist merkwürdig, wie bei diesem begeisterungsfähigen Mann die Illusionen zerstieben, sobald er Frankfurter Boden unter den Füßen hat; und das, obwohl ihm im Gegensatz zu vielen anderen die Stadt und die Gegend gut gefallen; obgleich er sich im ungewohnten Alltag der fremden Stadt mühelos arrangiert. Er schreibt an die Frau: »Es waren Samstag, Sonntag und heute schon vorbereitende Sitzungen, denen ich allen beiwohnte. Die Norddeutschen meist sind Schwäzer. Fallmerayer (der bekannte Orientreisende, Abgeordneter aus Bayern) lief mit mir eben davon aus der Sitzung, und ich schreibe Dir, während sie fades schwäzen.«

Und sehr bald das bittere Wort: »Aus all diesem Treiben wird nichts entstehen. Deutschland wird sich nach außen lächerlich machen, nach innen zerrütten ...« Die Sittlichkeit und das »schön Menschliche« würden zugrunde gehen.
Trotz Bekenntnissen dieser Art macht er mit. Er sitzt auf der äußersten Linken, seine Fraktion ist der »Donnersberg«. Er gibt sich zuverlässig parteiisch, obwohl er den Radikalen gefühlsmäßig eigentlich ziemlich fern steht; nur beklagt er immer wieder die Zersplitterung der Linken. Manchmal, nicht häufig, besteigt er die Rednertribüne. »Die redlichste, treueste Gesinnung hat doch der, dem ich angehöre« schreibt seine Frau, die zeitweilig mit den Kindern in Frankfurt wohnt – wenn man den Superlativ wegläßt, enthält der Ausspruch etwas Richtiges. Am schönsten kommt seine Gesinnung zum Ausdruck, als er am 24. August über die Stellung der Kirche spricht: Die Kirche solle nicht mehr herrschen, nicht im Staat und nicht über die Schule. Aber der Zeitgeist wandle die Kirchen. »Das rein innerliche Gottesreich« sei im Kommen. Das deutsche Volk brauche die Kraft der Religion. – Anfang September ergreift er das Wort in der schleswig-holsteinischen Frage: Die Nationalehre stehe über allem und gebiete notfalls den Krieg. Am 19. Januar 1849 (also fast auf den Tag 22 Jahre vor der Kaiserproklamation im Spiegelsaal zu Versailles) spricht er zur Kaiserfrage. Nach Beendigung der Freiheitskriege und noch im März 1848 sei der König von Preußen der rechte Mann für eine Kaiserkrone gewesen – jetzt nicht mehr. Souverän müsse die Volksvertretung sein, der Kaiser sei ein »Luxusartikel«. Es ist bezeichnend für Zimmermanns Ansehen, daß vor seinem Auftreten die Rechte ihn gebeten hatte, die Linke für die Kaiserlösung zu gewinnen, und daß er für die Art und Weise, in der er das nicht tat, die Achtung des ganzen Hauses, auch seiner politischen Gegner auf der Rechten, gewonnen hat.
Diese Achtung, die er persönlich in steigendem Maß genießen durfte, das Bewußtsein, auch von namhaften Gegnern für voll genommen zu werden, ist ihm ein Labsal gewesen, das innere Gleichgewicht gegen die rasch zunehmende Ver-

bitterung über den Gang und Nichtgang der Politik. Besonders erregt hat ihn, daß die Nationalversammlung eine demonstrative Ehrung ihres in Wien hingerichteten Mitglieds Robert Blum abgelehnt hat. »Die Mehrheit der Nationalversammlung hat sich heute niederträchtig benommen« (Mitte und Rechte hatten für gut befunden, es bei einer kirchlichen Feier zu belassen). Und: »Es ist recht, daß sie (die Nationalversammlung) diese Blamage noch auf sich nahm.« – Nach der Rede über die Kaiserfrage ist Zimmermann nicht mehr hervorgetreten. Eine Abneigung gegen die »von Gott verfluchte Politik« steigt ihm aus der Galle auf. Man kann übrigens den Eindruck gewinnen, daß er das Mißfallen an dem Ton und an gewissen Zielen seiner radikal linken Freunde vor sich selbst durch lauten Unmut über die Uneinigkeit und das Ungeschick der Linken verbirgt. Seine Frau nimmt das auf in einem am 25. März 1849 an ihn gerichteten Brief mit den Worten: »Hättet ihr bei eurer guten Sache und euren Talenten den Takt, die Zähigkeit, das Zusammenhalten und die Ausdauer der Rechten ...« Er läßt sich beurlauben, er ist auch beim Rumpfparlament, das zumeist aus seinen politischen Freunden besteht, nicht mehr dabei. Unbeteiligt, aber ingrimmig, vermerkt er die Schwenkung Römers und den traurigen Ausgang.

Trotz der tiefen Enttäuschung, die er aus der Paulskirche heimgebracht hat, löst er sich nicht, noch nicht, aus der Politik. Vielleicht war es ein Gefühl der Verbundenheit mit seinen demokratischen Wählern in Hall, das ihn bewogen hat, sich von diesem Bezirk dreimal – es waren kurzlebige Landtage – in die württembergische zweite Kammer entsenden zu lassen. Auch dort ist sein Platz auf der Linken, seine Haltung aber bedächtig, abwägend, um nicht zu sagen vorsichtig. Auch im Parlament des Heimatstaats äußert er sich zur Frage der Staatsform, hält die Republik »für den Augenblick« noch nicht der Zeit entsprechend, wünscht eine konstitutionelle Monarchie, in der der König seine Funktion hat, aber zu schädlicher Willkür außerstande ist. – Dennoch hat Zimmermann der wieder erstarkten Reaktion sein Opfer bringen müssen. Im Sommer 1849 wird ihm seine

Stuttgarter Professur gekündigt; allgemein gehaltene Vorwürfe politischer Art und angebliche wiederholte Unpünktlichkeit müssen die Begründung dafür abgeben. Ungeachtet seiner maßvollen Haltung in der Ständekammer, ohne Berücksichtigung einer glänzenden Beurteilung seitens des Lehrkörpers, folgt der Kündigung Ende 1850 die definitive Amtsenthebung. Es ist ein Hieb ganz im Stil der königlich württembergischen Restauration: bedachtsam, boshaft, nicht vernichtend, aber schwer verletzend. – Noch einmal, für eine letzte kurze Legislaturperiode, zieht Zimmermann in den Landtag ein, diesmal für das Oberamt Leutkirch. »Der rote Fürst« Constantin Waldburg-Zeil, seinerseits der Politik überdrüssig, hat den einstigen Fraktionskollegen aus der Paulskirche seinen oberländischen Wahlmännern so nachdrücklich empfohlen, daß sie ihn fast einstimmig als ihren Mann in die zweite Kammer schicken. Es ist Zimmermanns letztes parlamentarisches Mandat.

Die Entlassung aus dem Polytechnikum hatte ihn schwer getroffen. Dennoch bleibt er mit der Feder unermüdlich, neuen Stoffen zugewandt. Er schreibt eine Geschichte der englischen Revolution, in der er seine Sympathie für Cromwell nicht verbirgt. Als er, Anfang 1852, seine Vorträge über neuere Geschichte in Buchform herausgeben will, zuckt aus den dicken Wolken, die über ihm hangen, ein neuer Blitz – das Buch wird als staatsgefährdende Schrift verboten. Zum Gram über die Demütigung, die wiederholte Bekundung allerhöchster Ungnade, kommen wirtschaftliche Sorgen. Er muß die Hilfe in Anspruch nehmen, die ihm eine bewundernde Leserin anbietet; eine baltische Dame, Marie Bruiningk, geborene Fürstin Lieven. Unter solchen Umständen erscheint ihm eine Pfarrstelle als Rettung vor Not und weiterer Demütigung. Und er erhält sie – man ist hohen, höchsten Orts der Meinung, er sei nun genug bestraft, und es sei an der Zeit, ihm auf bescheidenste Art eine Gunst zu erweisen. Bescheiden, wahrhaftig; Leonbronn ist ein kleines, abgelegenes Dorf im Zabergäu. Als er sich dort im Pfarrhaus einrichtet, kann er sich ausrechnen, daß er es nun mit siebenundvierzig so weit gebracht hat,

wie mit dreiunddreißig schon einmal, nur daß seine damalige Stelle ansehnlicher war. Aber er hat doch einen Dienst und ein Dach über dem Kopf. Solange sein ungnädiger König lebt, sitzt Zimmermann fest in diesem Leonbronn. Er hat das Beste daraus gemacht, erfreut sich des milden Klimas, mag seine Leute, und sie mögen ihn. Auch der Herr Spezial vermag nach oben nur, oder fast nur, Gutes zu berichten. So recht eigentlich strenggläubig sei er wohl nicht, aber doch ein guter Hirt seiner Herde, hilfreich, beliebt; zu loben sei auch seine Mäßigkeit im Trinken ... Neben der Seelsorge bleibt reichlich Zeit zum Schreiben. Er überarbeitet sein frühes Hohenstaufenbuch neu; und es ist ein Beispiel für sein selbständiges Denken, daß er gegen die allgemeine Meinung die Italienpolitik der Staufer nicht für einen Kardinalfehler hält. Aber er wendet sich auch ganz anderen Themen zu. Er verfaßt »Stunden der Andacht«, ein Erbauungsbuch für solche, die sich durch die üblichen kirchlichen Formen nicht angesprochen fühlen; man kann ihn da in einer Position zwischen dem Jugendfreund D. F. Strauß und dem späteren Christoph Schrempf sehen – doch ist Zimmermann der Kirche, vor allem seinem Christenglauben, nähergeblieben.
Als Wilhelm I., der immer ein scharfes Auge auf diesen Untertanen gehabt hat, zu seinen Vätern versammelt ist, bekommt Zimmermann einen einträglicheren Dienst als Pfarrer in Schnaitheim bei Heidenheim. Nach weiteren acht Jahren wird er gar Stadtpfarrer in Owen/Teck. Sein Alterswerk ist eine dreijährige Deutsche Geschichte; um sie in Druck geben zu können, erhält er eine Spende aus der Schillerstiftung. Er stirbt am 22. September 1878 während einer Badekur in Mergentheim.
Im alten Württemberg, im Staats- und Kirchendienst, hat man ein scharfes Gedächtnis für Examensnoten gehabt. Hunderten war es bewußt, daß dieser Wilhelm Zimmermann in der berühmten Blaubeurener Geniepromotion unter den vieren mit der Note 1a der allererste gewesen war. Und viele haben sich gefragt: warum ist aus dem nicht mehr geworden? Hundert und etliche Jahre nach seinem Tod ist uns seine Prüfungsnote nicht wichtig, aber auch wir sind geneigt, die gleiche

Frage zu stellen: warum ist nicht mehr aus ihm geworden? Diese hohe Intelligenz, diese schöpferische Phantasie war keine späte, schöne Blüte aus altem Stamm, sie war aus der schlummernden Kraft geistig unverbrauchter Menschen emporgestiegen. Er war ein wackerer Mann, er hat in der Politik eine anständige Figur gemacht, er hat eine Reihe guter, aber nach hundert Jahren eben doch vergessener Bücher geschrieben – all das, aber nicht mehr. So ist er, um ein Wort seines Seminar- und Stiftskameraden Vischer zu gebrauchen, »Auch Einer« gewesen, auch einer der Hochgestimmten, Hochbegabten, denen es nicht vergönnt war, sich aus dem Gewöhnlichen zu lösen und das Außerordentliche zu vollbringen.

Fürst Constantin Waldburg-Zeil

In Oberschwaben, auf einem Höhenzug mit dem Blick in die Bergwelt des Allgäus, steht das Schloß Zeil, breit hingelagert, mit Kirche, Stiftsgebäuden und bäurischen Anwesen mitten in Wiesen und Wäldern. Das Schloß wurde kurz vor dem Dreißigjährigen Krieg anstelle einer mittelalterlichen Burg errichtet. Seit dem 14. Jahrhundert sitzen hier oben die Truchsessen von Waldburg – »Waldburg Zeil«. Das Grafengeschlecht erhielt 1803 den Fürstentitel, wurde aber schon drei Jahre danach im Zuge der Napoleonischen Flurbereinigung mediatisiert. Nun waren die Waldburg-Zeil nur noch Standesherren im neugebackenen Königreich Württemberg.

Constantin Waldburg-Zeil wurde am 8. Januar 1807 im Schloß seiner Väter geboren. Eine gesunde große Familie, ländliches Feudalwesen, die Pferde und die Jagd, Wald, Viehzucht und Ackerbau, und als Erzieher ein kluger Kleriker – das ist das Milieu, in dem der junge Herr aufwächst. Er wird dann in die Fremde auf Schulen geschickt, nach Landshut in Bayern, Kempten und Freiburg. Später dann auf Universitäten, zum Jurastudium nach Freiburg, München und auch auf die Universität des Staates, zu dem man in Gottes Namen gehört, nach Tübingen. Aus einem Brief von dort, Frühjahr 1828: »Gut angekommen . . . Es schien mir, als ob die Sonne heller als gewöhnlich glänze, um die Häßlichkeit meines jetzigen Aufenthaltsorts in vollem Lichte bewundern zu können. Ich muß gestehen, ich hätte am liebsten gleich wieder umgekehrt«. Der beste Trost in dem ungeliebten Nest ist das Pferd aus dem heimischen Stall. Die Heimat auf ihrer Anhöhe leuchtet von ferne wie ein irdisches Paradies.

Constantin Waldburg-Zeil hat zeitlebens kleine literarische Versuche gemacht. Ein paar Zeilen des 22jährigen mögen hier stehen, die die Schloßtafel schildern –

Traulich saßen sie einst beim festlichen Mahle zusammen,
Vater und Mutter, wie auch die holdaufblühende Tochter,
Auch nicht fehlte die Schar der lieblichen kleineren Kinder,

Constantin von Waldburg-Zeil

Von dem ernsten Blick der Erzieherin strenge beherrschet.
Alle erfreuten sich der erquickenden Speisen des Mahles,
Auch des herzerfreuenden Trankes der rötlichen Trauben,
Und besprachen sich viel und munter mit traulichen Worten . . .

Ziemlich spät, aber ausgedehnt, folgen Bildungsreisen, die »Kavalierstour«: Wien und weite Teile der Donaumonarchie, Venedig eingeschlossen; Berlin; Holland, Belgien, Paris. Danach heiratet er 1833 Maximiliane Gräfin Quadt, also gleichfalls aus oberländischem Adel. Seitdem ist ihm am wohlsten daheim.

Der Vater, Fürst Franz Thaddäus, hatte seinen Sitz in der Kammer der Standesherren in Stuttgart; er bevollmächtigte, was üblich war, seinen Sohn und Erben wiederholt mit seiner Vertretung. Es ist die erste direkte Berührung mit der Welt des Staates und der Politik. Was war der Standort des jungen Herrn? Die Mediatisierten im allgemeinen und die aus Oberschwaben im besonderen hatten ein sehr kühles Verhältnis zu Württemberg und zu ihrem König. Der Verlust der Reichsunmittelbarkeit schmerzte noch. Dieses Gefühl ist bei Constantin Waldburg-Zeil stark ausgeprägt, ist ein Grundelement seiner Politik. Aber es verbindet sich, über die Sicht seines Hauses hinaus, mit den Interessen der vernachlässigten Region Oberschwaben, vor allem ihrer Bauern; hier liegt eine Wurzel seiner großen Volkstümlichkeit im Oberland. Zu dieser doppelt begründeten Abneigung gegen den Stuttgarter Zentralismus kommt das Mißtrauen des starkgläubigen, von klugen Lehrern sorgfältig erzogenen Katholiken gegen ein mehrheitlich protestantisches Staatswesen, den protestantischen König, den durchaus protestantischen Charakter von Staatsverwaltung und Regierung. Nicht zu Unrecht sieht Waldburg-Zeil in dem staatlichen Kirchenrat ein Instrument zur Kontrolle, ja zur Bevormundung der Kirche durch den Staat; der Bischof von Rottenburg scheint ihm zu zaghaft, zu obrigkeitsfromm, zu kompromißbereit. – Der gekränkte Stolz des Mediatisierten, das Selbstbewußtsein des Oberschwaben, ein kämpferischer Katholizismus – auf diesen Nenner kann man Waldburg-Zeils Haltung in der ersten Kammer (in der er später selbst seinen Sitz hat) bringen.

Von demokratischen Neigungen kann einstweilen kaum die Rede sein. Waldburg-Zeil ist Aristokrat, geht zu Hofe, weil sich das von selbst versteht, an die Tafel des Königs oder zum Kronprinzenpaar. Als selbstverständlich betrachtet er auch noch lange Zeit gewisse Standesvorrechte. Den Entwurf eines Wildschadengesetzes läßt der Minister Maucler zunächst bei Graf Rechberg und bei Waldburg-Zeil kursieren und wünscht ihre Meinung zu hören, bevor er die Sache dem König vorträgt. Und Rechberg schreibt ungeniert dem Standesgenossen – »was mir das beste dünkt, das erste Schätzungsverfahren ist so umständlich und unpraktisch, daß dieser Umstand manche Kläger abhalten dürfte, ihre Klagen zu verfolgen . . .« So tief Waldburg-Zeil bis an die Schwelle des Jahres 1848 in Standesvorstellungen lebt und dementsprechend in Standesvorurteilen befangen ist – es ist nicht so, daß erst der Märzsturm ihn aufgeweckt hätte. Vielleicht hat ihm die fehlende innere Bindung an seinen König frühzeitig den Blick für die kritische Situation der Monarchie geschärft. Schon im Jahr 1838 schreibt er seinem Vater: »Der Adel kann mit den Herrschern untergehen, ich glaube aber, sie werden allein untergehen, und der Adel . . . wird diese Bewegung, wenn er klug ist, überstehen.« Der Adel müsse den König »auf den rechten Weg führen« – gehe der König den nicht mit, so könne der Adel wählen, ob er mit dem König untergehen wolle oder ohne ihn fortleben . . . Dem »Democratismus« steht er einstweilen skeptisch gegenüber. Man müsse ihm entgegentreten, tunlichst »auf eine diese mächtige Partei nicht vor den Kopf stoßende Weise«. – Bei einer anderen Gelegenheit bezeichnet sich dieser Standesherr als einen »möglichen Jakobiner«.

Will man die scheinbar einander widerstrebenden politischen Gedanken dieses Standesherrn auf einen gemeinsamen Nenner bringen, so hieße das etwa: Gegen eine Republik wäre wenig einzuwenden, wenn die Aristokratie darin ein mittragendes

Element wäre und die Kirche ein freies Eigenleben führen könnte. Eine Vorstellung nicht gegen alle Logik, aber damals doch recht utopisch. – Einmal ist Waldburg-Zeil aus seiner Rolle gefallen. Das war 1847, als ihm König Wilhelm einen hohen Orden verlieh. Da ist ein schwacher Punkt in diesem kraftvollen Charakter getroffen worden. Constantin Waldburg-Zeil dankt dem König mit Worten, die weit über das hinausgehen, was der Anstand und die Form gebieten, im Vasallenton. Zwei Jahre später wird er die Auszeichnung im Zorn zurücksenden. Der König hat sich dafür boshaft gerächt, indem er jenen früheren Brief veröffentlichen ließ ... Waldburg-Zeil war ein ganzer Mann, aber sehr empfänglich für Beweise von Hochachtung, Zuneigung, Bewunderung. Deshalb hat ihn ein Huldbeweis des Königs aus dem Tritt gebracht. Und es ist möglich, ja wahrscheinlich, daß seine Rolle als volkstümlicher Fürst, als Vorkämpfer seiner Bauern, als hochgeborener Volksmann, die er 1848 und danach gespielt hat, in diesem Seelenbereich Wurzeln hatte.

Die Haltung Waldburg-Zeils im Frühjahr 1848 ist kompliziert und erscheint widerspruchsvoll. Er hatte inzwischen im Staat eine namhafte Position, war Vizepräsident der ersten Kammer und Präsident des ständischen Ausschusses. In dieser Eigenschaft hat er am 6. März bei einer Audienz, zu der er gemeinsam mit Wächter, dem Präsidenten der zweiten Kammer, vom König empfangen wurde, entschieden für eine harte Haltung plädiert, sich gegen die Berufung eines liberalen »Märzministeriums« ausgesprochen. Er hat sogar, als Römer dennoch berufen war, dem König zu einer »gewaltsamen Contrerevolution« geraten, um der befürchteten Anarchie zu steuern. Er hat dann, zusammen mit dem Redakteur Elsner von der Ulmer Kronik, seinem späteren Erzfeind, einen konservativen Verein gegründet, der jedoch kein Echo fand.

Inzwischen hatte im eigenen Bereich der Standesherrschaft, des Familienbesitzes, die neue Zeit eine Wandlung bewirkt. Die seit langem fällige Ablösung der alten grundherrlichen Rechte (Gerichtsbarkeit, polizeiliche Befugnisse in Wald und Feld und eine Fülle uraltertümlicher Lasten, Gefälle, Abgaben) war nun vollzogen; die praktische

Abwicklung zog sich freilich noch eine Weile hin. Man kann nicht sagen, daß Waldburg-Zeil auf diesem Wege besonders bereitwillig vorangeschritten wäre; nachdem die Sache aber einmal unabwendbar war, hat er sich bemüht, sie mit seinen Bauern großzügig und rasch abzumachen – wobei aber die von ihm seit je gehaßte Staatsbürokratie im Wege stand. – Waldburg-Zeil hat später, 1850, vor dem Schwurgericht in seiner Rechtfertigungsrede, die einem politischen Bekenntnis gleicht, die Volksbewegung von 1848 interpretiert als den Versuch, das alte Reich, das 1805 untergegangen war, wiederherzustellen – »Ich konnte mich mit gutem Gewissen dieser Bewegung anschließen«. Der König habe die Aristokratie »zur Beschwichtigung des Sturms über Bord geworfen« – warum hätte er, dem einst die Reichsunmittelbarkeit von jenem Königtum geraubt worden sei, sich jetzt nicht dem Volk zuwenden sollen? Und »zu halben Richtungen habe ich nie Geschmack gehabt, und so war mein Platz schon deshalb und aus Überzeugung auf der äußersten Linken«. – »Ich bin kein ausgeklügelt Buch, ich bin ein Mensch mit seinem Widerspruch«, läßt Conrad Ferdinand Meyer seinen Ritter Hutten sagen.

Er bewirbt sich in der Wahl zur Nationalversammlung um ein Mandat im Bezirk Biberach-Leutkirch, dessen Grund und Boden großenteils ihm gehört. Sein Gegenkandidat, Freiherr von Hornstein, der ihm lange Zeit politisch sehr nahegestanden war, ist nun der konservative Konkurrent des linken Fürsten. Waldburg-Zeil betreibt seine Kandidatur umsichtig und energisch. Auch aus der eigenen Familie erhält er Unterstützung. Ein Vetter schreibt ihm, er habe vor allem seine Pfarrer zu wirksamer Beredsamkeit ermahnt, doch sei der Erfolg nicht sicher, da manchenorts gewisse republikanische Töne des Kandidaten mißfielen. – Waldburg-Zeil wird in die Nationalversammlung gewählt.

Die Augsburger Allgemeine Zeitung wollte wissen, der Fürst sei von der Linken in der Paulskirche beglückt als einer der Ihren empfangen worden. Er selbst bemerkt dazu: »Ich weiß von keinem Empfange. Die Männer der Linken haben wahrlich zu viel Stolz um deshalb, weil Jemand, der einen Fürstentitel hat, sich auf ihre Bänke setzt, von ihm Notiz zu nehmen, und ich meinerseits kann mich auf das Zeugnis dieser Männer berufen, ob ich mich jemals um ihre Protektion beworben habe – gerade mein nach jeder Seite freies, aber konsequent an den Volksrechten festhaltendes Benehmen hat es bewirkt, daß nach und nach, wie von selbst ... eine Annäherung ... stattgefunden, der ich die Bekanntschaft mit geistreichen und gebildeten Männern verdanke ...« Und als er später in der Presse mit der Bemerkung bedacht wird, seine Stimme im Parlament habe nicht mehr Wert gehabt als die des Schlossermeisters Nägele aus Murrhardt: »Ich für meine Person kenne keinen Fürsten und keinen Schlossermeister im Parlamente, und daß dieses meine Gesinnung – und daß ich dieser Gesinnung gemäß mich im Parlamente benommen, und keinen anderen Wert auf meine Stimme ... als den der Stimme eines Volksabgeordneten gelegt habe, das wird mir mein Collega, Nägele mit dem ich persönlich befreundet bin, auf Verlangen mit Vergnügen bezeugen.«

Der Fürst wird also auf der Linken, wo er Platz genommen, keineswegs wie ein Wundertier bestaunt. Weit eher dürfte er von den Bänken der Rechten so angesehen worden sein, besonders von adligen Abgeordneten aus Preußen (gern wüßten wir, was der geistreiche Lichnowski, der andere Fürst in der Paulskirche, von ihm gedacht hat). Wenn Waldburg-Zeil später gesteht, »daß ich im Jahre 1848 das Zustandekommen eines deutschen Kaiserreiches für möglich und das deutsche Volk zur Ausführung berechtigt gehalten, ich will es verantworten, daß ich anfangs dem Traumbilde mich hingegeben habe, daß der junge Monarch auf Österreichs Thron berufen sei, Karl den Großen von seinem langen Schlafe im Untersberge zu wecken –«, so stand er damit nicht allein, und man konnte mit solchen Hoffnungen auch seinen Sitz auf der Linken haben. Er stand in dieser Hinsicht Uhland nahe. – So aufsehenerregend die Wahl des Standesherrn war, so unauffällig war sein Wirken im Parlament. Einem Klub hat er sich nicht angeschlossen. Er hat nie eine Rede gehalten. In den Verhandlungsprotokollen taucht sein Name nur bei den namentlichen Abstimmungen auf; er hat konsequent immer mit der Linken gestimmt. Dabei bleibt seine Neigung zu Österreich unverändert. Er gehört bei der Abstimmung über den Reichsverweser zu der linken Minderheit, die für den Erzherzog stimmt; »ein Mann von nicht bürgerlichen volkstümlichen Gesinnungen« nach seiner Meinung. Im Januar 1849 gibt er mit einigen Gesinnungsgenossen zu Protokoll, »daß sie aus dem Grunde der noch nicht entschiedenen Stellung Österreichs bei allen das Reichsoberhaupt betreffenden Vorschlägen ... mit ›nein‹ gestimmt haben«.

Seine Feinde haben ihm später vorgeworfen, er habe in der Paulskirche seine Diäten nicht einmal durch Absitzen verdient, sondern sei statt dessen in Bädern herumgereist. Das ist gehässig übertrieben, wenngleich richtig ist, daß er wiederholt beurlaubt war – wie viele andere Abgeordnete auch. Er hat übrigens Beurlaubungen seinen Wählern im »Leutkircher Wochenblatt« angezeigt, überhaupt mit seinem Wahlbezirk gewissenhaft Fühlung gehalten. Auch der Volksverein im konfessionell paritätischen Biberach, wo er bei der Wahl keine Mehrheit erhalten hatte, spendet ihm im Oktober 1848 respektvollen Beifall (tadelt ihn allerdings Ende Mai 1849, als sich ohnehin alles auflöste, weil er sich in der Heimat und nicht in Frankfurt aufhalte). In einer Wurzacher Adresse vom April 1849 heißt es, man habe seine parlamentarische Tätigkeit von Anfang an aufmerksam verfolgt. »Wir freuen uns, Ihnen offen gestehen zu dürfen, daß Sie in allen Fragen nach unserer Ansicht gehandelt und gestimmt haben ... Ihre Aufopferungen für die Sache des Volkes ... beweisen uns, daß Sie treu Wort gehalten haben und daß Sie den Namen eines Volks-Mannes in der Wirklichkeit verdienen. Fahren Sie fort auf der betretenen Bahn, Sie dürfen überzeugt sein, daß das Volk Sie wie einen Vater verehren, und Sie mit seiner moralischen und physischen Kraft unterstützen wird.«

Das ist die Woge der Volksgunst, auf der dieser »rote Fürst« sein Schiff im Sturm zu lenken gesucht hat. In jener bekenntnishaften Rechtfertigungsrede hat er sich in eine seltsame Beziehung zu seinem Ahnherrn, dem »Bauernjörg«, gesetzt: »Als vor 300 Jahren . . . eine Bewegung in dem Bauernstande stattfand, welche zuletzt gefahrdrohend für alles Bestehende zu werden schien, da war es mein Ahnherr Georg Truchseß von Waldburg, der die rebellischen Bauern niederschmetterte und den alten Zustand der Dinge wiederherstellte. Den Sieg, den ich im Jahr 1848 über die bewegten Volksmassen erlangte, ich stelle ihn kühn jenem Siege meines Ahnherrn zur Seite. Wo jener . . . mit Leichen die Gegend bedeckte, da wählten nach 300 Jahren die Enkel jener erschlagenen Bauern einen Nachfolger jenes Truchsessen zum Vertreter ihrer Interessen!«

Waldburg-Zeil ist, vielleicht sogar vom Tadel des Biberacher Volksvereins bewogen, in den letzten Tagen der Nationalversammlung in Frankfurt. Er rät zu einem Umzug nach Karlsruhe, nimmt aber an der ersten Sitzung des Rumpfparlaments in Stuttgart teil. Die Gicht, die ihn häufig plagte, verhindert, daß er bis zum trüben Ende dabei ist. – Er hatte, alles in allem, seinen Wählerauftrag in der Paulskirche redlich erfüllt. Nichts stand seinem Wiedereintritt in die Landespolitik im Wege. Als Folge der Annahme der »Reichsverfassung« durch Württemberg war die Wahl einer verfassunggebenden Landesversammlung notwendig geworden. Die erste Kammer hatte sich im Hinblick auf das künftige Einkammersystem aufgelöst. Waldburg-Zeil war der einzige Standesherr, der für die Landesversammlung kandidierte. Im Wahlkampf hat er die Außenpolitik der Regierung Römer respektiert, ihre Innenpolitik jedoch als undemokratisch angegriffen; seine Parolen sind Volksfreiheit, Unabhängigkeit der Kirche und Selbstbewußtsein des Oberlandes. Unter diesen Zeichen hat er am 1. August 1849 einen hohen Wahlsieg errungen.

Inzwischen hatte aber Waldburg-Zeils Verhältnis zu den württembergischen Staatsbehörden einen neuen, tiefen Riß bekommen. Die ungestümen Attacken, die er im Leutkircher Wochenblatt veröffentlichen ließ, brachten ihm einen Prozeß wegen Beleidigung der Regierung ein, der schließlich vor dem Schwurgericht Tübingen mit einer Verurteilung zu fünf Monaten Haft, abzubüßen auf dem

Hohenasperg, endete. Übrigens gab es, als das Urteil bekannt geworden war, für ihn stürmische Ovationen, ein Zeichen, daß der Standesherr aus Oberschwaben auch in dem von ihm nicht geliebten Altwürttemberg als Volksmann galt. Nichtsdestoweniger hat dieser Prozeß seine Rolle als aktiver Politiker beendet. Verbitterung und Resignation, auch wirtschaftliche Sorgen (wahrscheinlich einer der Gründe seiner wütenden Angriffe gegen die Bürokratie) haben ihn zum Rückzug aus der Politik bewogen. Nur in der Frage der Nachfolge als Kandidat in seinem Bezirk hat er noch sein ganzes Gewicht eingesetzt, zugunsten des ihm aus der Paulskirche bekannten Zimmermann, der denn auch, obwohl Unterländer und Protestant, gewählt wurde.

Vom November 1850 bis März 1851 hat der rote Fürst auf dem Asperg gesessen – über diese Episode keine Satire zu schreiben, ist schwer. Nicht seine eigene Rolle ist komisch; er hat sich nichts von seiner Würde vergeben; grotesk sind aber die Umstände. Für die Mitgefangenen ist er ein Gegenstand des Stolzes und der Verehrung; von ihren Vivat-Rufen begrüßt, hält er dort droben seinen Einzug. Für den Kommandanten und die Wachen ist er ein hoher Herr, ein Fürst (der sich zu ihnen nicht hinab-, sondern sozusagen hinauf-läßt).

Elf Soldaten werden zum Bahnhof kommandiert, um das Gepäck und die Möbel auf die Festung zu schaffen. Dem Kommandanten hat er einige militärwissenschaftliche Bücher zur Lektüre mitgebracht; der beeilt sich – »für die gnädige Übersendung mache ich meinen besten Dank . . . werde dieselben nach genommener Einsicht dankbarst zurückgeben«. Die zusätzliche Verpflegung hat der Traiteur Reininger in Stuttgart übernommen – frische Schellfische, Colchester-Austern, frischer Kaviar, Straßburger Gänseleber – Bordeaux Lafitte. Die Mitgefangenen überschütten ihn mit Sympathiebeweisen, verschonen ihn aber auch nicht mit Bettelbriefen. Einer, der vor der Entlassung steht, erinnert daran, wie herzlich auch er bei dero Einzug lebehoch gerufen habe, und erlaubt sich, ihn um Reisegeld »demütigst anzuflehen«. Ein anderer erbittet ein Geschenk, weil eine »Bekanntschaft« ihn mit einem Kind erfreut habe, mit der Bemerkung: »Auf dieser Welt haben Sie zu leben, und auf der andern wirds Ihnen Gott ersetzen.« Aus dem Oberland sendet ihm einer »meine poetischen Versuche; vielleicht sind dieselben doch fähig, die düstere Einsamkeit Ew. Durchlaucht einigermaßen zu erheitern«. Unter den Büchern, die er auf dem Asperg gelesen hat, finden sich Cooper und Victor Hugo, Gedichte von Béranger, Uhland und der Droste.

Auch entlassene Häftlinge schicken ihm Briefe, Geschenke. Ein merkwürdiger Brief aus Zürich: »Will Gott, so trifft dieser Brief Sie nimmer auf der Festung an. Hundertmal schon dachte ich an Hohenasberg, wie ruhig, zuweilen heiter und fröhlich die Tage verstrichen und die glücklichen Abende in hoher Gesellschaft, an den Überfluß von Nahrungsmitteln, während seitdem Sorgen mir bedeutend zur Seite gingen . . .« Als seine Zeit auf dem Asperg zu Ende geht, läßt er im Leutkircher Wochenblatt verlauten, man möge von Freudenkundgebungen bei seiner Heimkehr absehen, er habe in letzter Zeit wieder arg die Gicht . . . (der Chronist erlaubt sich die Bemerkung, daß hieran der Traiteur Reininger wohl nicht unbeteiligt war).

Der letzte Lebensabschnitt ist beschattet von häufiger Krankheit und wirtschaftlichen Sorgen. Sein Großvater und sein Vater waren Edelleute und gute Wirtschafter zugleich gewesen; er war nur ein Edelmann. Die Familie, die Heimat, die Liebe des Volkes, das ist ihm geblieben. Seinem König hat er sich gegen Ende wieder einen Schritt genähert. Als er Deutschland vom Krieg bedroht glaubt, schickt er ihm seinen zweiten Sohn als Offizier. Der König, inzwischen ein alter Herr, reagiert freundlich. – Am 17. Dezember 1862 stirbt Constantin Waldburg-Zeil. Sein Haus blüht noch heute, nun im siebenten Jahrhundert auf dem alten Sitz. Es darf auch auf diesen Ahnherrn, der 1848 die große schwarzrotgoldne Fahne aufziehen ließ über Zeil, ein wenig stolz sein.

Ausblick

»Ihr seid die Gescheiterten«, so schrieb Jacob Burckhardt bereits am 23. August 1848 an Hermann Schauenburg und meinte damit alle seine deutschen Freunde, darunter Kinkel, die ihre Fahne im Sturm der Zeit flattern ließen. Und an den gleichen Adressaten, am 14. September 1849: »Von der Zukunft hoffe ich gar nichts; möglich, daß uns noch ein paar halb und halb erträgliche Jahrzehnte vergönnt sind, so ein Genre römischer Kaiserzeiten. Ich bin nämlich der Meinung, daß Demokraten und Proletariat, auch wenn sie noch die wütendsten Versuche machen, einem immer schroffer werdenden Despotismus definitiv werden weichen müssen, sintemal dieses liebenswürdige Jahrhundert zu allem eher angetan ist, als zur wahren Demokratie.« Wir wissen, welche Katastrophen im nächsten, in unserem Jahrhundert Burckhardts Ahnungen bestätigt haben. Dennoch trifft sein absoluter Pessimismus die Sache nicht.

Im Herbst 1849 mochte auch bei schlichteren Gemütern die Empfindung vorherrschen, es sei wirklich alles umsonst gewesen, und die darauf folgenden Jahre einer sterilen Reaktion mußten diesen Eindruck verstärken. In der zweiten Hälfte des 19. Jahrhunderts ist aber deutlich geworden, daß die Revolutionsversuche von 1848, 1849 durchaus Wirkungen gezeitigt haben. Die Befreiung der Bauern von altertümlichen Feudallasten war unwiderruflich. Die im »März« errungenen bürgerlichen Rechte und Freiheiten konnten eine Weile gedrosselt werden, waren aber auf die Dauer nicht mehr aus der Welt zu bringen. Die wirklich um ihre Hoffnungen Betrogenen waren die Arbeiter. Sie hatten eine kurze Wegstrecke mit den Bürgern gemeinsam marschieren können. Als aber das Bürgertum im Besitz der Märzerrungenschaften war, begann es, um seine wirtschaftliche Macht, ja um sein Eigentum zu bangen, und verband sich mit den Märzregierungen, um die Revolution nach dem ersten erfolgreichen Schritt zum Stehen zu bringen. Die Arbeiterschaft war weit davon entfernt, ihre Sache in eigene Hände zu nehmen; sie war so gut wie führerlos. Und das Bürgertum war noch weit davon entfernt, die Forderungen der Arbeiter für gerecht zu halten oder sie auch nur im Geist sozialer Mitverantwortung zu prüfen. In Württemberg, in Baden waren die Klassen so grausam nicht geschieden, ein menschlicher Hauch war spürbar. Anderswo, in Frankfurt, in Wien, zeigte die Bourgeoisie eine Fratze, von Egoismus und Angst verzerrt. Wie weit und auf wie lange Zeit die Arbeiterschaft von bürgerlicher Gleichberechtigung noch entfernt war, sollten Bismarcks Sozialistengesetze zeigen.

Nicht mehr zu überhören war der Ruf nach der deutschen Einheit. Auf dem Weg dahin ist die Paulskirche eine nicht zu übersehende, nicht wegzudenkende Station. Hinter dieser Willensbekundung stand das ganze Volk, sie hat in der Paulskirche einen Ausdruck gefunden, der nicht mehr vergessen worden ist. Übrigens hat die Nationalversammlung, gern oder ungern, das überaus schwierige Problem der Beziehung zwischen der deutschen Einigung und dem österreichischen Vielvölkerstaat einen großen Schritt der Lösung näher gebracht. Bismarcks Politik, die in den Entscheidungen von 1866 und 1871 gipfelte, konnte von der Weichenstellung ausgehen, die zu Beginn des Jahres 1849 unter Schmerzen vollzogen worden war.

Endlich ist die Paulskirche zweimal zum Mahnmal geworden, wenn sich die demokratischen Kräfte Deutschlands nach nationalen Katastrophen zum Neubeginn zusammenfanden. Mit wenig Glück 1919 in Weimar, wo man sich in den ramponierten Mauern des Bismarckschen Reichs einzurichten bemühte; und dann nach der totalen Katastrophe, bei der Schaffung unseres Grundgesetzes. Der Badener Fritz Ebert, der Württemberger Theodor Heuss waren sich jeweils der politischen Ahnen von 1848 dankbar bewußt. – Wer von der Paulskirche erzählt, muß von enttäuschten Hoffnungen berichten. Aber die Geschichte der Deutschen wäre anders, sie wäre ärmer, wenn es die Erhebung im Jahr 1848 nicht gegeben hätte.

Literatur- und Quellenhinweise, Dank des Verfassers

Für den allgemeinen Teil dieses Buches wurden hinsichtlich der Revolutionsjahre vor allem herangezogen: Veit Valentin, Geschichte der deutschen Revolution 1848 (2 Bde., Aalen 1968); Wilhelm Blos, Die deutsche Revolution (Stuttgart 1893), ein brauchbares Buch, wenn man die entschiedene Parteinahme des Verfassers in Rechnung stellt; Golo Mann, Deutsche Geschichte des 19. und 20. Jahrhunderts (Frankfurt 1958). Für die Märzereignisse in Berlin konnte ich dank der Freundlichkeit der Familie Hiller v. Gärtringen die unveröffentlichten Erinnerungen des damaligen Hauptmanns und Flügeladjutanten Wilhelm Hiller v. Gärtringen benutzen. Werkstellen und Briefe von Zeitgenossen sind als solche kenntlich gemacht. Wiederholt ist von der unübertrefflichen Anthologie von Tim Klein »Der Vorkampf« (bei Wilh. Langewiesche, 1914) Gebrauch gemacht worden. Unerschöpfliches Material liefert der »Schwäbische Merkur«, dessen Jahrgänge 1848 und 1849 ich in der Württ. Landesbibliothek benutzt habe.

Die wichtigsten Quellen für die zehn Lebensbilder sind:

Für *Bassermann* vor allem seine eigenen »Denkwürdigkeiten« (Frankfurt 1926); ferner Waldeck, Bassermann (Alte Mannheimer Familien, 4. Teil, Mannheim 1923); Axel v. Harnack, F. D. Bassermann und die deutsche Revolution (Historische Bibliothek, 44. Band 1920); Heinz Gollwitzer, F. D. Bassermann und das deutsche Bürgertum (Mannheim 1955).
Für *Mathy* die Biographie von Gustav Freytag (Gesammelte Werke Bd. 22, Leipzig 1898).
Das Leben von *Hecker* ist in der allgemeinen Literatur reich belegt. Besondere Hinweise habe ich 1961 durch die Liebenswürdigkeit von Frau Ragnhild Hoffmann, Stockholm-Lidingö, einer Nachkommin von Heckers Bruder, erhalten. Wichtige Hinweise bei Haselier (Herausg.), USA und Baden-Württemberg (Stuttgart 1876).
Für *Mez:* Joh. Kober, Karl Mez, Ein Vorkämpfer für christlichen Sozialismus, Basel 1892; Fr. Schlegelmilch, Karl Mez, Ein wahrer Volksfreund

(Berlin 1900). Besonders danke ich Herrn Paul Mez, Freiburg, für mündliche Auskünfte.
R. Mohl hat unschätzbare, wenn auch subjektiv gefärbte Lebenserinnerungen hinterlassen (Stuttgart 1902).
Für *Vischer* seine Werke und Briefe, sowie A. Rapp, F. Th. Vischer und die Politik (Tübingen 1911).
Für *Uhland* vor allem die Briefe (4bänd. Ausgabe der Schwäbischen Schillervereine, 1911 bis 1916), sowie W. Reinöhl, Uhland und die Politik (Tübingen 1911).
Für *»Zwei aus Hohenzollern«* schulde ich Prof. Eberhard Gönner Dank für Anregungen und Hinweise. Maßgebend war sein Werk »Die Revolution von 1848/49 in den hohenzollrischen Fürstentümern« (Hechingen 1952); ferner der Aufsatz von H. Speidel über Blumenstetter in der Zeitschrift für Hohenz. Geschichte, 6. Bd. 1970.
Für *Zimmermann* danke ich dem Deutschen Literaturarchiv in Marbach für die Benutzung des dort liegenden Nachlasses. Außerdem wurden seine Werke herangezogen.

Für *Waldburg-Zeil* bin ich dem Fürstlich Waldburg-Zeil'schen Gesamtarchiv Dank schuldig für die Benutzung der dort liegenden Unterlagen und für die freundliche Unterstützung dabei. Benutzt wurde ferner: Fürst Waldburg-Zeil, Meine Grundsätze (Schaffhausen 1850) und W. S. Kircher, »Adel, Kirche und Politik in Württemberg 1830–1851« (Göppinger akad. Beiträge, 1973).

Aus der landesgeschichtlichen Literatur möchte ich endlich das einschlägige Werk von Thilo Schnurre, »Die württ. Abgeordneten in der konst. deutschen Nationalversammlung« anführen (mit biographischem Anhang von Niebour, Stuttgart 1912).

Abbildungsnachweis

S. 37 (Kolorierter Holzstich nach einer zeitgenössischen Zeichnung von Vantadour), S. 51, 59, 83, 89, 91, 92, 171: Archiv für Kunst und Geschichte, Berlin

S. 35 (»Wie sie zu Frankfurt am Main den deutschen Adler nach langer Gefangenschaft freigeben«. Karikatur auf den Deutschen Bundestag aus den »Fliegenden Blättern« von 1848), S. 39, 69: Archiv Gerstenberg, Frankfurt am Main

S. 11 (Kupferstich, Weimar), S. 17, 19 (Karikatur aus den »Fliegenden Blättern« von 1848), S. 53, 58 (Lithographie von Carl Göbel, 1848), S. 75, 86, 117, 125 (Holzstich nach einer Zeichnung von F. Kaiser), S. 127, 129, 142 (Lithographie nach einem Gemälde von Hüberlin): Bildarchiv Preußischer Kulturbesitz, Berlin

S. 97, 143, 161 aus: Wilhelm Blos, Die deutsche Revolution. Geschichte der Deutschen Bewegung von 1848 und 1849

S. 85: Bundesarchiv, Außenstelle Frankfurt

S. 183: im Familienbesitz

S. 245: Fürstlich Waldburg-Zeil'sches Gesamtarchiv, Schloß Zeil

S. 109 (Sepiazeichnung von Friedrich Kaiser), S. 119, 121, 123, 131, 133 (Sepiazeichnung von Friedrich Kaiser), S. 134/135, 136/137, 138/139, 141 (Sepiazeichnung von Friedrich Kaiser), S. 149, 175: Generallandesarchiv Karlsruhe

S. 90: Hamburger Kunsthalle

S. 93, 105, 237: Hauptstaatsarchiv Stuttgart

S. 73: Historisches Museum, Frankfurt am Main

S. 229, 231: Hohenzollerische Heimatbücherei, Hechingen

S. 102, 103, 193, 203, 215 (Lithographie von Philipp Winterwerb): Landesbildstelle Württemberg, Stuttgart

S. 107, 173: Reiss-Museum, Mannheim

S. 217: Schiller-Nationalmuseum, Marbach am Neckar

S. 72, 77, 80, 81 (»Die Parlamentsschaukel«. Karikatur von F. Pecht, 1848), S. 101 (Flugschrift): Stadtarchiv der Stadt Frankfurt am Main